权威·前沿·原创

皮书系列为
"十二五""十三五""十四五"时期国家重点出版物出版专项规划项目

BLUE BOOK

智库成果出版与传播平台

社区蓝皮书
BLUE BOOK OF COMMUNITY

中国社区发展报告
（2024~2025）

ANNUAL REPORT ON COMMUNITY DEVELOPMENT OF CHINA
(2024-2025)

组织编写／北京市社会科学院
主　　编／谭日辉　李　敏
副 主 编／李金娟　包路林

社会科学文献出版社
SOCIAL SCIENCES ACADEMIC PRESS (CHINA)

图书在版编目（CIP）数据

中国社区发展报告 . 2024~2025 / 谭日辉，李敏主编；李金娟，包路林副主编 . --北京：社会科学文献出版社，2025.6. -- （社区蓝皮书）. --ISBN 978-7-5228-5233-1

Ⅰ.D669.3

中国国家版本馆 CIP 数据核字第 202529UD67 号

社区蓝皮书

中国社区发展报告（2024~2025）

主　　编／谭日辉　李　敏
副 主 编／李金娟　包路林

出 版 人／冀祥德
责任编辑／王　展
责任印制／岳　阳

出　　版／社会科学文献出版社·皮书分社（010）59367127
　　　　　地址：北京市北三环中路甲 29 号院华龙大厦　邮编：100029
　　　　　网址：www.ssap.com.cn
发　　行／社会科学文献出版社（010）59367028
印　　装／天津千鹤文化传播有限公司

规　　格／开　本：787mm×1092mm　1/16
　　　　　印　张：21.25　字　数：315 千字
版　　次／2025 年 6 月第 1 版　2025 年 6 月第 1 次印刷
书　　号／ISBN 978-7-5228-5233-1
定　　价／158.00 元

读者服务电话：4008918866

▲ 版权所有 翻印必究

北京市社会科学院蓝皮书、集刊、论丛编辑工作委员会

主　　任	谢　辉	贺亚兰			
副 主 任	杨伟国	范文仲	鲁　亚	肖峻峰	朱霞辉
成　　员	谢　辉	贺亚兰	杨伟国	范文仲	鲁　亚
	肖峻峰	朱霞辉	季英勇	杨　奎	赵　弘
	刘　波	项晓东	兰银卫	张　怡	安红霞
	谭日辉	祁述裕	包路芳	袁振龙	毕　娟
	邓丽姝	黄仲山	刘仲华	常越男	尤国珍
	张真理	马一德	陆小成	郭万超	孙　伟
	赵继敏				

《中国社区发展报告（2024~2025）》
编委会

主　　编　谭日辉　李　敏

副 主 编　李金娟　包路林

委　　员（以文序排列）

　　　　　　谭日辉　李　敏　李金娟　李青梅　徐　爽
　　　　　　郝　琳　陆小成　白慧君　冯　昊　马山蕊
　　　　　　包路林　宋　梅　杜鑫阳　刘利平　杨　勇
　　　　　　李晓壮　黄　锂　吴　昊　李超海　高翔宇
　　　　　　黄　悌　黄柏涛　马晓燕　曲嘉瑶　何建华
　　　　　　唐珠云　何佳慧　刘　殊　王　黎　赵　清
　　　　　　袁　蕾　佟　欣　李　茂　朱子懿　李　洋
　　　　　　刘斐莹

主要编撰者简介

谭日辉 博士，研究员，北京市社会科学院智库建设与管理处处长、北京城市管理研究基地主任、北京市"四个一批"理论人才。主要研究领域为社区、城市治理、社会治理、应用社会学等。代表作为《一个南方城市的空间社会学研究》（专著）、《北京社区治理机制研究》（专著）、《管理创新与政策选择——政府培育扶持社区社会组织的研究》（合著）、《社会心态与民生建设研究》（合著）、《社会组织发展的深层困境及其对策研究》（论文）、《完善基层治理体系筑牢社会和谐稳定基础》、《数字平台优化韧性城市建设研究》（论文）、《风险社会视域下的韧性城市建设研究》（论文）。

李 敏 博士，教授，中华女子学院社会工作学院院长、中华女子学院城乡社区治理与社会工作发展中心主任，中国社会学会社区研究专业委员会主任委员。主要研究领域为社区工作、城市社会学、社会工作等。主要代表作为《温情再归：超大城市的熟人社区建设》（专著）、《制度如何制造不平等：一个北方城市贫困女性社会排斥的制度分析》（专著）、《构建和谐社会：社区工作者队伍建设研究——以北京市海淀区T街道为例》（论文）、《多民族社区人际信任构建——蒙汉杂居C社区向互嵌型发展研究》（论文）、《国际大都市人口发展战略对中国的启示——以广州市为例》（论文）、《社区参与何以可能——城市社区共同体构建研究》（论文）、Citizen Participation in the Network Age in East Asia（论文）、《家庭社会工作》（主编）。

李金娟 博士，北京市社会科学院社会学研究所副研究员，主要研究方向为社区治理、社区养老。主要著作为《北京市社区养老照顾专业化资源配置研究》（专著）、《社区治理：价值匹配（NGT）分析方法》（合著）、《北京社会生活创新》（合著）。主持"基于'时间银行'的北京社区居家互助养老模式创新研究"项目（北京市社科基金一般项目）、"北京社区工作者思想动态研究"课题（北京市社工委民政局委托决策咨询课题），并参与其他部门委托各类课题多项，在《学习与探索》《北京社会科学》等期刊发表文章共计30余篇，曾获第8届亚洲大洋洲国际老年学老年医学论坛论文优秀奖。

包路林 博士，北京市社会科学院城市问题研究所研究员，主要研究领域为城市规划、社会治理、社区治理、公共服务等。曾参与社区精细化治理、基本公共服务清单、社区生活圈等相关研究课题。主要代表作为《中国数字化社区建设的未来展望》《北京市老旧小区改造提升的主要难点与措施建议》《社区精细化治理的现状、问题及对策建议》《北京市基本公共服务清单编制工作的相关建议》《发展"物业+养老"模式促进城市社区养老服务》《北京市远郊区县发展养老产业的外部环境研究》《北京市学校体育设施对外开放措施研究》等。

摘　要

2024年是决胜全面建成小康社会和实现"十四五"规划目标任务的攻坚之年，也是谋划"十五五"规划的关键之年。2024年，中国式现代化建设稳步迈进，中国式现代化社区建设和治理逐步迈上高质量发展征程。基层社区治理不断呈现新图景，社区基层治理效能不断提升，"三治融合"促进共建共治共享基层治理新格局逐步形成。本报告基于丰富翔实的案例呈现、客观的数据分析、科学的理论视角，全面阐述了中国社区事业发展情况。

在社区建设、社区治理等领域的成就主要体现为：城市社区改造工作机制逐渐优化、整治模式不断创新、整治政策体系逐步完善；党建引领机制全面提升新时代乡村振兴、城市社区多元共治效能和水平；京津冀协同发展推进社区形成跨区域、跨部门合作资源共享机制，文化新质生产力赋能社区基层治理形成新动能；社区环境不断优化，智慧小区改造增强社区治理互动性和实效性，居家社区养老助餐服务创新模式丰富而多元，养老服务普惠化覆盖率提升，社区居民获得感、幸福感、安全感不断增强。

同时，伴随新质生产力推进治理现代化水平逐步提升，基层社区现代化治理面临治理单元碎片化、基础设施弱项与民生痛点交织、社区心理健康服务水平未能满足居民需求、人口异质性与诉求分化等诸多挑战；居民社区参与度、数字化治理水平、社区社会工作人才专业化水平迫切需要提升。此外，随着中国城市更新步伐加快、不断迈向高质量发展，城市老旧小区环境整治体制还有待优化，社区老旧小区更新对流动人口需求及社会网络与文化认同也需加强关注，等等。

为此，扎根中国社区经验，立足中国国情，面向中国社区实践，本报告基于丰富的经验研究和科学的理论分析，采用定量分析、定性分析研究方法，形成关于中国社区建设和发展的经验模式和有益思路，助力基层治理现代化善治格局形成：一是提升环境整治的智能化和数字化水平，加强产业融合与能源替代，创新投融资机制；二是以专业人才队伍建设、资金政策保障以及多方协作机制加强社区心理健康支持体系建构；三是拓宽老年助餐设施服务范围和供给，推动农村老年助餐服务发展，完善助餐机构补贴政策，推动老年助餐服务高质量发展；四是加强文化内涵凝练和品牌塑造、健全供需有效对接机制、持续推进智慧城市建设，依托城市更新提升社区公共文化服务精准化供给水平；五是采取综合政策方法提高居民社区日常空间公共参与度，搭建多元化的协商平台，建立与社区治理单元类型相匹配的治理体系，提升居民的获得感、幸福感、安全感。

关键词： 现代化　社区治理　社区社会工作　社区养老

前　言

本书是北京市社会科学院"中国社区发展报告"课题组对2024~2025年度中国社区发展形势研究和预测的年度报告。本年度社区蓝皮书联合中国社会学会社区研究专业委员会共同研创，引入中国社会学会社区研究专业委员会的高端研究力量，力图从更高的层面来开展中国社区发展年度报告的研究与探索。今年的研创内容主要从以下五个方面展开分析，提出对策建议。

京津冀协同发展战略实施以来，社区社会工作作为基层社会治理的重要组成部分，推动区域社会治理取得显著进展。通过充分发挥党建引领优势，推进智慧社区建设，提升社区服务品质，推动社区治理现代化，京津冀协同发展逐步迈上新台阶。京津冀协同在社区社会工作领域的探索，不仅推动了区域社会治理的现代化，也为全国社区发展提供了宝贵经验。在京津冀区域协同发展背景下，跨区域建设发展社区社会工作专业人才队伍，依托区域平台促成学习资源和服务经验共享格局，正在成为当前社区社会工作发展的重要面向。报告基于"π集体"京津冀社区（村）书记学习圈交流的具体案例，分别对北京赵家楼社区"高校+社区"模式、天津朝阳里社区"志愿服务军地融合"模式、河北通武廊"两企三新党建产城融合"模式进行精准画像，描摹社区社会工作人才创新生态，谱写了京津冀协同发展新篇章。

社区建设涵盖基础设施、公共服务、环境治理、文化建设等要素，社区现代化建设与社区的和谐发展同居民的幸福生活息息相关。"推动优质公共服务进社区"是党和国家多项政策的重要落脚点。在政策环境优化和实践推动下，中国社区建设不断向精细化、智能化、人性化方向发展，居民获得

感、幸福感、安全感不断提升。"社区建设篇"基于北京城市老旧小区环境整治、社区公共空间建设等不同研究视角，针对中国社区建设成就进行描摹、分析研究，并总结借鉴国际社区改造经验。报告认为，当前城市老旧小区环境整治面临治理体制有待优化、设施建设有待推进、投融资机制有待创新、居民参与度有待提升等难题。对此，应进一步加强顶层设计与体制创新，提升环境整治的智能化和数字化水平，加强产业融合与能源替代，创新投融资机制，提高社区居民参与度与获得感，为美丽中国建设提供坚强支撑。此外，报告还结合上海实践分析了社区心理健康支持体系建构策略。

党的二十届三中全会强调了"健全党组织领导的自治、法治、德治相结合的城乡基层治理体系"、"完善共建共治共享的社会治理制度"以及"推进国家治理体系和治理能力现代化"等重要论断。这为当前社区现代化治理提供了重要的指导方向和具体路线。基于当前中国社区治理从单一主体向多元主体转变、从粗放式管理向精细化治理转变、党建引领社区多元共治路径不断拓展等新态势，"社区治理篇"聚焦不同治理单元治理图景，例如候鸟型社区、多类型混合居住型社区、基于强同质性社区构成的片区以及农村社区等展开研究。研究探讨如何以"好邻居·好商量·共同干"为理念，建立"五邻议事"协商机制，探索"社区合伙人"项目推动社区和谐共建，为基层社会治理现代化贡献创新性的实践智慧与理论范式；分析研判如何通过创新实践现代化的治理理念，应对社区需求"碎片化"、社区关系"疏离化"以及社区服务"模式化"的现状；探索研究如何优化党建引领机制以重组治理单元、提升社区精细化治理效能等，为"健全党组织领导的自治、法治、德治相结合的城乡基层治理体系"、"完善共建共治共享的社会治理制度"以及"推进国家治理体系和治理能力现代化"提供了重要理论支撑和实践依据。

伴随居家社区养老模式创新实践持续推进，老年人的获得感、幸福感、安全感不断提升。一方面，报告结合多地社区老年助餐案例，从布局均衡的助餐服务网络、"老年助餐+"服务模式、因地制宜做好农村助餐服务、助餐补贴政策落实落细以及精细化、个性化的老年餐品五个方面梳理了中国各

前 言

地发展老年助餐服务的优秀经验,并从扩大老年助餐服务供给、拓宽老年助餐设施服务范围、推动农村老年助餐服务发展、完善助餐机构补贴政策及提供精细化、个性化的特色老年餐品,推动老年助餐服务高质量发展等方面提出优化建议。另一方面,报告基于定量分析和定性研究对长沙特大城市居家社区养老进程中老年人幸福感提升进行了详细分析。此外,报告还探讨了北京超大城市居家社区养老现状、挑战,并从持续完善居家社区养老服务设施配置、提升养老服务供给与需求的匹配精准度、全面拓展社会力量参与养老服务的领域等方面提出对策建议。

城市生态更新已成为应对全球气候变化与城市可持续发展双重压力的中国新型城镇化建设的核心议题,社区生态更新是其中的关键基础;老旧小区改造不仅是改善居民生活环境的重要举措,也是提升基层治理能力的关键环节。本部分以北京超大城市为例,总结提出基于新质生产力概念的社区生态更新治理内涵与特征,分析了新质生产力赋能社区生态更新治理"政府统筹、市场运作、社会参与"的协同治理框架及多类型实践,涵盖流动人口聚居区社区更新、老旧小区改造实施多元主体和智慧化发展路径、社区商业街改造等议题。报告指出,"政府统筹、市场运作、社会参与"协同治理的"北京社区生态更新经验"为全球城市绿色转型提供了"中国方案"。新质生产力深度赋能社区生态治理,需进一步强化技术普惠性、数据共享性、政策协同性、投资多元性与社会包容性。同时,新的社区更新模式必须以人为本,注重居民的需求和利益;创新空间更新方式,完善利益分配机制;强化有针对性的公共服务。

本年度"中国社区发展报告"的作者均来自专业的研究和调查机构、大学以及政府有关研究部门,各位作者的观点,只代表作者本人,既不代表总课题组,也不代表作者所属的单位。

本年度"中国社区发展报告"涉及的大量统计和调查数据,由于来源不同、口径不同、调查时点不同,可能存在不尽一致的情况,请在引用时认真核对。

目 录

Ⅰ 总报告

B.1 以现代化提升社区居民获得感幸福感安全感
　　　　　　　　　　　　　　　　谭日辉　李　敏　李金娟 / 001
　　一　社区治理取得的成就及未来展望 …………………… / 002
　　二　社区社会工作成就及未来展望 ……………………… / 008
　　三　居家社区养老发展成就及未来展望 ………………… / 016

Ⅱ 特稿

B.2 "π集体"京津冀社区（村）书记学习圈
　　　——社会工作人才创新生态行动研究
　　　　　　　　　　　　　　　　　李青梅　徐　爽　郝　琳 / 024

Ⅲ 社区建设

B.3 美丽中国视域下城市老旧小区环境整治路径研究……… 陆小成 / 039
B.4 上海市社区心理健康支持体系构建研究
　　　——基于社区卫生服务中心的分析
　　　　　　　　　　　　　　　　　白慧君　冯　昊　马山蕊 / 054

B.5 社区改造的国际经验及其对北京市的启示……………… 包路林 / 073

B.6 社区公共空间的价值再发现……………………………… 宋　梅 / 081

B.7 党建引领下的农场"经济合伙人"发展实践

——以新疆博州精河县阿合其农场农一队为例

………………………………… 王炎召　杜鑫阳　刘利平 / 092

Ⅳ　社区治理实践

B.8 "好邻居·好商量·共同干"党建引领社区多元共治的创新路径

——丰台区委社会工作部党建引领社区治理实践探索

………………………………………………………… 杨　勇 / 101

B.9 "候鸟式"社区治理问题与治理策略探讨

——基于华北某超大城市生态涵养区CWZ镇的考察

………………………………………………………… 李晓壮 / 112

B.10 片区治理的理论思考与实践反思

——以北京市霍营街道为例 ……………………… 李金娟 / 121

B.11 多类型混居社区治理创新实践探索

——以北京市海淀区紫竹院街道魏公村北区社区为例

……………………………………………… 黄　锂　吴　昊 / 135

B.12 扶贫车间与"回归附近"的社区治理 ……………… 李超海 / 146

B.13 美丽中国旺，基层治理"文化新质生产力"

——安定门街道国旺社区1446工作法

………………………………… 高翔宇　黄　悌　黄柏涛 / 159

Ⅴ　社区养老

B.14 北京市居家社区养老服务发展研究 ………………… 马晓燕 / 171

B.15 老年助餐服务发展经验及启示

——以北京、上海、青岛、福州为例 ……………… 曲嘉瑶 / 182

目录

B.16 社区养老中老年人幸福感的提升策略研究
　　——以长沙市天心区云塘社区为例
　　………………………………………… 何建华　唐珠云　何佳慧 / 193

B.17 "时间银行"赋能社区养老：互助养老模式发展研究
　　……………………………………………………… 刘　姝　王　黎 / 215

Ⅵ 社区更新

B.18 新质生产力赋能北京社区生态更新治理研究 ………… 赵　清 / 227

B.19 流动人口聚居区社区更新研究 ……………………… 袁　蕾 / 235

B.20 老旧小区改造中的"五社联动"模式探索
　　——以北京大望家园社区为例 ……………… 佟　欣　李　茂 / 244

B.21 基于有机更新理论的老旧胡同改造策略研究 ………… 朱子懿 / 258

B.22 老旧小区智慧化改造的社会效应和路径研究
　　——以北京市为例 ………………………………………… 李　洋 / 271

B.23 城市更新背景下社区公共文化服务精准化供给研究
　　——基于北京首开LONG街城市更新项目的考察
　　………………………………………………………………… 刘斐莹 / 282

Abstract ………………………………………………………………… / 293
Contents ………………………………………………………………… / 296

总 报 告

B.1
以现代化提升社区居民获得感幸福感安全感

谭日辉 李 敏 李金娟[*]

摘 要: 家事国事天下事，让人民过上幸福生活是头等大事。做好社区治理、社区社会工作、社区居家养老是提升社区居民获得感、幸福感、安全感的重要抓手。2024年，党建引领、文化赋能、智慧治理等将社区治理水平提到了一个新的高度；社区社会工作促进了社区服务品质持续提升、社区矛盾纠纷及时化解、社区志愿服务快速发展、社区多元共治逐步深化；养老福利制度持续优化、社区养老服务机制不断优化；居家社区机构持续融合等提升了养老服务质量。展望未来，随着数字化转型的深化、治理共同体的扩展、科学体系的构建，中国社区建设品质化时

---

[*] 谭日辉，研究员，北京市社会科学院智库建设与管理处处长、北京城市管理研究基地主任，主要研究方向为应用社会学、城市治理、社会治理、社区等；李敏，教授，中华女子学院社会工作学院院长、中华女子学院城乡社区治理与社会工作发展中心主任，主要研究方向为社区工作、城市社会学、社会工作等；李金娟，北京市社会科学院社会学研究所副研究员，主要研究方向为社区治理、社区养老等。

代已经到来；随着新经济组织、新社会组织大量涌现，新就业群体规模持续扩大，社会工作面临新形势新任务，必须展现新担当新作为；随着养老事业的发展和养老产业政策机制的完善，居家社区养老服务将迎来新的发展机遇和政策支持。

关键词： 社区治理　社区社会工作　居家社区养老

习近平总书记在2025年新年贺词中指出，"家事国事天下事，让人民过上幸福生活是头等大事"。中国共产党和中国政府始终坚持以人民为中心的发展思想，将人民的利益放在首位，不断努力提高人民的生活质量和幸福感。社区虽小，却联系着千家万户，要不断提升居民获得感、幸福感、安全感，就必须锚定现代化，不断提升社区治理水平。中共中央社会工作部的成立，标志着我国基层治理进入新发展阶段，为中国社区建设与发展提供了高质量发展的契机。当前，我国60岁及以上老年人口已经达到3亿多，让老年人口过上幸福安居的日子，是社会高质量发展的重要标志。2024年，中国社区建设与发展在社区治理、社区社会工作、社区养老等关键领域均取得了实质性进步。

一　社区治理取得的成就及未来展望

2024年是中国基层治理现代化进程中具有里程碑意义的一年。在党中央"党建引领基层治理"战略指引下，全国社区治理体系完成了一场静水流深的系统性变革。我国社区治理领域迎来历史性突破，通过创新构建"三维党建共同体"治理体系，实现了基层党组织从管理型向服务型、从单一型向协同型的转型升级。在习近平文化思想的指引下，文化赋能基层治理，基层治理效能进一步提升。随着人工智能的飞速发展，智慧社区治理模式正在重构。

（一）社区治理取得的成就

1. 党建引领已成为基层治理现代化的核心引擎

在党建引领下，社区治理体系以组织联建、资源联用、服务联动的"三联动"机制为核心，构建起覆盖全国31个省区市、辐射683个城市的党建治理网络，将党的政治优势转化为实实在在的治理效能。这一数字背后，是科技赋能、民生改善与多元共治三重动能的深度聚合。

在组织联建维度，各地打破传统党建条块分割的藩篱，形成"纵向贯通、横向协同"的立体化组织架构。北京市朝阳区打造的"党建服务综合体"模式具有示范意义，该区通过成立区域化党建联盟，整合辖区3200余家企事业单位党组织资源，建立"需求清单—资源清单—项目清单"三单对接机制，全年协调解决社区改造资金缺口2.3亿元，推动全区85%的老旧小区完成电梯加装工程，惠及居民32万户。更值得关注的是，该模式创新性引入"党建+物业"联合治理机制，在全区建立136个红色物业服务站，将物业费收缴率从2020年的68%提升至94%，实现社区治理与民生服务的双赢。

在组织机制层面，"红色物业"的深度融合破解了基层治理的"最后一米"难题。武汉市百步亭社区率先实行社区书记与物业总监"双向任职"制度，通过党组织纽带协调物业服务与居民需求，使物业费收缴率提升至98%，停车位纠纷同比下降76%。这种党建引领并非简单的组织叠加，而是治理逻辑的重构。杭州市建立的"党建联盟"，将辖区内的企事业单位党组织纳入统一协商平台，三年内累计解决学校周边交通拥堵、商业区噪声扰民等326项"跨界难题"，是政治优势转化为治理效能的生动实践。

服务联动方面呈现多元化创新格局。长三角地区推行的"党建服务链"模式，将社区服务延伸至产业链、创新链，在89个产业园区建立党群服务综合体，为23万家小微企业提供政策对接服务。成渝地区双城经济圈打造的"红色帮办"体系，通过跨区域党建协作，实现138项民生服务事项异地通办，累计服务流动党员1.2万人次。值得关注的是，全国已建成5800个"新业态党建服务中心"，覆盖快递、网约车等新兴行业从业人员860万人，将党的服务触角延伸至社会治理末梢。

实践成效在民生领域得到充分验证。住房和城乡建设部数据显示，2024年全国完成老旧小区改造5.8万个，其中党建引领型社区改造进度较传统模式快42%，居民参与度达78%。在疫情期间，党建网格体系发挥关键作用，全国建立的420万个"党员责任区"实现应急响应时间缩短至30分钟以内。教育领域创新推出的"校社党建联合体"覆盖全国85%的义务教育学校，组织23万名教师党员参与社区教育服务，惠及留守儿童260万人。

总之，面向"十四五"规划收官之年，党建引领社区治理正在向纵深发展。中组部最新部署的"强基赋能"工程提出，到2025年要实现三个"全覆盖"：智慧党建平台街道全覆盖、专业社工队伍社区全覆盖、党群服务中心15分钟服务圈全覆盖。随着"党建+"模式的持续深化，基层治理正在书写政治引领、科技赋能、民生为本的现代化新篇章，为全面建设社会主义现代化国家筑牢治理基石。

2. 文化赋能为社区治理营造现代化新范式

2024年，我国文化治理创新迈入新阶段，通过"空间活化—价值重构—产业衍生"的三维驱动，文化力量深度融入社区治理体系，形成"以文兴治、以治促文"的良性循环。文旅部数据显示，全国社区文化治理综合效能指数达89.6分，较2020年提升42%，文化治理成为破解基层治理难题、提升居民幸福感的"金钥匙"。

空间活化：重塑社区文化生态。在城市化进程中，各地创新"基因解码—场景重构—功能再造"路径，将文化空间转化为社区治理载体。杭州市拱墅区的实践具有标杆意义：其投入15亿元实施"运河记忆工程"，运用数字孪生技术对32处历史遗存建模，将20处工业遗址改造为社区文化驿站。原杭丝联厂房转型为"非遗工坊+创客空间"的综合体，引入38个非遗项目孵化127家文创企业，带动居民年人均增收1.2万元。该区首创的

"文化空间合伙人"制度，吸引社会资本 23 亿元，形成政府、市场、居民"433"分成模式（政府 40%、企业 30%、居民 30%），实现治理资源长效整合。这种空间活化使社区文化场所使用率提升至 78%，居民公共活动参与度较改造前增长 65%。

价值重构：技术赋能文化认同。数字技术正重构社区文化价值体系。最具创新性的是北京史家胡同博物馆的"居民策展人"机制：由长者口述历史形成"胡同记忆"展览，征集老物件 1.2 万件，构建起社区精神共同体。教育部"社区文化振兴计划"推动全国建成 3.6 万个微型博物馆，形成"一馆一故事"的情感联结网络。成都武侯区打造 4.6 平方公里"三国文化社区"，通过 AR 技术复原汉代街市，开发 12 类沉浸式课程，使居民文化认同指数从 62.3 分跃升至 85.7 分。

产业衍生：激活社区经济内生动力。文化经济与社区治理的深度融合，开辟了可持续发展新路径。苏州平江路"非遗 IP 转化中心"将评弹、苏绣转化为数字藏品，半年创收 2.3 亿元，其中 15% 反哺社区治理基金。广州永庆坊构建"大师工作室+青年创客"矩阵，开发"醒狮电竞皮肤"等跨界产品，年产值 8 亿元中的 30% 用于改善社区公共服务。抖音"云上非遗"专区日均产生 1.2 亿流量，带动社区手艺人增收 240%，形成"线上传播—线下体验—反哺治理"的闭环。这些实践印证：当社区文化产值突破 GDP 的 5.3%，治理便获得自我造血能力。

总之，面向"十四五"收官，我国正通过文化治理现代化，探索出一条既有历史厚度又有时代温度的社区治理新路——用文化基因唤醒社区记忆，以数字技术重构治理场景，借产业动能激活社区经济，最终实现物质空间与精神家园的双重振兴。这种中国式文化治理方案，不仅为基层社会治理现代化提供新范式，更为全球城市更新贡献东方智慧。

3. 智慧治理正在开辟社区治理新境界

社区智慧化建设进入"感知—思考—行动"的 AI 治理新阶段。杭州未来科技城落地的"社区大脑"系统，整合了 68 类物联网设备，实现异常事件 5 秒预警、3 分钟响应。其独创的治理效能指数模型可动态评估社区运行状态，使治理成本降低40%。

智慧治理推进服务创新。北京海淀区"智慧养老社区"项目具有示范意义。可穿戴设备与家庭智能终端联动，为独居老人提供跌倒监测、用药提醒等18项智慧服务，紧急事件响应时间缩短至3分钟。该项目已入选联合国人居署最佳实践案例。

智慧治理重塑了基层治理的底层逻辑。北京城市副中心正在测试的"元社区"项目，通过数字孪生技术构建虚拟治理空间，可模拟政策实施效果。住房和城乡建设部数据显示，全国98.3%的城市社区已建成标准化数字治理平台，这些平台如同精密运转的"城市神经元"，将公安、民政、卫健等12个部门的数据孤岛连成有机网络。上海陆家嘴街道的实践堪称典范，其全球首个"社区元宇宙"指挥系统通过三维立体建模技术，将辖区内的建筑、管网、人口数据实时可视化。在2024年夏季汛期，该系统仅用0.5秒便准确定位到浦东大道低洼地段的风险点，联动市政部门提前完成63处管网改造，成功预警43起暴雨内涝灾害，为辖区企业挽回经济损失逾2亿元。

科技赋能的制度突破，则为超大规模城市治理提供了全新范式。北京回龙观社区部署的"AI网格员"系统，通过智能摄像头与算法模型，可自动识别高空抛物、电动车违规充电等15类安全隐患，准确率高达99.3%，使得传统需3天完成的网格巡查任务压缩至1小时内完成。《上海市数据条例》在全国首次明确数字资产的产权归属与收益分配规则，仅黄浦区年度增收便超1.2亿元。这笔资金专项用于社区健身设施更新，形成"数据造血—民生反哺"的良性循环。在算法治理领域，《社区人脸识别技术应用安全管理办法》为全球首次划定公共场所生物识别技术的使用边界，其提出的"最小必要原则"已被纳入国际标准化组织（ISO）的技术草案。

总之，AI治理革命重塑社区形态。人工智能将从工具属性转向治理主体角色。预期将出现社区级"数字治理官"岗位，负责管理AI决策系统。

（二）面向未来的社区治理图景

站在新的历史节点，中国社区治理正朝着更高层级的现代化目标迈进。数字化转型的深化、治理共同体的扩展、科学体系的构建，将共同勾勒出未来五年的发展蓝图。

1. 元宇宙技术的应用将推动治理从"数字孪生"迈向"虚实共生"

2025年启动的"数字孪生社区计划"，将在30个超大城市构建具备灾害模拟、疫情推演等功能的交互系统。深圳前海已建成首个社区级量子决策平台，可实时处理百万级人口流动数据，优化疫苗接种点布局。针对老龄化社会需求，北京开展的"数字分身"试点工程，允许老年人通过虚拟形象参与线上议事会，这项技术预计2027年覆盖60%的城市社区，真正实现"技术适老化"突破。

2. 美好社区建设进入品质时代

社区发展将从功能完善转向场景营造。住建部拟推出的"社区生活圈2.0标准"，将15分钟步行范围的服务要素从23项扩展至46项，重点增加适老化、儿童友好型设施。文化维度将发展"社区记忆工程"，运用区块链技术建立居民数字档案，培育代际文化传承机制。生态环境方面，"零碳社区"建设将提速，预计2027年实现新建社区100%执行绿色建筑标准。

3. 治理经验的全球化输出，则彰显中国方案的辐射力

中国电子科技集团承建的雅加达智慧社区项目，将杭州"健康码"系统改造为适合热带疾病防控的"健康护照"，预计2025年覆盖200万东南亚居民。国内设立的"全球社区治理创新奖"，已吸引67个国家提交案例，其中雄安新区"社区治理沙盒"模式被纳入联合国人居署技术手册，标志着中国从规则接受者向标准制定者的角色转变。

总之，中国社区治理的探索，本质上是一场重塑国家与社会关系的伟大实践。从上海石库门里弄的"弄堂议事会"，到深圳科技园区的"AI网格员"，不同形态的治理创新共同诠释着"以人民为中心"的发展理念。截至

2024年底，全国7.9亿城市居民在18.6万个社区中，创造了矛盾化解率达91.2%、服务响应速度提升4倍、公共空间利用率增长60%的治理奇迹。这些成就不仅为超大规模国家精细化治理提供了中国方案，更在人类城市文明史上书写了崭新篇章。

二 社区社会工作成就及未来展望

2023年3月，习近平总书记指出，要健全基层党组织领导的基层群众自治机制，加强基层组织建设，完善网格化管理、精细化服务、信息化支撑的基层治理平台，健全城乡社区治理体系，为人民群众提供家门口的优质服务和精细管理。要坚持和发展新时代"枫桥经验"，完善正确处理新形势下人民内部矛盾机制，及时把矛盾纠纷化解在基层、化解在萌芽状态[①]。社区治理的过程实质是服务社区居民、协调社区利益、为社区提供多元服务的过程。这与社会工作助人自助、服务社会的专业理念不谋而合。社区社会工作是在党和政府的领导下，依靠社区力量，利用社区资源，强化社区功能，解决社区问题，促进社区政治、经济、文化、环境协调和健康发展，不断提高社区成员生活水平和生活质量的过程，也是建设管理有序、服务完善、环境优美、治安良好、生活便利、人际关系和谐的新型社区的过程。2024年，伴随国家对基层社会治理的持续关注与大力投入，以及人民群众对社区服务需求的日益增长，我国的社区社会工作取得了令人瞩目的成就。

（一）社区社会工作的成就

1. 社区服务品质持续提升，服务领域不断拓展

在加速数字化转型和深化社会服务体系建设的双重背景下，城乡居民对

---

① 中共中央党史和文献研究院编辑《习近平在参加十四届全国人大一次会议江苏代表团审议时的讲话》，《习近平关于基层治理论述摘编》，中央文献出版社，2023。

社区服务的需求呈现个性化、差异化、多元化等特征。社区工作者将居民切身利益诉求作为社区服务的依据，开展精准化、精细化、智能化、标准化、专业化的服务，服务品质持续提升。社区服务逐步从供给导向转变为需求导向，粗放服务模式转向数据驱动的精细模式，一元主体转向多元协同，服务理念从福利救济转向赋能增效，服务方式从零星、上门、偶遇式、碎片化向普惠、公平、智能与社会化转变。数字技术的应用促成了城乡社区服务模式的创新，表现出服务技术迭代化[1]、服务内容在线化[2]、服务生态数字化[3]、服务模式协同化[4]的特征。社区服务需求的精准化满足，通过社区服务需求的精准识别[5]、服务供给方案的设计[6]、服务内容的配置与递送[7]、服务需求的响应[8]、服务体验的反馈[9]、服务过程的监管[10]、服务效果的评估[11]等实现。

社区社会工作的服务领域不断拓展，涵盖了社区生活的各方面。在社区教育方面，社区工作者精心组织开展各类知识讲座、技能培训等活动，包括

---

[1] 何继新、何海清、樊兴菊：《"智能+"情境中的城市社区公共服务虚拟集聚：平台场景与体系建构》，《中共天津市委党校学报》2020年第5期。

[2] 滕婕等：《动态语义网的高价值热点主题识别与演化路径分析》，《图书情报工作》2023年第7期。

[3] 李春生：《大数据驱动社区公共服务精准化：问题面向、运行机制及其技术逻辑》，《湖北社会科学》2021年第6期。

[4] 邓支青：《数据赋能残障服务精准化的内在机理与实现路径》，《电子政务》2022年第3期。

[5] 党秀云、杜男杰：《大数据在公共服务需求识别与精准供给中的应用研究》，《中共福建省委党校学报》2019年第5期。

[6] 王凯、陈亚欣、岳国喆：《精准供给视阈下社区公共服务需求识别及实现路径》，《长白学刊》2021年第3期。

[7] 陈岩、古小华：《社区公共服务精准供给的价值审视——以北京市"社区养老服务驿站"为例》，《理论建设》2018年第6期。

[8] 夏志强、闫星宇：《大数据驱动公共服务精准管理的核心议题分析》，《行政论坛》2023年第4期。

[9] 原珂、沈亚平、陈丽君：《城市社区基本公共服务质量评价指标体系建构》，《学习论坛》2017年第6期。

[10] 宁靓、赵立波、张卓群：《大数据驱动下的公共服务供需匹配研究——基于精准管理视角》，《上海行政学院学报》2019年第5期。

[11] 张启春、江朦朦：《中国农村基本公共服务绩效评估分析：基于投入-产出视角》，《中南民族大学学报》（人文社会科学版）2016年第4期。

法律法规知识普及、计算机技能培训、手工制作培训等，有效满足了社区居民的学习需求，提升了居民的综合素质。在社区卫生服务方面，与社区卫生服务机构紧密合作，开展健康义诊、疾病预防宣传、家庭医生签约服务推广等活动。健康讲座和义诊活动极大地提高了居民的健康意识和疾病预防能力，为居民的身体健康提供了有力保障。同时，社区工作者将养老服务、医疗服务和社区文化活动有机整合，打造集生活照料、医疗保健、文化娱乐于一体的综合性服务平台，为社区居民提供一站式的贴心服务，受到居民欢迎。

2. 社区矛盾纠纷及时化解，潜在问题提前干预

2024年，全国范围的社区接诉即办工作取得长足进展，满意度持续攀升。北京市12345热线全年受理总量达2400万件。截至2024年11月底，诉求的解决率和满意率均超97%[①]。社区社会工作者将居民诉求作为工作的"第一信号"，用实际行动解决居民的急难愁盼问题；同时运用专业的沟通技巧和多元化的调解方法，及时、有效地化解社区内的矛盾纠纷。在邻里纠纷调解方面，社区工作者入户探访，深入了解纠纷产生原因和双方诉求，通过反复沟通和协商，帮助双方达成和解。在社区物业纠纷调解中，社区工作者搭建沟通平台，组织业主和物业公司面对面交流，共同协商解决物业管理中存在的问题。为确保矛盾纠纷彻底解决，社区工作者建立跟踪回访制度，及时发现并解决可能出现的新问题。

社区工作者秉持"未诉先办"的服务理念，通过深入社区调研和开展需求评估，提前发现潜在的社会问题，及时采取相应的预防措施。随着社区养老服务需求的日益增长，社区工作者推动社区养老服务设施的规划与建设。针对社区内可能出现的青少年犯罪、家庭暴力等问题，社区工作者举办青少年法治教育讲座、家庭关系辅导等活动。通过预防性的宣传教育和干预活动，提高了青少年的法律意识和居民的家庭关系处理能力。构建良好的社

---

① 北京市人民政府：https://www.beijing.gov.cn/forum/xwbd/202412/t20241220_3969860.html，2025年2月6日。

区文化氛围是从源头预防问题发生的重要手段。社区工作者通过组织各种类型的社区文化活动，增进居民互动与交流，培育社区认同感和归属感，从源头上减少了矛盾纠纷的发生。

3. 社区志愿服务快速发展，困境群体精准帮扶

2024年4月，中共中央办公厅、国务院办公厅印发《关于健全新时代志愿服务体系的意见》，系统部署健全新时代志愿服务体系。志愿服务体系的健全，为做好社会工作、推进社会治理提供了有力的支撑。截至2024年10月，全国共有2.37亿名注册志愿者、135万支志愿服务队活跃在城市乡村，"我奉献　我快乐"成为社会新风尚[1]。社区志愿服务是居民互助的最佳体现。社区志愿者队伍作为社区资源整合的载体，通过开展社区志愿服务活动，充分运用包括社区志愿者在内的社区资源并链接外部资源，加强居民沟通互动，可以削减社区隔阂，缓和社区关系，解决社区问题，提高居民的社区归属感、认同感，最终形成一个社区共同体[2]。全国各地社区坚持"党建引领，志愿同行"的理念，以社区党员志愿服务、楼门长志愿服务、社区社会组织志愿服务、驻街单位志愿服务等形式，广泛发动和组织居民参与各类社区志愿服务活动，包括垃圾分类、楼道美化、弱势群体关爱行动、社区环境维护、社区治安管理等，凝聚社区志愿者力量。各个社区通过社区志愿服务撬动居民参与，借助志愿服务推动居民互助自助，增强居民之间的社会支持关系，开创共建共治共享的社区治理格局。

社区志愿服务以其独特的地缘优势和紧密的邻里联系，成为帮扶困难群体的重要力量。在社区工作者的组织下，社区志愿者入户走访居民家庭，全面了解低保家庭、低收入家庭、残障人士、孤寡老人等困难群体情况，建立专门档案，制订个性化、科学合理、可持续的帮扶计划；定期为低保家庭、低收入家庭、残障人士、孤寡老人等经济困难群体提供生活照料与物资援助；为失独家庭、丧偶家庭、独居老人等提供心理关怀与情感陪伴；为有劳

---

[1] 张翼主编《中国志愿服务发展报告（2022~2023）》，社会科学文献出版社，2024。
[2] 吴帆、吴佩伦：《社会工作中的"赋权陷阱"：识别与行动策略》，《华东理工大学学报》（社会科学版）2018年第5期。

动能力的失业群体提供技能培训与就业指导；为遭遇自然灾害或重大疾病等突发情况的居民提供生活物资与心理疏导等。通过社区志愿服务的持续努力，众多困难群体的生活得到了明显改善。许多老人在志愿者的陪伴下，生活变得充实；残障人士通过技能培训，实现了就业，融入了社会；低收入家庭在就业帮扶下，经济状况逐渐好转，生活质量得以提升。社区志愿服务不仅使困难群体受益，也为社区营造了和谐、温暖的氛围，增强了社区居民的凝聚力和归属感。

4. 社区多元共治逐步深化，民主协商初步形成

社区工作者与多方力量协同合作，共同推动社区多元共治格局逐步深化，民主协商氛围初步形成。2024年3月28日，中共中央办公厅、国务院办公厅印发《关于加强社区工作者队伍建设的意见》，加强社区工作者队伍建设。这一文件的出台为社区工作者队伍建设带来了新的契机。各地积极响应，按照每万城镇常住人口拥有社区工作者18人的标准，扩充社区工作者队伍。社区工作者联合辖区内的物业公司、企事业单位、社会组织等，定期召开联席会议，共同商讨社区事务，解决实际问题。各类社会力量参与基层治理渠道不断拓展、方式不断丰富，60多万个基层群众性自治组织、265万家社会组织、116万名持证社会工作者、2.35亿名注册志愿者，在脱贫攻坚、乡村振兴、救灾救助等方面发挥了重要作用①。

城乡社区协商既是基层民主建设的重要方面，也是社区多元主体得以发挥活力的前提。为了协调社区各主体的利益，促进多元主体的良性互动，必须有相对应的社区协商议事机制，搭建多元主体协商议事联动平台，激发社区各主体的自主意识和参与意识。全国许多社区打造"多方联动"的协商议事平台，在社区党群服务中心设立民主协商议事厅，定期召开民主协商会议，发挥多方联动机制，妥善解决社区治理中的大事、急事、难事；实施"参与式协商"民主自治模式，完善社情民意收集、社区协商议事与民主决策、事项评估反馈等机制，充分发挥居委会主体作用

---

① 吴汉圣：《基层强则国家强 基层安则天下安》，《求是》2024年第10期。

以及社会组织支撑作用[①]；依据社区居民的需求性质，构建街道（镇）平台、社区平台、小区平台以及楼栋平台等，实现精细化治理。依托社区网等数据平台，实现社区信息推送以及社区居民沟通，及时掌握与满足社区居民的需求。

（二）社区社会工作的未来展望

2024年11月，习近平总书记对社会工作作出重要指示，强调坚定不移走中国特色社会主义社会治理之路，推动新时代社会工作高质量发展[②]。当前我国社会结构正在发生深刻变化，尤其是新兴领域迅速发展，新经济组织、新社会组织大量涌现，新就业群体规模持续扩大，社会工作面临新形势新任务，必须展现新担当新作为。

习近平总书记强调，社会工作是党和国家工作的重要组成部分，事关党长期执政和国家长治久安，事关社会和谐稳定和人民幸福安康[③]。这为社区社会工作明确了核心定位，指明了发展方向。2025年，社区工作者将持续强化党组织在社区治理中的核心领导地位，积极探索党建引领下的多元共治模式，推动新经济组织、新社会组织、新就业群体融入社区治理体系，不断增强党在社区的号召力、凝聚力和影响力。

1. 加强社区工作者队伍建设，完善体系制度机制

社区是创新社会治理的基础平台和重要突破口。全国400多万名城乡社区工作者，既是党的路线、方针、政策在基层一线的直接执行者，也是基层治理和服务的骨干力量。只有在党的领导下，使每个社会细胞都健康活跃，

[①] 李敏、刘乐璇、董睿姝：《社区参与何以可能——城市社区共同体构建研究》，《黑龙江教师发展学院学报》2020年第5期。

[②] 《夯实国家治理基层基础 增进人民群众福祉——习近平总书记重要指示为做好新时代社会工作指明方向》，https://www.xinhuanet.com/politics/20241107/f152d3863bf242b8a9a67f1b59c5486a/c.html。

[③] 《夯实国家治理基层基础 增进人民群众福祉——习近平总书记重要指示为做好新时代社会工作指明方向》，https://www.xinhuanet.com/politics/20241107/f152d3863bf242b8a9a67f1b59c5486a/c.html。

将矛盾纠纷化解在基层，将和谐稳定创建在基层，才能使党建引领基层治理不断焕发新的生机活力。新时代新征程，必须全面加强基层组织运行机制、人员队伍、服务能力等建设，把更多资源、服务、管理下沉到基层，确保基层事情基层办、基层权力给基层、基层事情有人办，不断夯实社会治理基层基础。抓基层打基础，着力培育基层治理人才队伍。紧紧依靠社区工作者这一基础性力量，强化政策引领，打造一支政治坚定、素质优良、敬业奉献、结构合理、群众满意的社区工作者队伍[①]。

随着社区社会工作在儿童福利、养老服务、社会救助、卫生健康、社区矫正等领域的不断拓展，人民群众服务需求的日益个性化、多样化，社区社会工作专业人才短缺的问题变得越发严峻。在中西部地区和广大农村社区，社区工作者数量不足，社区服务更多依靠兼职人员或志愿者完成，服务质量难以保证。此外，社区工作者工作压力较大，待遇相对较低，职业发展空间有限，导致人才流失现象较为严重。为此，加强社区工作者队伍建设，要推进职业体系建设，畅通社区工作者的职业晋升通道，提供更广阔的职业发展机会；健全教育培训、管理监督、激励保障等制度机制，积极开展专业培训和继续教育，不断提高社区工作人员的专业素养和业务水平；完善社区工作者的薪酬福利体系，切实提高其待遇水平，努力缩小与其他行业同等学历人员的收入差距；依据社区工作者的专业能力和工作业绩进行科学、公正的评定和晋升。对在社区工作中表现突出的个人和团队给予表彰和奖励，提高他们的职业荣誉感和社会地位。

2. 拓展社区资金的来源渠道，加强资源整合共享

社区社会工作的资金主要依赖政府购买服务和财政拨款，社会捐赠、企业赞助等其他资金来源相对较少。资金来源的单一性在一定程度上限制了社区社会工作服务项目的开展规模和覆盖范围。为满足人民群众日益增长的社区服务需求，社区需积极拓展资金的来源渠道。一方面，争取政府加大投入，设立专项社区发展基金，用于基础设施建设、公共服务提升等。另一方

---

① 吴汉圣：《基层强则国家强　基层安则天下安》，《求是》2024 年第 10 期。

面，加强与企业的合作，通过公益捐赠、项目赞助、共建共享等形式，吸引企业资金进入社区。此外，积极探索社区社会工作服务的市场化运作模式，通过开展有偿服务、与企业合作开发服务项目等方式，增加资金收入，为社区社会工作的发展提供资金保障。

在整合社区内外资源方面，社区社会工作者面临诸多困难和挑战。不同部门、组织之间的资源信息沟通不畅，协调难度较大，导致资源无法得到有效配置和充分利用。为此，要建立全面、高效的社区资源信息共享平台，整合社区内外的人力、物力、财力等，实现资源的高效配置和充分共享。加强社区社会工作者与政府部门、社会组织、企业之间的沟通与合作，形成资源整合的长效机制。

3. 发掘赋权最广泛社会力量，充分激发社会活力

习近平总书记强调，"基层社区事务很多很繁杂，单靠政府是干不了、也干不好的，必须充分发挥社会各方面作用，激发全社会活力。"[1] 社会存在三元力量，即政府、市场与社会。在这三元机制中，社会属于最弱的环节。怎么培育社会是我们当下的主要问题[2]。中国社会具有很强的自我调节能力。过去中国是一种总体性社会，政府可以解决一切问题。随着改革开放以来的重大变迁、社会的高速发展，政府承担的服务边界逐渐清晰，社会的自我调节能力应该发挥重要作用，以增强社会活力。高异质性、流动性的城市社会，社区治理已无法依靠习俗等传统文化资源、乡绅等组织资源，需进一步发掘城市社会治理中担负自下而上建设任务的社会力量并对其赋权[3]。

社区是微观小社会，目前正处于巨大变迁中，社区中需要解决的问题很多。一方面，社区居民仍然沿着传统的路径思考问题，认为社区中的事务都是政府的责任，与自己无关，其依赖性、被动性比较突出。另一方面，社区居民参与的积极性明显不足。在社区中存在很多主动积极的社会力量、社会

---

[1] 中共中央党史和文献研究院编辑《习近平关于基层治理论述摘编》，中央文献出版社，2023。
[2] 李强：《创新社会治理需要激发社会活力》，《人民日报》2016年2月2日。
[3] 肖林、陈孟萍：《"新清河实验"与社会学干预的中介效应——基于"双轨政治"的思考》，《社会学评论》2021年第5期。

因素以及社会动力，以上这些都是一种潜在势能，一旦发挥出来就有巨大的能量。为此，发现和培育这些积极的社会因素，促进社会从"被动社会"发展为"能动社会"[1]是目前面临的重要课题。新时代新征程，必须在以习近平同志为核心的党中央坚强领导下，调动全社会最广泛的力量参与到基层治理中来，充分发扬民主，广泛汇聚民智，最大力度激发民力，形成人人参与、人人尽力、人人都有成就感的生动局面[2]。

三 居家社区养老发展成就及未来展望

党的十九大将"积极应对人口老龄化"上升为国家战略，党的二十大和二十届二中、三中全会分别对构建新时代的高质量养老服务体系作出明确指示。党的二十大报告提出"中国式现代化是人口规模巨大的现代化""健全共建共治共享的社会治理制度，提升社会治理效能""推进以党建引领基层治理"等重要论断，其中既蕴含着人民群众是社会历史创造主体等唯物史观，也彰显着中国式现代化的本质是"人的现代化"这一关键内核。2024年，居家社区养老服务作为社会化养老服务体系的重要组成部分，基于持续的政策支持及新的发展机遇，不断迈向高质量发展。

（一）居家社区养老服务的成就

1. 养老福利制度持续优化，养老服务保障水平不断提升

在人口结构趋于少子化、老龄化背景下，传统养老福利制度已经不再适应新型人口结构特征。为更好地适应人口结构老龄化快速发展带来的各种变化，政府在养老服务福利政策深度和广度上不断进行创新拓展。

养老经济保障层面。个人养老金制度稳步推进，基本养老保险、企业年金和个人养老金相结合的多层次养老保险体系逐步形成。截至2023年末，

---

[1] 李强、黄旭宏：《被动社会如何变为能动社会》，《人民论坛》2011年第10期。
[2] 吴汉圣：《基层强则国家强 基层安则天下安》，《求是》2024年第10期。

全国60周岁及以上人口占总人口比例突破20%，较2022年增长1.3个百分点[1]，为2013年以来增幅最快。在急速发展的人口老龄化态势下，个人养老金制度作为多层次养老保险体系的重要补充开始为公众在理念和实践上逐步接受。在试点推进基础上，国家层面不断优化个人养老金制度，从2024年12月15日起，个人养老金制度覆盖范围及个人养老金递延纳税的优惠政策实施范围进一步扩大，个人养老金产品供给不断多元化。此外，企业年金也丰富了老年人的收入来源，打破了依赖基本养老保险的局面。多层次养老保险体系逐步完善。

居家养老服务政策制度层面。一是养老服务相关法律法规逐渐完善。伴随社会化养老服务主体日益多元、数字技术养老服务应用场景逐渐丰富，为社会化养老实践提供必要的法律依据成为我国居家社区养老服务工作的重要内容。当前，我国在居家社区养老服务领域已经形成了较为完善的法律法规体系和政策框架。国家层面的法律为养老服务提供了基础保障，地方性法规则根据各地实际情况进行了细化和落实。同时，一系列具体政策措施的出台，进一步推动了居家社区养老服务的高质量发展。这些法律法规和政策的实施，为老年人提供了更加丰富、便捷、个性化的服务，提升了他们的生活品质。2025年1月22日召开的北京市人大常委会会议启动《北京市养老服务条例》立法工作，聚焦养老服务供给端提质增效，从养老服务设施规划建设、居家社区机构养老及医养结合实践、失能失智老年服务、养老服务人才培养、养老服务产业发展等方面，致力于相关法律法规的调适完善，为居家社区机构养老融合发展提供法律保障。二是逐步完善居家社区养老服务供给保障体系。一方面，养老服务制度趋于规范化。上海市近年来在推进居家环境适老化改造、率先试点长期护理保险制度基础上，不断完善老龄事业相关的法规、规章和政策，如《上海市老年人权益保障条例》《上海市养老服务条例》。2024年《上海市基本养老服务清单（2024年版）》印发，明确了基本养老服务项目的服务对象、服务内容、服务标准等，重点对老年认知

---

[1] 民政部、全国老龄办：《2023年度国家老龄事业发展公报》，2024年10月11日。

障碍床位照护服务等多个项目进行规范说明，强调因地制宜探索形成可持续、可复制的老年助餐模式。另一方面，居家社区养老"智治"支撑持续强化。聚焦养老服务供需精准对接以及提升基本养老服务便利化、精准化、数字化水平，从国家到地方，陆续出台相关政策文件提供保障。2024年，国家层面密集出台《关于深化智慧城市发展、推进城市全域数字化转型的指导意见》等多项聚焦智慧养老发展政策；同时，开发适老化智能产品也被写入多地养老服务相关政策法规。

2. 党建引领居家社区养老服务机制提升老年获得感

党建引领居家社区养老服务的实践表明，通过党组织的引领和资源整合，能够推动养老服务与社区治理、医疗保障、社会力量参与等多领域的融合，能够有效提升养老服务的质量和水平，增强老年人的获得感和幸福感。多个城市在党建引领居家社区养老服务方面，通过创新模式和整合资源，积累并形成各具特色的居家社区养老服务经验。例如，北京"社区驿站+养老"、上海"社区嵌入式养老""红色物业+社区养老"模式，以及深圳"10分钟居家社区养老服务圈"和"1+1+N"服务模式，都为全国提供了可借鉴的范例。值得关注的是，依托党建引领机制，深圳2024年不断加快居家社区养老服务驿站建设。截至2023年，深圳已全覆盖建成2095个居家养老服务驿站，其中，依托党群服务中心建设734个、依托长者服务中心（站点）建设384个、依托社区健康服务中心建设640个，初步建成"10分钟居家社区养老服务圈"[1]。

3. 居家社区机构三类形态融合提升养老服务质量

居家养老资源逐步多元丰富。居家养老是绝大多数老年人的主要养老选择。基于家庭场域，聚焦老年人尤其是失能老人的迫切养老照护需求，以多维形式实现养老服务向老年人"身边、床边、周边"的输送传递成为近年来居家养老服务的重心。例如，上海"家庭床位建设"、北京丰台区"喘息

---

[1] 《深圳：深化党建引领 持续提升城市基层治理效能》，https://news.qq.com/rain/a/20240628A00TD800。

服务试点"、"长期照护险"等措施为居家失能老人获得近距离、可感可及、稳定连续的长期照护服务提供了一定保障。

基于空间场域的居家社区养老资源进一步整合优化。物理空间维度，一方面，多地老旧小区通过社区更新改造、居家适老化改造，为老年人生活提供了多种便捷，实现了"小改造"撬动"大民生"。例如，成都以政府补贴与企业捐赠"公私结合"的方式为农村独居老人提供改造厨房、电路及屋顶防水等服务[1]。另一方面，养老服务设施进一步优化，养老服务实体与虚拟服务平台建设相辅相成。例如，北京市创新养老服务模式，建立了以"一清单、一平台、一张网"为基础的养老服务体系，通过布局建设100个街道（乡镇）区域养老服务中心，集合养老服务供需对接、资源调度、社区餐饮、老年教育、康养娱乐、集中照护等多重功能，满足老年人多样化需求[2]。北京市2024年继续推进居家社区养老协调发展，促进医养融合，健全养老服务体系，新建105家街道（乡镇）区域养老服务中心、240个农村邻里互助养老服务点，新增9829张家庭养老床位，老楼加装电梯876部，"老老人"服务保障措施惠及80余万高龄和失能失智老年人[3]。社会空间维度，小型化、多功能的"养老服务综合体"优势已然显现。上海市浦东新区试点"社区养老合作社"，由居民、企业、社会组织出资，政府提供场地和补贴，提供社区食堂、日间照料等共享养老服务。北京市以嵌入式养老服务设施串联连锁化、品牌化的专业照护、日间照料、康复护理、上门服务等，"社区+物业+养老服务"链条作用初显。

依托机构实现基本养老服务群体服务兜底功能，提升养老服务专业化水平。2024年，民政部、财政部滚动实施居家和社区基本养老服务提升行动项目。"十四五"以来，全国累计遴选184个地区开展项目，支持建设家庭

---

[1] 《三原县特殊困难老年人家庭适老化改造实施方案》，https：//www.snsanyuan.gov.cn/xw/tzgg/202404/t20240401_1750264.html。

[2] 《在家门口养老——北京完善首都特色养老服务体系调查》，https：//mzj.beijing.gov.cn/art/2024/10/30/art_4490_735758.html。

[3] 《北京市政府工作报告》，https：//www.beijing.gov.cn/zhengce/zhengcefagui/202501/t20250121_3994530.html。

养老床位34.7万张，提供居家上门服务64.3万人次。养老机构护理型床位建设持续推进，2024年底，养老机构护理型床位建有率已达62.2%[①]。

（二）居家社区养老模式发展趋势

1. 银发经济注入发展新动能，养老服务新业态生成

2024年，国务院办公厅首次明确提出大力发展银发经济，这也意味着银发经济首次上升为国家经济社会发展战略。2025年1月，北京市第十六届人民代表大会第三次会议提出完善养老服务体系，强调"引导各行业完善适老化服务"。2025年《北京市政府工作报告》提出要"扩大服务消费，增加生育养老、美丽健康等高品质服务消费供给"，其中特别指出要"培育新型消费，积极发展银发经济，扩大时尚消费"。"银发经济"再度成为热词并为社会各界所关注。2024年8月，国务院发布《关于促进服务消费高质量发展的意见》，在挖掘基础型消费潜力中，重点提到养老托育消费，明确提出："大力发展银发经济，促进智慧健康养老产业发展，推进公共空间、消费场所等无障碍建设，提高家居适老化水平。"民政部、商务部等24部门于2024年10月印发《关于进一步促进养老服务消费提升老年人生活品质的若干措施》，首次从推动养老服务供需适配等角度，指导各地在推动解决老年人养老服务急难愁盼问题中培育服务消费新增长点。可以预见，一方面，人口老龄化加速，催生了抗衰老产业、康养旅游、无障碍经济、养老机器人等新的蓝海市场，为新的经济业态发展带来更多机遇；另一方面，养老服务行业及服务企业将嵌入不同类型社区，形成新的"社区合伙人"机制，实现社区跨界合作，为老年人提供更多可及可达的养老资源。

2. 党建引领养老服务多主体合作机制进一步拓展

提升居家社区养老服务品质是一项重要的民生事业。从工作机制来看，党建引领基层居家社区养老服务治理机制将持续发挥重要作用。以党建引领

[①] 《把握关键之年聚力高质量发展——2024年养老服务工作综述》，《中国社会报》2024年12月24日。

城市基层治理是首都"大城善治"的鲜明特色和成功经验。党的二十大作出"推进以党建引领基层治理"重大部署,这将贯穿中国式现代化建设的全过程,对现阶段我国老龄化社会治理也提出新要求。随着党建引领中国式现代化建设进程推进,权责平衡、成本效益等现代治理理念将逐步应用于居家社区养老服务实践。从养老服务主体来看,养老服务主体多元化格局将进一步强化,特别是政府、企业、社会公众三重利益主体之间将进一步协调,多中心治理与政府治理能力匹配将进一步优化。一方面,政府需要继续加大对养老服务体系建设的支持力度,完善财政、税收、金融等政策,推动养老服务高质量发展。政府多部门之间协同合作持续形成合力,拓展社区养老新模式,在养老助餐、上门看护等方面优化制度保障。另一方面,需要有效链接多方社会资源并充分利用市场机制及公益机制,"三治融合""五社联动"模式下社会力量参与居家社区养老实践逐渐成为破解居家社区养老服务困境的可行路径。由此,主体之间边界不清晰、关系互动混乱、规范性不足的问题将进一步得到改善。此外,物业企业开展居家社区养老服务(即"物业养老")作为近年来的一种养老模式创新探索,在满足多样化、多层次老年人养老服务需求和提高供需匹配精准性方面具有很大潜力,在得到政府和大众认可的基础上通过优化服务路径和手段,将进一步拓展居家社区养老服务多主体合作方式。

3. 居家社区养老服务网络将由城市向农村辐射

农村养老服务是乡村振兴战略的重要内容。近年来,为探索形成农村养老服务模式,国家政策明确提出加快健全覆盖城乡的"县级综合养老服务管理平台—乡镇(街道)区域养老服务中心—村(社区)养老服务设施站点"三级养老服务网络。2024年5月,民政部、农业农村部等22部门联合印发《关于加快发展农村养老服务的指导意见》,首次从全国层面对发展农村养老服务作出总体性、系统性部署,体现了党中央对农村老年人福祉的重视。2025年1月23日,中共中央、国务院印发《乡村全面振兴规划(2024—2027年)》,其中提出健全养老服务网络,积极发展互助养老。第二十四条重点指出"完善基础民生保障,健全养老服务网络,根据各地情况和农民实际需求，推进敬老院等设施建设，大力推进乡镇区域养老服务中心提质增效，积极发展互助养老"。2025年2月中央一号文件颁布，提出"着力推动乡村面貌全面提升"，并对农村养老作出重要部署。随着政策持续加码推动和资源倾斜，农村养老服务网络将不断健全，居家社区养老服务网络将逐步由城市向农村辐射，提升城乡居家养老服务一体化和均衡化水平。此外，建构符合我国农村特点的养老服务模式，应根据不同区域特点因地制宜，充分发挥集体经济、邻里互助、金融助老等机制养老助老功能优势，补齐农村养老服务短板，提升农村养老服务的供给能力。创新农村养老服务模式尤其需要形成社会力量参与机制，例如以"村委会+社会组织+志愿力量"模式推动农村养老服务的可持续发展。同时出台政策鼓励将符合条件的农村养老服务设施纳入医疗保险定点，推动医疗机构与养老服务设施深度合作，提供健康监测、慢性病管理等服务。

4. 居家社区养老服务将更加智能化、专业化和人性化

居家社区养老服务智能化、专业化和人性化三者相辅相成、相互促进，为居家养老服务提供了技术支撑，保障了服务质量，保持了服务温度。当前，通过区域性、行业性智慧养老服务平台，精准对接养老服务资源和老年人服务需求，降低成本，提高效率，正在成为居家社区智慧养老的重要表征。可以预见，随着技术的不断进步和社会资源的进一步整合，智能化的物联网、大数据、AI等技术手段嵌入居家养老服务网络将为越来越多的老年人带来便捷可及的服务。

参考文献

李强：《创新社会治理需要激发社会活力》，《人民日报》2016年2月2日。

肖林、陈孟萍：《"新清河实验"与社会学干预的中介效应——基于"双轨政治"的思考》，《社会学评论》2021年第5期。

李强、黄旭宏：《"被动社会"如何变为"能动社会"》，《人民论坛》2011年第10期。

尹峦玉、隋音：《基层治理共同体的理论意蕴与现实运行逻辑——基于马克思"真正的共同体"理论视角》，《社会政策研究》2023年第1期。

李友梅：《城市发展周期与特大型城市风险的系统治理》，《探索与争鸣》2015年第3期。

俞可平：《中国城市治理创新的若干重要问题——基于特大型城市的思考》，《武汉大学学报》（哲学社会科学版）2021年第3期。

特　　稿

B.2
"π集体"京津冀社区（村）书记学习圈
——社会工作人才创新生态行动研究

李青梅　徐爽　郝琳[*]

摘　要： 当前，京津冀协同发展国家战略稳步推进，以通武廊试验区为平台，区域间协同合作探索，激活、赋能社会工作领域的新质生产力。通过"社区党建+志愿服务"创新机制，持续开展"π集体"京津冀社区（村）书记学习圈交流：以"五子联动"促进多元主体共建共治共享，以京浙互联媒体融合路径探寻新质生产力；以社区领导力"7S"综合体系模型搭建、社区协商议事"第三时间"创新等赋能社工人才强基计划。京津冀三地分别以赵家楼社区"高校+社区"模式、天津朝阳里社区志愿服务军地融合模式、河北通武廊"两企三新党建产城融合"模式谱写了京津冀协同发展新篇章，培育了社会工作人才创新生态，为基层治理开拓了全新视角。

---

[*] 李青梅，中共河北省廊坊市固安县委社会工作部主任科员；徐爽，北京市东城区建国门街道社会工作服务中心主任；郝琳，天津市和平区新兴街朝阳里社区副主任。

关键词： 京津冀协同发展　社区书记　人才创新

当前，京津冀协同发展国家战略稳步推进，以通武廊试验区为平台，区域间协同合作探索，激活、赋能社会工作领域的新质生产力。北京社科智库建设成果高效能转化应用，通过"社区党建+志愿服务"创新机制，持续开展"π集体"京津冀社区（村）书记学习圈（以下简称："π集体"学习圈、学习圈）交流，共建共治共享社会工作人才创新生态，为基层治理开拓了全新视角，注入了澎湃活力。

一　"π集体"学习圈，探寻基层新质生产力

（一）善行朝阳，多元主体协同共建共享

2024年9月6日，京津冀社区（村）书记学习圈主题活动在北京市朝阳区昆泰大厦西区举办，北京市社会科学院社会学研究所副研究员李金娟主持，《中国社区发展报告（2023~2024）》入选案例、北航社区"养老"课题组熊丽慧参加，京津冀三地社区（村）书记代表、社区志愿者骨干集体学习天津市和平区朝阳里社区案例。本次活动由中共固安县委社会工作部作为轮值主席单位主办。

广东省社工与志愿者合作促进会（简称"社志会"）荣誉会长谭建光教授点评，京津冀一批社区（村）党委书记"贡献智慧力量"，这是志愿服务的提质增效、升级换代，可以联合机关党员志愿者、高校教师、专业社工、志愿者骨干等，以丰富多样的志愿服务方式方法参与服务、交流分享知识与经验。

（二）"五子联动"，社工志愿服务专业至善

秉持全过程人民民主理念，"π集体"学习圈成立了专业志愿服务秘书处，线上组建微信群，线下统筹安排红旗出版社北方中心、赵家楼社区、国

子监社区等现场教学点，从学术、政策、活动组织等多维度发力，为可持续推进区域社区治理学习交流平台建设夯实基础。

秘书处的五位志愿者及其工作分别如下：①北京社科院李金娟博士汇编学术成果与经典案例，进行前瞻性的理论政策解读，指导基层社区书记有效学习；②中共固安县委社工部李青梅统筹通武廊试验区政策平台协调资源，主持学习圈"进京赶考"系列活动；③北京东城区社工代表徐爽招募、组织"正阳先锋"志愿者参与行动研究；④天津朝阳里社区郝琳总结优化社区志愿服务团体标准的宝贵经验，主动分享志愿者管理与社会组织经典案例；⑤清华大学社会科学学院校友王洁颖牵头"高校+社区"融合式发展，鼓励高校志愿服务支持社区治理。

学习圈秘书处"五子联动"，"社区党建+志愿服务"工作机制持续创新。中共新疆精河县委社会工作部、广东省社工与志愿者合作促进会、中共云南省委社会工作部五处等单位及骨干志愿者陆续加入，共同推动学习圈稳健运行。

（三）京浙互联，媒体融合发现社区美好

作为"π集体"学习圈核心成员，红旗出版社北方中心一直支持北京赵家楼社区"红色合伙人"行动，推动浙江宣传"潮新闻"2024年度美好生活"潮鸣号"品牌与北大红楼和中国共产党早期北京革命活动片区单位成员京报馆等联学共建。更有一批新青年媒体志愿者加入"京浙互联"未来社区实验室，一线跟踪拍摄近100条社区场景新闻视频，涵盖社区建设成果、志愿服务活动风采、居民互助故事等内容，用更接地气的方式宣传党的理论与社工实务，发现传播社区美好。

同时，《求是》杂志社机关党委原专职副书记、纪委书记常怀立主持编辑红旗出版社"新兴领域党的建设丛书"，战略推动中共丰台区委社会工作部"长辛先锋"社区志愿服务学习交流，围绕党建丛书，从新闻出版、理论研究、高校智库等多领域组织专家，凝聚推动社会进步的力量，为区域社会工作发展提供有力支持。

二 "π集体"学习圈，赋能社工人才强基计划

（一）定位：社区志愿服务"主战场"

强大的政治领导力是马克思主义政党的独特优势，以高质量基层党建为支撑，"π集体"学习圈围绕"七有"目标和"五性"需求，聚焦"社区志愿服务"场景营造开展社会工作人才"强基计划"，激活、赋能社区（村）书记领导力与基层治理新动能，工作途径与方法包括（不限于）如下方面。

通过交流与合作，打造立足北京的志愿服务学习型新组织，提升社区志愿服务水平和质量，促进志愿服务在社区发展中发挥积极作用。

借助央地共建模式，以社会工作为核心，凝聚各方智慧力量，推动社会工作在社区治理中的深入开展，实现资源共享、优势互补。

利用数媒融合的手段，探索数字科技赋能基层治理的有效途径，提高社区治理的效率和精准度，为居民提供更优质的服务。

（二）研究：社区调研"高""大""上"

1. "高手"书记成果经验调研

"π集体"学习圈完善基层社区书记人才库，清华大学社会科学学院校友王洁颖牵头的调研工作，着重于挖掘长期奋战在基层一线、经验丰富且成果突出的"高手"书记的成功经验，为社区治理提供高端、实用的借鉴，深入剖析多位优秀社区书记的实践案例。

调研案例一：儿童友好高原街。朝阳区小关街道高原街社区党委书记梁靓，以协商议事评选社区2024年度汉字"童"为契机，带领团队围绕儿童友好社区建设开展了一系列富有成效的工作，从打造儿童专属活动空间，到设计适合儿童参与的社区活动，再到推动社区公共服务设施的适儿化改造，积累了大量可复制、可推广的经验。这些经验是践行"共朝美好 宜居小

关"理念的宝贵创新实践，为京津冀地区、全国基层社区打造社区品牌、满足特定群体需求提供了新思路，推动社区治理向精细化、特色化方向发展。

调研案例二：高校文明实践生态。海淀区北下关街道动物园社区党委书记姚小龙工作的地方是北京科技创新中心中关村的南大门，周围高校林立，社区营造"高校文明实践生态"，精心策划、组织实施一系列志愿服务活动。2024年第七届中国青年志愿服务项目大赛中，动物园社区孵化的"晚缘"敬老志愿服务项目荣获全国金奖，并受邀参加北京外国语大学团委组织的高校志愿服务与社区书记面对面咖啡交流会议。在交流中，姚小龙书记分享了"晚缘"项目推进过程中如何整合社会资源、激发志愿者积极性、解决遇到的各类难题等宝贵经验，并提出志愿服务结合青年思政课、企业管理与社区治理"7S"模型的实践应用，都非常有建设性。

调研案例三：《春燕日记》高手故事。海淀街道苏州桥西社区党委书记李春燕的《春燕日记》畅销全国，书中收录了未诉先办、垃圾分类、居民自治等实战日记。这本记录了基层社区工作者工作日常与成长历程的书籍，展现了打通基层治理"最后一公里"的高手经验，为一线社工提供了极具价值的实践蓝本。同时，李春燕书记以党员志愿者的身份，推动永定河流域治理工程、太行山山地生态综合治理的基层实践，深度支持北京市门头沟区潭柘寺镇"π集体"学习圈活动，通过现场教学、经验分享和交流座谈等多种形式，将先进的治理理念与方法传递给基层工作者。

2. "大范围"区域联动与资源共享

广东省社工与志愿者合作促进会是全国社会工作领域政策解读、基层案例研究、社工实务创新的标杆。"π集体"学习圈联动大湾区，与社志会形成区域联动和资源共享，在微信公共平台开辟"志谷·π集体""青新公益说"两个专栏，以每周一故事的方式，讲述京津冀、大湾区、长江经济带、新疆等全国不同地区社区（村）在治理过程中的成功经验与创新做法。有的社区通过创新社会组织培育模式，激发社区居民的自治活力；有的村庄聚焦乡村振兴，通过党建引领高质量发展集体经济。这些小故事为一线社工带来了全新思路，促进不同地区相互学习与借鉴。

来自北京（东城、西城、通州、海淀、朝阳、丰台、顺义、昌平、延庆、门头沟）、天津（和平）、河北（廊坊固安）、新疆（博州精河）、湖北（宜昌）、云南（保山）、山东（潍坊）、重庆（璧山）、四川（成都）、江苏（镇江）、福建（福州、厦门、莆田）、浙江（杭州、宁波、嘉兴、台州）、广东（广州、惠州）等地友好社区（村）的书记及社区智库代表就共同关心的问题，如在快速城市化进程中如何平衡社区发展与居民权益保障、怎样提升社区志愿服务质量与效率等进行深入探讨，为学习圈注入新活力。

3. 契合政策热点"向上·向善"

2024年11月5~6日，中央社会工作会议在北京召开，这是中央首次召开社会工作会议，引起社会广泛关注。紧扣中央、北京市各级社会工作热点文件学习是赋能社工人才的重要手段。"π集体"学习圈通过定期组织学习交流活动，将党建引领共治共享案例学习作为重要解题"密钥"，帮助社区（村）书记准确把握政策导向，并将政策要求转化为实际工作举措。

"π集体"学习圈学习研究《关于健全新时代志愿服务体系的意见》。"志愿服务是社会文明进步的重要标志，是新时代党引导动员人民群众贡献智慧力量、创造美好生活、实现奋斗目标的生动实践"，对此，"π集体"学习圈推进"志愿3+"（即"先锋+、智慧+、能力+"），鼓励党员志愿者参与社区治理，关注和重视"大国工匠""志愿工匠"等人才，逐步完善建设项目库、案例库、经验库等，为志愿者增能、为志愿组织赋能，提供更多的地方、更多的组织参考学习，汇聚智慧力量、焕发志愿活力。

（三）模型：社区领导力"7S"综合体系

北京大学校友代表王冬妮、华润医药老干部服务中心罗琼、ESG及社会工作法律志愿者张凤丽等，组织"π集体"学习圈专业志愿者骨干，调研以社区书记为代表的基层管理岗指标，规划社区领导力7S综合能力体系。

1. 战略（Strategy）

社区书记需具备高瞻远瞩的战略眼光，依据国家政策导向、社区自身定位以及居民需求，制定契合社区长远发展的规划。比如在京津冀协同发展的大背景下，处于交界区域社区的书记可规划打造区域协同发展示范社区，积极与周边地区社区开展合作，共同推动基础设施互联互通、公共服务设施共建共享，如联合举办跨区域文化活动、生态环境共治，以提升社区在区域发展中的影响力和竞争力。

2. 结构（Structure）

构建科学合理的社区治理结构，明确社区组织内部各部门、各岗位的职责与分工，优化工作流程，促进信息高效流通。以大型社区为例，可设立网格管理小组，每个小组负责特定区域，涵盖环境卫生、安全巡查、居民事务协调等工作。网格小组与社区居委会、业委会等形成联动机制，确保社区事务管理无死角，提升工作效率。

3. 制度（Systems）

建立健全社区各项规章制度，从居民行为规范、社区服务流程到社区财务监管等，都要有明确的制度约束。例如制定垃圾分类奖惩制度，对积极参与垃圾分类的居民给予积分奖励，积分可用于兑换生活用品；对不遵守规定的居民进行批评教育或适当处罚，以此规范居民行为，提升社区环境治理水平。

4. 共享价值观（Shared Values）

共享价值观是马克思主义"第二个结合"与社会工作推动基层治理的具体实践。践行社会主义核心价值观，弘扬中华优秀传统文化，倡导邻里和睦、尊老爱幼等美德。通过党建引领，强化爱国、敬业、诚信、友善的价值共识，推动志愿服务，弘扬奉献、友爱、互助、进步精神。融入绿色发展理念，倡导环保行动；强化法治意识，推动社区治理法治化；鼓励创新精神，激发居民参与，共建共治共享和谐、充满活力、可持续发展的现代化社区。

5. 技能（Skills）

社区书记及工作人员需不断提升自身专业技能和综合素质，包括沟通协调能力、问题解决能力、组织策划能力等。比如在处理社区邻里纠纷时，书记运用沟通技巧，倾听双方诉求，公正调解，化解矛盾；在组织社区文化活动时，书记充分发挥组织策划能力，吸引更多居民参与，丰富社区文化生活。

6. 风格（Style）

社区书记展现独特且有效的领导风格，营造积极向上的社区工作氛围。社区书记在决策时广泛征求居民意见，鼓励居民参与社区事务讨论和决策，激发居民的主人翁意识；始终将居民需求放在首位，积极为居民解决实际问题，赢得居民信任和支持。

7. 团队（Staff）

注重社区工作人员和志愿者队伍建设，通过培训、激励等方式，提升队伍整体素质和工作积极性。定期组织社区工作人员参加业务培训，学习最新的社区治理理念和方法；对表现优秀的工作人员和志愿者予以表彰和奖励，如颁发荣誉证书、给予物质奖励等，吸引更多居民加入志愿者队伍，为社区发展贡献力量。

（四）创新：社区协商议事"第三时间"

北京海淀区清河街道学府树家园第二社区杜卫红、东城区建国门街道苏州社区陈细芳、延庆区永宁镇吴坊营村吴春瑞等基层书记们敢于担当，勇于创新，动员高校智库、科技企业、统战人士、文化志愿者等组建社区志愿者专业团队，赋能、激活基层议事协商的各项职能，广泛征求社区居民代表、驻地相关单位及社会各方力量的意见和建议，推动基层治理高质量发展。

秉持"大家商量着办"的全过程人民民主理念，遵循"社区党建+志愿服务"工作机制搭建社区场景，原则上每周五下午为社区协商议事"第三时间"。以下是基层议事协商2024~2025年度部分创新案例。

创新议题一：京城社区与新疆农场建立友好合作关系。新疆博州精河县阿合其农场胜利社区与北京苏州社区建立友好合作关系。通过"第三时间"议事会，双方围绕社区文化交流、社区服务共享、社区治理经验互鉴等方面展开深入探讨。阿合其农场胜利社区具有独特的地域文化和民族特色，而北京苏州社区在城市社区治理、社区服务创新等方面成果显著。双方希望借助友好社区建设，促进两地文化交流融合，共同提升社区治理水平。在议事会上，双方代表就如何开展文化交流活动、共享优质社区服务资源、互派人员学习交流等具体事宜进行了详细商讨，为后续合作制定了初步规划。

创新议题二：红色宋庄志愿者帮助抗美援朝老兵。在红色宋庄的"第三时间"议事会上，银发人才志愿者何凤莲提出，宋庄是"进京赶考"第一站，应依托宋庄村的平津战役指挥部旧址，活化红色文物赋能乡村振兴，组织社会力量帮助抗美援朝老兵等特殊困难群体。议事会探讨如何进一步扩大这一关爱行动的影响力，吸引更多志愿者参与，以及如何整合社区资源，为抗美援朝老兵提供更全面、更贴心的服务。例如，组织志愿者培训，提升服务质量；联合社区医疗机构，为老兵提供定期健康检查；开展红色文化传承活动，邀请老兵讲述战斗故事，让红色基因在社区中传承。通过议事会的讨论，宋庄村形成了一套完善的关爱行动方案，让抗美援朝老兵感受到更多的尊重与关怀。

创新议题三：西三旗街道北新集团社区友邻学社。西三旗街道北新集团社区在"第三时间"议事会上，重点讨论了"乐HUA北新"友邻学社社区志愿者队伍建设。致公党银发人才娄强（1944年出生）、退休教师代表王东平（1954年出生）组建了大爱兴寿银发志愿者队伍，邀请北京农学院青年志愿者队伍，共同举办"二十四节气"友邻学社系列活动。议事会就友邻学社的课程设置、活动组织形式、场地使用等问题进行了深入交流。社区居民积极参与讨论，根据自身需求和兴趣提出了丰富多样的课程建议，如书法绘画、手工制作、健康养生等。同时，大家还共同探讨了如何组织各类文化活动，吸引更多居民参与，营造和谐友爱的社区氛围，将友邻学社打造成为社区文化建设的重要阵地。

(五)重点：北京医联党委发展社会工作新质生产力

2025年2月10日召开的北京市委社会工作会议提出，坚持党建引领行业治理和区域发展，大力推进"友好之城"建设，努力开创首都社会工作新局面，为谱写中国式现代化的北京篇章凝聚磅礴力量。健康科普低碳社区团体标准建设是"π集体"学习圈2024~2025年度推动的重点工作，中共北京市医疗健康领域基金会第一联合委员会（简称"北京医联党委"）以党建强促进发展兴，加强与社区党组织的合作，推动志愿服务的高质量发展，发展社会工作的新质生产力。

北京医联党委专职副书记罗益华带队与安定门街道国旺社区党建工作协调委员会成员单位、东城区安定门社区卫生服务中心党支部等共同发起"心路医路"社区志愿服务队，通过开展学习交流与服务活动，聚焦在北二环沿线社区开展医务社工志愿服务，逐步摸索健康科普低碳社区团体标准建设的指标与场景，同时组织专家智库力量编写，实现政、产、学、研、用在战略层面有效结合，并为行业提供行之有效的工作路径与数据支撑。

在学习方面，各方党组织联合组织党员开展政治理论学习、业务知识培训等活动，提升党员的政治素养和专业能力。例如，邀请医学专家为社区党员和居民讲解健康知识，同时组织社区党员到医院参观学习，了解医疗服务流程和党建引领下的医疗改革成果。在服务方面，北京医联党委组织医疗团队深入社区，开展义诊、健康体检、疾病防治宣传等活动，为社区居民提供便捷的医疗服务。同时，社区党组织积极配合医疗团队，做好活动组织和居民动员工作，收集居民的健康需求和意见建议，反馈给北京医联党委，以便更好地调整服务内容和方式。"心路医路"联学共建活动实现了医疗资源与社区需求的精准对接，提升了社区居民的健康水平，同时也加强了党组织之间的交流与合作，为社区治理注入了新的活力。

三 "π集体"学习圈，京津冀协同发展

在京津冀协同发展的大背景下，社区治理创新成为提升区域整体发展水

平的关键环节。"π集体"京津冀社区（村）书记学习圈积极推动三地社区（村）在实践中探索，形成了各具特色且成效显著的社区治理模式，为区域社会治理现代化注入了新活力。

（一）北京赵家楼模式：高校与社区深度融合

赵家楼社区坐落于北京市东城区建国门街道，是北大红楼与中国共产党早期北京革命活动片区单位，这里承载着厚重的红色文化记忆，见证了诸多重大历史事件。作为北京高校"样板支部"创建单位，北京第二外国语学院汉语言文学专业本科生党支部，常态化长效化开展党员"到社区报到、为群众服务"工作，与社区组建"红色赵家楼"社区合伙人。高校与社区双向奔赴、双向赋能，开启了深度融合的社区治理探索之路。

1. 红色赵家楼社区合伙人

北二外师生成立"觉醒年代"党员志愿服务队，深入挖掘赵家楼社区的红色文化内涵，聚焦社区发展热点、重点和难点问题，与专家、社区工作者、志愿者代表深度对话，开展"红色赵家楼·胡同新生活"系列活动，为社区治理现代化贡献青年力量，总结首都高校经验。

高校的社会实践平台在社区落地生根，最大限度地将各类社会资源有效统筹，将组织优势转化为服务优势、治理优势。高校与社区融合式发展，成为多元参与基层治理的发起人、社区治理的参与人。

2. 志愿服务高校思政课

高校学生积极投身于社区志愿服务活动，成为社区治理的一支重要力量。在五四运动105周年之际，高校学生帮助赵家楼社区开发了3条红色研学线路，开展CityWalk主题研学。研学线路成为网红打卡线路，活动被多家媒体报道，产生了良好的社会效应。形式多样的志愿服务活动，不仅丰富了社区居民的生活，也为社区营造了良好的文化氛围和安全环境。

值得一提的是，来自世界各国的北二外留学生作为"红色赵家楼"社区共建观察员，一起参与活动，了解中国基层民主治理的创新。中外学生与北京日报社联合拍摄制作8期中英双语视频，在Facebook、X等《北京日报》海外媒体矩阵发布，观看量超过20万次，向全球观众讲好中国式现代化的基层治理故事与北京实践。

3. 双向人才培养美美与共

习近平总书记强调："社会治理的重心必须落到城乡社区，社区服务和管理能力强了，社会治理的基础就实了。"[1] 赵家楼社区"社区+高校"双向人才培养机制，注重红色文化立德树人、多元服务基层治理。社区为高校学生提供了广阔的实习和实践机会。学生们在社区实践中，将课堂所学知识应用于实际工作，锻炼了沟通协调、问题解决等实践能力。

在社区组织的文化活动策划中，北二外的青年志愿者们发挥专业优势，为"红色赵家楼"设计了专门的logo，学生们引入当下流行的新媒体传播方式，用笔头、镜头记录社区发展变化，向世界讲好中国之治的故事，传播中国之治的智慧，吸引了更多居民参与。社区借助高校学生的创新思维和活力，提升了社区活动的影响力，为社区治理带来新的理念和方法，促进了高校人才与社工人才的良性互动。

（二）天津朝阳里模式：社区志愿服务军地融合

2019年1月17日上午，习近平总书记走进天津市和平区新兴街朝阳里社区志愿服务展馆，与社区志愿者们亲切交流[2]。朝阳里社区地理位置特殊，周边有驻地部队。长期以来，社区与部队保持着良好的互动关系，有着深厚的军民共建传统。在新时代社区治理的要求下，朝阳里社区进一步深化与驻地部队的合作，探索出军地融合的社区志愿服务新模式。

1. 紧密军地合作机制

社区与驻地部队建立了常态化的沟通协调机制，定期召开联席会议，共同商讨社区志愿服务计划和活动安排。部队根据自身资源和任务特点，积极参与社区建设。驻地部队官兵积极投身各类社区志愿服务活动。在安全巡逻

---

[1] 中共中央党史和文献研究院编辑《习近平关于基层治理论述摘编》，中央文献出版社，2023。
[2] 《把志愿精神一代代传递下去》，新华社天津2019年5月12日电。

方面，官兵们协助社区安保人员，加强社区治安巡逻，提高社区居民的安全感。在助老助残服务中，官兵们定期走访社区内的孤寡老人和残疾人家庭，为他们提供生活帮助、心理慰藉。在文化活动方面，部队与社区共同举办军民文艺汇演、军事知识讲座等活动，丰富居民的精神文化生活。

2. 资源共享实现互利共赢

社区与部队实现资源共享。部队向社区开放部分训练设施和文化场馆，供社区居民开展体育活动和文化学习。社区则为部队官兵提供生活服务、技能培训等支持。这种资源共享模式，既提升了居民的生活质量和文明素养，也增强了部队官兵的归属感和融入感。

3. 突出成效打造特色治理模式

通过军地融合的志愿服务模式，朝阳里社区取得了显著成效。在促进军民团结方面，军地之间的互动更加频繁，感情更加深厚，形成了"军爱民、民拥军"的良好氛围。在社区治理水平提升方面，借助部队的力量，社区的环境、治安等得到明显改善，社区服务更加完善。这些成果使朝阳里社区成为社区志愿服务军地融合的典范，形成了具有鲜明特色的"朝阳里模式"。

（三）河北通武廊模式："两企三新"党建产城融合

永定河南岸的固安县是京津冀通武廊试验区的一颗明珠。中共固安县委社会工作部通过志愿服务全链条联动社会组织，整合全领域新质生产力，链接"两企三新"领域更多生产资源和要素，合力打造社区基层治理案例和智库建设、共建共治共享社区治理领域的区域性品牌与学习交流网络。

1. 固安产城融合"全链赋能"

作为"π集体"学习圈的轮值主席单位，中共固安县委社会工作部通过志愿服务全链条联动社会组织，整合全领域新质生产力，链接"两企三新"领域更多生产资源和要素，持续推进"1+22+X"三级组织体系建设（"1"为工委主导，"22"代表产业链党组织协同联动，"X"表示企业党支部广泛参与）；建立信息交互平台，及时更新各产业链牵头部门与党建负责人信息，有效理顺上下级联动机制，凝聚强大工作合力。

2.固安产城融合释放效能

中共固安县委社会工作部增强党组织在"两企三新"组织中的凝聚力与号召力，出台关于开展固安"两新"组织"6S"党建品牌创建的三十条措施，明确标准与具体举措，打造特色突出、成效显著的党建品牌，吸引更多优秀人才向党组织靠拢；按照"一企一对策、一点一特色"思路，创新维信诺"三个加法"、航天振邦"1234支部工作法"等一系列党建工作方法，通过党建引领产业发展；以优秀典型带动全域"两新"组织提升，顺斋瓜菜种植合作社党支部被评为省级两新党建示范点，航天振邦、汉飞思科等9家"两新"组织被评为市级两新党建示范点。

3.固安产城融合"三浙"平台

中共固安县委社会工作部与北京"三浙"发展平台正式达成战略合作关系并签署协议，推动固安社会工作在基层治理、"两新"组织党建、行业商协会管理以及志愿服务等领域高质量发展。联合"三浙"平台社会力量，落地开展"智慧多帮一"行动研究，探索发展银发经济新路径、谋划产城融合新未来。

四 结语

京津冀三地的赵家楼模式、朝阳里模式和通武廊模式，从不同角度展示了社区治理的创新实践。这些模式不仅契合当地实际情况，解决了社区治理中的现实问题，也为其他地区提供了可复制、可推广的经验，有力地推动了京津冀地区社区治理水平的整体提升，为京津冀协同发展奠定了坚实基础。

参考文献

谭日辉：《北京社区治理机制研究》，中国社会科学出版社，2018。

张森：《寓文于治：文化治理视域下创新社会治理的文化路径》，《学习与探索》2023年第8期。

王东杰、谢川豫：《多重嵌入：党建引领城市社区治理的实践机制：以A省T社区为例》，《天津行政学院学报》2020年第6期。

社区建设

B.3 美丽中国视域下城市老旧小区环境整治路径研究[*]

陆小成[**]

摘　要： 加强城市老旧小区环境整治是全面推进美丽中国建设、实现国家治理现代化目标的关键环节，更是提升美丽中国建设质量和水平的务实举措。因多方面原因存在，当前城市老旧小区环境整治面临治理体制有待优化、设施建设有待推进、投融资机制有待创新、居民参与有待提升等难题。加强城市老旧小区环境整治，应进一步加强顶层设计与体制创新，提升环境整治的智能化和数字化水平，加强产业融合与能源替代，创新投融资机制，提高社区居民参与度与获得感，为美丽中国建设提供坚强支撑。

关键词： 美丽中国　城市老旧小区　环境整治

---

[*] 基金项目：北京市习近平新时代中国特色社会主义思想研究中心重大项目"习近平生态文明思想的科学体系、原创性贡献及北京实践创新研究"（项目编号：24LLMLA026）。
[**] 陆小成，管理学博士，北京市社会科学院市情研究所研究员，主要研究方向为绿色低碳发展、城市治理、社区政策等。

建设美丽中国是全面建设社会主义现代化国家的重要目标之一，旨在构建人与自然和谐共生的现代化格局。城市老旧小区的环境整治与质量提升是其中的重要组成部分。城市社区治理是国家治理体系的重要组成部分，其现代化是国家治理现代化的必要前提和内在要求①。加强城市老旧小区的环境整治是全面推进美丽中国建设、实现国家治理现代化目标的关键环节，更是提升美丽中国建设质量和水平的务实举措。随着我国城市化率的逐步提高，越来越多的人生活在城市空间。老旧小区作为城市发展进程中的特定产物，承载着大量居民的生活记忆，其环境状况直接影响城市的整体风貌、绿色形象以及居民的生活品质，影响美丽中国建设进程。有效改善老旧小区的居住环境成为城市更新中各方关注的焦点②。当前，因不少城市老旧小区建成年代久远，基础设施老化、环境状况不佳等问题日益凸显，不仅严重影响居民的生活质量，也与美丽中国所倡导的绿色、宜居、和谐的发展理念背道而驰。随着社会的发展与时间的推移，这些小区的各项配套设施相对陈旧落后，不能满足现代人的生活和居住需求③。随着国家经济不断发展，城市建设及人民生活水平不断提高，老旧小区建设标准不高、设备设施落后、功能配套不全、缺乏长效管理机制等问题日益突出④。中国城市的老旧小区点多、量大、面广，探索有效的路径和机制破解环境整治的诸多难题，对于实现美丽中国的战略目标具有重要意义。

一 美丽中国视域下城市老旧小区环境整治的价值意蕴

老旧小区环境整治是实施城市更新行动的重要内容。党的二十大报告提出，实施城市更新行动，加强城市基础设施建设，打造宜居、韧性、智慧城

---

① 何绍辉：《新时代城市社区治理研究：背景、环境与基础》，《山东行政学院学报》2021年第5期。
② 胡秀娟：《基于老旧小区改造的社区空间设计与思考》，《建材与装饰》2024年第17期。
③ 胡梅梅：《城市老旧小区环境整治改造研究》，《住宅与房地产》2022年第16期。
④ 刘美霞、王淳：《基于城市更新理念浅谈老旧小区综合整治项目的改造》，《城镇供水》2023年第6期。

市。"十四五"规划和2035年远景目标纲要提出，加快推进城市更新，改造提升老旧小区、老旧厂区、老旧街区和城中村等存量片区功能。从历史逻辑看，中国各级政府加强城市老旧小区的环境整治，并取得一定的成效。如表1所示，老旧小区环境整治经历了从早期的物业管理探索到现在的系统化、精细化改造的基本历程。通过政策引导、居民参与和技术创新，老旧小区的环境质量、居住品质和社区治理能力得到显著提升，为城市更新和高质量发展提供了重要支撑。面向建设美丽中国的重要战略，加强城市老旧小区环境整治具有深刻的价值意蕴。

表1 2013~2024年中国城市老旧小区环境整治历程

时间阶段	主要政策措施	整治重点	实施成效
2013~2015年	以物业管理、资金运营和小区改造为重点	一是解决老旧小区物业管理问题。二是探索小区资金运营模式	一是初步改善部分老旧小区的管理状况。二是为后续改造积累经验
2016~2018年	重点推进建筑节能改造、综合整治和社区治理	一是建筑节能改造。二是小区环境综合整治。三是社区治理能力提升	一是提升老旧小区的节能水平。二是提高小区整体环境质量
2019~2021年	注重公共空间利用、品质提升和适老化改造	一是公共空间优化。二是小区品质提升。三是适老化和适儿化设施建设	一是提高老旧小区公共空间的使用效率。二是提高居民生活品质
2020年	国务院办公厅印发《关于全面推进城镇老旧小区改造工作的指导意见》	一是明确改造目标和任务。二是强调居民参与和长效管理	一是新开工改造老旧小区3.9万个，涉及居民近700万户。二是基本形成改造制度框架和政策体系
2022年	继续完善改造政策体系	一是推进"楼道革命""环境革命""管理革命"。二是加强基础设施更新和社区服务设施建设	一是改造工作逐步规范化、制度化。二是居民满意度显著提升
2023年	住建部等部门印发《关于扎实推进2023年城镇老旧小区改造工作的通知》	一是强调"一小区一对策"改造模式。二是推进加装电梯、适老化设施和社区服务设施建设	一是改造内容更加精细化。二是社区服务设施更加完善
2024年	住建部发布城市更新典型案例，推动老旧小区改造	一是推广老旧小区改造成功案例。二是强调绿色、低碳和智慧化改造	一是改造小区5.6万个，更新老化管线超过5万公里。二是加装电梯2.5万余部，增设停车位超过50万个

从理论逻辑看，老旧小区环境整治不再仅仅是狭义层面的生态环境领域的单一治理过程，更多的是涉及科技、经济、能源、治理、社会、文化、生态等多个领域的全方位整治与系统化提升过程，如表2所示。在科技维度，老旧小区环境整治在于借助前沿科技力量赋能老旧小区，以物联网、大数据、人工智能为核心，构建智能监测体系，实时洞悉小区空气质量、水质、噪声及垃圾处理等环境指标，为精准治理提供科学依据。在经济维度，老旧小区环境整治旨在激活社区经济活力。在能源维度，老旧小区环境整治聚焦能源结构优化与利用效率提升。在治理维度和社会维度，老旧小区环境整治核心在于改善居民生活条件，增强社区凝聚力。在文化维度，老旧小区环境整治旨在传承与弘扬小区独特的历史文化。在生态维度，老旧小区环境整治旨在全方位改善小区生态环境。可以说，老旧小区环境整治内涵丰富，空间范围广泛，对于提升城市品质、改善居民生活质量、推动城市可持续发展、推动美丽中国建设具有不可估量的重要意义。具体而言，老旧小区环境整治的价值意蕴主要体现在以下几个方面。

表2 老旧小区环境整治的重要内涵与空间范围

维度	重要内涵	空间范围
科技	运用科技手段提升小区智能化水平，实现便捷生活与高效管理，增强居民安全感和生活便利性	覆盖小区内所有公共区域及居民楼入口，包括楼道、电梯间、小区大门等；智能化设施延伸至居民家中，如智能水表、电表等
经济	提升小区房产价值，促进周边商业繁荣，优化资源配置，创造经济发展新契机	涵盖老旧小区自身房产以及周边1~2公里范围内的商业街、商铺等商业区域，小区内部的闲置空间、公共设施场地等
能源	推动能源结构绿色转型，提高能源利用效率，保障能源稳定供应，降低能耗与污染	公共区域的照明设施、充电桩安装场地，居民楼屋顶可用于安装太阳板的区域，小区内水电暖等能源供应管线所涉及的空间
治理	完善社区治理体系，推动居民参与，建立长效管理机制，提升治理效能与社区秩序	整个老旧小区的行政管理范围，包括社区居委会办公场所、小区物业管理区域、居民议事场所、线上社区交流平台等

续表

维度	重要内涵	空间范围
社会	改善居住环境,提高居民生活品质,促进社区和谐,增强居民归属感与凝聚力	小区内的公共活动空间,如社区活动中心、公园、休闲广场;各类公共服务设施覆盖区域,如养老服务站、幼儿园等
文化	传承小区历史文化,塑造特色文化氛围,丰富居民精神文化生活,留住城市记忆	小区内具有历史文化价值的建筑、古迹周边区域;文化展示空间,如文化长廊、文化广场;举办文化活动的场地等
生态	改善小区生态环境,增加绿化,提升环境质量,传播绿色环保理念,实现可持续发展	小区内的绿化用地、屋顶花园、阳台、雨水收集设施分布区域,垃圾分类投放点及垃圾处理场地

(一)提升居民生活质量

从微观层面来看,老旧小区往往存在环境卫生差、公共设施损坏等问题。老旧小区改造是提升居民幸福感的民心工程[1]。改善小区环境能够为居民提供更加舒适、健康、生态的居住空间。改善小区的绿化环境可以增加居民的休闲活动空间,提升居民的幸福感。一方面,关系到居民生活舒适度的提升。据相关调查,在环境较好的小区,居民对居住环境的满意度能达到80%以上,而老旧小区居民的满意度往往不足50%。老旧小区普遍存在道路破损、环境卫生差等问题,环境整治能够改善这些状况,为居民提供更舒适的居住空间。另一方面,关系到居民的健康保障。良好的小区环境可降低居民呼吸道疾病发病率。老旧小区由于垃圾处理不规范、绿化缺乏等,容易滋生细菌和害虫,环境整治有助于保障居民健康。

(二)提升城市整体形象

从中观层面看,城市的整体形象是由各个区域共同构成的。老旧小区的破旧形象与现代化的城市建设格格不入。环境整治可以使老旧小区融入城市

---

[1] 陈惠琴、林苏捷:《宜居视角下的老旧小区改造》,《江西建材》2023年第1期。

的整体风貌，提升城市的美观度和吸引力。一方面，老旧小区的环境整治问题直接关系到城市风貌协调。城市现代化建设中，老旧小区的破旧外观与新城区形成鲜明对比。在一些城市，老旧小区面积占城市建成区面积的30%~40%，这些区域的环境整治对于提升城市整体形象至关重要。另一方面，老旧小区环境整治直接关系到城市吸引力的增强与城市形象提升。绿色低碳、生态优美的城市环境能够吸引更多的人才和投资，吸引更多的国内外游客。在环境整治后的城市，旅游人数和投资项目数量有显著增长，其中老旧小区环境改善对城市吸引力提升的贡献不容忽视。

（三）推进美丽中国建设

从宏观层面看，推进美丽中国建设与城市老旧小区环境整治具有紧密的逻辑关系。城市老旧小区环境整治是美丽中国建设的重要组成部分，老旧小区改造不仅改善了居民的生活环境，还推动了城市绿色低碳发展、生态宜居建设、历史文化传承和智慧化管理。良好的小区环境有助于减少污染、节约资源，为实现美丽中国建设目标提供有力支撑。在美丽中国建设的战略背景下，区别于传统老旧小区，社区环境整治应该从更大空间尺度进行战略谋划，不再仅仅是生态环境的治理，应该是以新一代信息技术、绿色低碳技术等为支撑推进的老旧小区生态环境、产业、科技、能源、社会、文化等各个领域的数字化、智能化、绿色化的全面转型与改造，致力于打造现代化的美丽小区。如表3所示，从基础设施、环境状况、公共服务、新能源利用、房屋状况、物业管理等维度进行比较，老旧小区的环境整治更加有利于建设美丽小区。对老旧小区的排水系统进行改造可以减少污水外溢对环境的污染，垃圾分类的推行可以促进资源的回收利用，这些都是生态文明建设的具体体现。一方面，关系到资源节约。老旧小区通过节能改造，如更换节能灯具、节水器具等，可以节约能源30%~40%。环境整治中的资源节约措施，是生态文明建设的重要体现。另一方面，关系到污染减排。以垃圾分类为例，实施垃圾分类的老旧小区可以减少垃圾处理过程中约50%的污染排放。环境整治有助于从源头上减少污染，促进生态环境的改善。

表3 现代美丽小区与传统老旧小区的比较

对比维度	现代美丽小区	传统老旧小区
基础设施	道路平整宽阔,排水系统良好,无积水隐患;水电燃气供应稳定,智能化设施如智能门禁、监控系统全面覆盖,保障居民生活便利与安全	道路破损、坑洼,排水管道老化,易出现积水内涝;水电设施老化,部分区域电压不稳,燃气管道铺设不完善,智能化设施缺乏,安全性较低
环境状况	绿化规划合理,有大片绿植、花园和休闲步道,垃圾分类严格,定期清理,环境整洁优美	绿化面积少,多为随意种植,缺乏规划;垃圾清理不及时,垃圾桶满溢,卫生死角多,整体环境杂乱
公共服务	配备幼儿园、老年活动中心、社区医院等,满足各年龄段居民需求;健身设施齐全,分布在小区各处,方便居民锻炼	公共服务设施匮乏,缺少幼儿园、老年活动中心,居民日常活动不便;健身设施数量少、损坏严重,无法满足居民健身需求
新能源利用	安装太阳能板用于公共区域照明和部分家庭供电,配备新能源汽车充电桩,鼓励居民绿色出行	几乎无新能源利用设施,能源使用以传统水电燃气为主
房屋状况	建筑外观崭新,墙体无脱落、裂缝,屋顶防水良好,无漏水现象;房屋内部结构合理,装修较新,居住舒适度高	建筑外观陈旧,墙体剥落、裂缝常见,屋顶防水老化,雨季漏水严重;房屋内部空间布局不合理,装修陈旧,居住体验差
物业管理	管理规范,有专业团队负责日常维护、安保巡逻;物业费收取合理,用于小区维护与服务提升,居民满意度高	物业管理混乱,人员配备不足,服务不到位,安保松懈;物业费收取困难,导致小区维护资金短缺,恶性循环

二 城市老旧小区环境整治面临的主要难题

城市社区环境治理议题是创新城市环境治理和社会治理双重实践中一个重要的社会问题[1]。它不仅是提升城市环境质量的关键环节,也是推动社会治理现代化的重要切入点。全国共有老旧小区近17万个,涉及居民超过4200万户,建筑面积约为40亿平方米。老旧小区改造是国家"十四

---

[1] 王芳、邓玲:《从自治到共治:城市社区环境治理的实践逻辑——基于上海M社区的实践经验分析》,《北京行政学院学报》2018年第6期。

五"规划的重要任务之一，计划到2025年底前基本完成2000年底前建成的老旧小区改造任务[①]。从2020年到2024年，全国新开工改造的老旧小区数量从3.9万个增加到5.6万个，显示出老旧小区改造工作的持续推进；涉及居民户数从2020年的700万户增加到2024年的897万户，表明改造规模不断扩大。在美丽中国建设的战略目标下，展望2025年乃至"十五五"期间，全国将继续推进老旧小区改造工作，计划完成更多老旧小区的改造任务。但因多方面原因存在，当前城市老旧小区环境整治还面临不少难题与短板。

（一）小区环境整治体制有待于进一步优化

多部门管理的协调困难。老旧小区环境整治涉及城管、住建、环卫等多个部门。在实际工作中，部门间职责交叉多、利益主体多元，缺乏有效的协调机制，容易出现相互推诿的现象，整治工作效率低下。特别是面向数字化、智能化、绿色化的整治要求，许多工作缺乏有效的机构和部门进行统筹推进。例如，某小区的违建拆除工作，城管认为应由住建部门先认定，住建部门则认为应由城管牵头，整治工作停滞。在整治完成后，缺乏长效的管理机制来维持小区的环境。例如，物业管理往往存在缺失或不规范的情况，小区的环境卫生、设施维护等问题容易再次出现。

（二）社区基础设施建设有待于进一步推进

一是给排水系统亟待改造。根据住建部门的统计，超过60%的老旧小区给排水管道使用年限超过30年。这些管道腐蚀、堵塞问题严重，部分小区的污水渗漏率高达20%~30%，每逢雨季，积水面积可达小区总面积的10%~15%，严重影响居民正常生活并造成环境污染。二是供电线路老化，亟待更新。供电线路老化是老旧小区的常见问题。线路老化可能导致电力供应不稳定，频繁停电，甚至存在安全隐患，容易引发电气火灾等事故。据电

---

① 梁倩：《推进城镇老旧小区、街区等改造城市更新提速》，《经济参考报》2025年1月7日。

力部门调查，约50%的老旧小区供电线路老化，电力损耗比新建小区高20%~30%。三是房屋建筑维修困难。房屋的外立面、屋顶等部位经过多年的风吹雨打，可能出现墙体剥落、屋顶漏水等情况。这不仅影响小区的美观，也威胁到居民的居住安全。四是新型基础设施亟待建设。面向数字化、智能化的现代社区建设，老旧小区环境整治需要高度重视新型基础设施建设，如5G基站、智能安防系统、新能源充电桩等建设需要与小区改造协同推进，但新型基础设施建设的前期成本高、空间布局受限。例如5G基站建设，需合适的安装位置以保证信号覆盖，但老旧小区建筑密集，难以找到理想的基站选址，且基站建设还需考虑居民意见，协调难度大。

（三）改造投融资机制有待于进一步创新

一是政府财政压力大。老旧小区环境整治需要大量的资金投入，包括基础设施改造、环境美化等方面。政府虽然重视，但城市建设项目众多，能够分配给老旧小区整治的资金有限，难以满足全面整治的需求。在城市建设资金分配中，老旧小区环境整治资金占比通常不足10%。随着老旧小区数量的增加，政府财政难以满足全面整治需求。二是社会资本参与度低。社会资本对于参与老旧小区环境整治的积极性不高。老旧小区环境整治项目的投资回报率相对较低。项目面临的风险较大，如居民协调难度大等，社会资本望而却步。

（四）居民参与动力有待于进一步提升

一是缺乏参与意识。部分居民对环境整治的重要性认识不足，认为环境整治是政府的事情，与自己无关。他们习惯于现有的生活环境，不愿意配合整治工作。比如，在垃圾分类推广中，多数居民缺乏环保意识和对环境整治重要性的认识。有的居民尽管表示支持垃圾分类，但因为麻烦很难坚持到底。居民较少会主动参与整治方案的讨论环节，很多居民因为工作或其他方面的考虑，很难实际参与到小区环境整治过程中来。二是利益诉求不一致。老旧小区居民构成复杂，不同居民有不同的利益诉求。有些居民可能更关注

停车问题，而有些居民则更关心绿化改造，难以达成统一的意见，影响整治工作的推进。

三 加强城市老旧小区环境整治推动美丽中国建设的路径选择

在"十五五"期间，针对以上发展难题，加快探寻城市老旧小区环境整治的有效路径，对于推动美丽中国建设具有深远意义。加强城市老旧小区环境整治，是推动美丽中国建设的关键举措，应进一步提升生活的幸福感与满意度，满足人民对美好生活的向往；进一步优化城市空间布局，完善城市功能，提升城市整体形象与竞争力，促进城市绿色低碳发展；进一步推动城市生态文明建设，提高小区的生态环保水平，契合美丽中国建设，为建设生态宜居城市添砖加瓦。具体而言，应从体制机制、投融资、居民参与等多维度发力，采用智能化、数字化、绿色化技术手段，加强城市老旧小区环境整治，加快打造智能化、数字化、绿色化、花园式的现代美丽小区，为美丽中国建设提供坚强支撑。

（一）进一步加强顶层设计与体制创新，加强政府引导与政策支持

一是统筹规划设计，完善政策法规体系。政府要对老旧小区进行全面普查，根据小区建成年代、地理位置等因素进行分类规划。例如，对于位于历史文化保护区内的老旧小区，规划应注重历史文化元素的保护与传承，整治资金分配可适当倾斜。应制定专门针对老旧小区环境整治的政策法规，明确整治的目标、标准和流程。制定老旧小区基础设施改造的技术标准，规范整治工作。

二是建立综合协调机构，完善物业管理模式。建立由政府相关部门组成的综合协调机构，负责老旧小区环境整治工作的统筹协调。明确各部门的职责，建立有效的沟通和协调机制，避免部门之间的推诿现象。由政府牵头，建立包含城管、住建、环卫等部门的综合协调机构，明确各部门在老旧小区

环境整治中的职责，减少职责交叉。加强老旧小区的物业管理模式创新，规范物业管理公司的服务内容和标准。对于没有物业管理的小区，可以通过业主自治、引入专业物业管理公司等方式，提高小区的管理水平。

（二）进一步加强科技创新，提升小区整治的智能化、数字化与绿色化水平

一是加强智能监测技术创新与应用。利用物联网、大数据、人工智能等技术，建立老旧小区环境智能监测系统，对小区的空气质量、水质、噪声、垃圾处理等进行实时监测，及时发现环境问题，并通过数据分析提供科学的决策依据。例如，在小区内安装空气质量监测设备，实时监测空气中的污染物浓度，一旦超标，系统自动发出预警，提醒相关部门采取措施进行治理。

二是加强智慧管理平台建设。加强社区智能化、数字化管理平台建设，涵盖物业信息管理、居民信息管理、社区事务处理等功能模块。物业可通过该平台发布维修信息、水电费缴纳提醒等，居民可以通过手机 App 等方式，实时了解小区的环境状况、物业服务信息，参与社区治理，也能在线反馈物业问题、申请维修服务等，实现双向互动。整合小区内的监控摄像头、门禁系统、报警设备等，建立智慧安防平台。此外，还可以拓展小区智能化服务，比如与智能家居厂商合作，为有需求的居民安装智能门锁、智能灯光、智能窗帘等智能家居设备，提升生活便利性。

三是加强绿色建筑技术和新能源技术创新与应用，打造绿色化、低碳化、花园式的现代小区。在老旧小区改造进程中，积极引入绿色建筑技术与新能源技术，契合当下环保与可持续发展理念，切实提升居民生活品质。以外墙保温技术为例，选用高效保温材料，如聚苯板、岩棉板等，对建筑外墙进行保温处理。在小区公共区域及居民家中替换 LED 节能灯具，显著降低小区的整体照明能耗。加强小区生态环境治理与园林绿化，通过清理小区内的垃圾杂物、整治污水排放等措施，改善小区的环境卫生状况。合理规划绿地布局，增加小区内的绿地面积，种植各类花草树木，形成多层次的绿化景观，提升小区的整体美感与生态品质，打造绿色化、花园式小区。

（三）进一步加强产业融合与能源替代，盘活小区闲置资源

一是加强产业融合发展。将老旧小区环境整治与产业发展、满足居民需求相结合，推动产业融合发展，大力发展社区经济。随着现代技术和产业体系的完善，现代社区建设集居民生活、服务消费、健康休闲等功能于一身，老旧小区改造与环境整治应充分考虑到当地居民的生活消费需求，积极发展和完善各项服务设施，发展社区经济。例如，在老旧小区周边建设文化创意产业园区、科技孵化器等，吸引相关企业入驻，带动就业和经济发展。同时，利用老旧小区的闲置空间，发展养老、托育、社区商业等服务业，满足居民的生活需求。

二是加强能源结构替代。推广清洁能源在老旧小区的应用，优化能源结构。在城市更新和老旧小区改造规划中，明确光伏等清洁能源的开发利用目标，推动建筑屋顶分布式光伏发电系统建设。推动既有建筑屋顶资源的高效利用，确保新增光伏系统与建筑整体风格和功能相协调。利用小区屋顶等闲置资源，加大太阳能、风能、地热能等清洁能源的开发利用，建设分布式能源系统。出台相关政策，鼓励老旧小区加装分布式光伏发电系统，将分布式光伏发电系统基础部分纳入老旧小区改造的基础类内容，结合群众意愿和长效机制统筹实施。对符合条件的老旧小区改造项目给予财政补贴或税收优惠，降低居民和企业的新能源开发投资成本。鼓励居民参与光伏项目的收益分配，例如通过降低物业费或共享公共设施电费的方式，提升居民的积极性。采用建筑光伏一体化（BIPV）技术，将光伏板与建筑结构有机结合，实现光伏板的隔热、防水功能，同时提升建筑美观性。此外，结合新型储能系统建设，实现光伏发电的就地消纳和余电上网，提升能源利用效率。推动分布式能源微电网建设，将光伏发电与地源热泵、电动汽车充电设施等结合，形成综合能源管理系统。在小区内建设太阳能路灯、充电桩等设施，鼓励居民使用新能源汽车。

三是加强资源循环利用。建立老旧小区资源循环利用体系，提高资源利用效率。加强对小区内的垃圾分类处理，实现可回收物的资源化利用。推动

垃圾分类回收网络与再生资源回收网络的有机融合，实现投放站点的整合统一、作业队伍的整编和设施场地的共享。在老旧小区合理布局回收网点，建设标准化的回收站点和中转站。推广智能回收箱等设备，通过物联网技术实现资源回收的智能化管理。建立再生资源回收信息平台，实现线上线下相结合的回收模式。推广先进的分拣、加工和处理技术，提高资源回收的精细化水平。鼓励企业采用现代化设备，提升再生资源的加工利用效率。推动资源循环利用的规范化、标准化管理，建立长效运行机制。加强对回收企业的监管，规范市场秩序，杜绝"散乱污"现象。普及资源循环利用知识，通过社区宣传、培训等方式，提高居民的环保意识和参与度。开展"绿色社区"创建活动，引导居民形成节约资源、绿色消费的生活方式。

（四）进一步创新投融资机制，多渠道筹集小区环境整治资金

一是加大财政投入力度。政府要加大对老旧小区环境整治的财政投入力度，设立专项整治资金。将整治资金纳入财政预算，确保资金来源稳定。同时，要合理分配资金，优先支持基础设施改造、环境治理等重点项目。此外，政府还可以通过发行地方政府债券等方式，筹集整治资金。在财政预算中，适当增加老旧小区环境整治的专项资金。政府应逐步提高老旧小区环境整治资金在城市建设资金中的占比，争取达到15%~20%。

二是吸引社会资本和探索PPP模式。创新税收优惠、项目补贴等方式，吸引社会资本参与老旧小区环境整治。例如，对于参与老旧小区停车场建设的企业，给予一定的税收减免；对于参与老旧小区电梯安装的企业，给予30%的税收减免，有效提高企业积极性。政府与社会资本合作，共同承担项目的投资、建设和运营成本。鼓励社会资本参与老旧小区环境整治，通过PPP模式、政府购买服务等方式，吸引企业投资。例如，与房地产开发企业合作，对老旧小区进行整体改造，企业通过开发周边土地、经营商业设施等方式获取收益。同时，要制定优惠政策，降低社会资本的投资风险，提高社会资本的参与积极性。

三是居民自筹。引导居民合理出资，共同参与老旧小区环境整治。根据

整治项目的受益情况，制定合理的居民出资标准。同时，要建立健全居民出资的监管机制，确保资金使用的透明、公正。鼓励居民自筹部分资金，可以采用设立居民维修基金、按户分摊等方式，让居民参与到资金筹集中来；加强宣传教育，提高居民自筹资金的意愿；设立居民监督小组，确保资金使用透明。

（五）进一步加强宣传动员，提高社区居民参与度与获得感

一是加强宣传教育。通过社区宣传、媒体报道、举办讲座等方式，向居民宣传环境整治的重要性、目标和任务，引导居民积极支持和参与整治工作。加强对居民的环保知识教育，提高居民的环保意识。例如，制作宣传手册，发放到居民手中，介绍环境整治后的美好愿景，提高居民的环保意识和参与意识。社区定期举办环保知识讲座，邀请专家讲解环境整治与居民健康的关系；利用社区微信公众号推送环境整治案例，使居民了解整治后的变化。

二是建立居民参与机制。"人民城市"理念是城市社区建设的价值主线，城市社区空间的构建和实践离不开人的主动性和创造性，打造美好的空间也是人民性的重要体现[①]。应该坚持以人民为中心的城市治理理念，鼓励居民积极参与，共同建设美丽小区。建立健全居民民主决策机制，充分尊重居民的意愿。在整治方案制定、项目实施等过程中，广泛征求居民意见，让居民参与决策。如设立居民议事厅，让居民参与到整治方案制定、监督等过程中；成立社区志愿者队伍，组织居民参与小区的环境整治、垃圾分类、文明劝导等志愿服务活动。

三是满足居民多样化需求，提升社区居民获得感和幸福感。在环境整治过程中，充分考虑居民的多样化需求。针对年轻人较多的老旧小区，增加网络设施；针对老年人较多的小区，增加休闲座椅和健身器材。通过满足多样

---

① 杨君、张煜、蒋佳妮：《构建"共享感"空间：城市社区环境治理的理论基础与实现路径》，《中共福建省委党校（福建行政学院）学报》2022年第4期。

化需求，提高居民对整治工作的满意度。

城市老旧小区环境整治是一项系统工程，需要从体制机制、科技创新、产业与能源、投融资、居民参与等多个维度协同推进，实现老旧小区环境的根本改善，提升城市品质和居民生活质量，为美丽中国建设作出贡献。

参考文献

何绍辉：《新时代城市社区治理研究：背景、环境与基础》，《山东行政学院学报》2021 年第 5 期。

胡梅梅：《城市老旧小区环境整治改造研究》，《住宅与房地产》2022 年第 16 期。

刘美霞、王淳：《基于城市更新理念浅谈老旧小区综合整治项目的改造》，《城镇供水》2023 年第 6 期。

王芳、邓玲：《从自治到共治：城市社区环境治理的实践逻辑——基于上海 M 社区的实践经验分析》，《北京行政学院学报》2018 年第 6 期。

杨君、张煜、蒋佳妮：《构建"共享感"空间：城市社区环境治理的理论基础与实现路径》，《中共福建省委党校（福建行政学院）学报》2022 年第 4 期。

陈惠琴、林苏捷：《宜居视角下的老旧小区改造》，《江西建材》2023 年第 1 期。

胡秀娟：《基于老旧小区改造的社区空间设计与思考》，《建材与装饰》2024 年第 17 期。

B.4
上海市社区心理健康支持体系构建研究
——基于社区卫生服务中心的分析

白慧君 冯昊 马山蕊*

摘 要： 在相关政策推动下，上海市社区心理健康服务建设取得了一定进展。尽管上海市的社区卫生服务中心已覆盖全市大部分社区，心理健康服务体系仍面临专业人才短缺、服务内容单一、居民认知不足等问题。本文通过对上海市30家社区卫生服务中心及相关群体的调研，研究分析了社区居民的心理健康需求与现有服务的匹配情况，发现上海市社区心理健康服务在心理咨询、干预等方面仍有较大改进空间。为此，研究提出完善服务内容、提升专业人才队伍水平、加强政策支持等多项建议，以期为上海市及其他地区的社区心理健康服务提供理论依据和实践参考。

关键词： 社区心理健康 支持体系 社区卫生服务中心 公共卫生

一 社区心理健康支持系统构建的迫切性

近年来，国内外学者在心理健康支持体系的研究领域取得了显著进展。研究视角逐渐从传统的机构化服务转向社区化服务，从单一的心理咨询扩展到综合性心理健康服务，从被动应对转向主动预防干预。这些研究趋势为我国构建和完善社区心理健康支持体系提供了理论依据和实践经验。

---

* 白慧君，中国医学科学院北京协和医学院副研究员，主要研究方向为卫生管理学；冯昊，中国医学科学院北京协和医学院助理研究员，主要研究方向为流行病与卫生统计学；马山蕊，北京协和医学院流行病与卫生统计学专业，在读博士。

随着国家各项政策的支持和实施，我国社区心理健康工作取得了显著进展。党的二十大报告明确提出，要加强基层医疗卫生服务体系建设。特别是《"健康中国2030"规划纲要》《关于进一步加强精神卫生工作的指导意见》《全国社会心理服务体系建设试点工作方案》等政策文件，强调了将心理健康服务纳入全民健康体系的重要性，为社区心理健康服务的发展提供了战略指导。政策的推动使得社区心理健康服务得到了更为系统的规划和资源支持。

上海市的社区卫生服务体系已实现了较高的覆盖率，社区心理健康服务建设也取得了显著进展。根据统计数据，上海市村（社区）心理咨询室或社会工作室的建成率已达93%，但服务内容和质量的提升仍需持续努力。社区卫生服务作为基层医疗卫生体系的核心，承载着促进居民健康、预防疾病和提供基本医疗服务的关键职能。随着国家医药卫生体制改革的深入，社区卫生服务的重要性愈加突出。根据上海市卫生健康委员会的统计数据，截至2023年底，上海市已建立248家社区卫生服务中心，覆盖全市所有社区。2023年，上海市社区卫生服务机构的年门诊量达到7131万人次，占全市门急诊总量的38%以上，进一步凸显了社区卫生服务在居民健康管理中的核心作用[1]。

然而，上海作为国际化大都市，经济的快速发展和高强度的工作竞争导致市民长期处于高压状态，心理健康问题较为突出[2]。抑郁症、焦虑症和睡眠障碍等常见心理问题的发病率逐年上升[3]。《2023年度中国精神心理健康》蓝皮书显示，上海市的抑郁症患病率达到了11.8%，这一数据反映出都市生活压力对心理健康的深远影响。

尽管上海市在心理健康政策和资源配置方面取得了一些进展，仍面临许

---

[1] 《新思想引领高质量发展 | 赋能社区医疗，让居民在家门口有"医"靠》，https://www.shpt.gov.cn/jujiao/20240902/952526.html。

[2] Zhao K., He Y., Zeng Q., Ye L., "Factors of Mental Health Service Utilization by Community-Dwelling Adults in Shanghai, China", *Community Ment Health J*. 2019; 55 (1): 161-167.

[3] 黄正一、陈晟、严慧艳：《上海市某社区老年居民心理健康现状调查》，《健康教育与健康促进》2023年第3期。

多挑战。首先，专业心理健康服务资源严重不足是一个突出问题[1]。2022年数据显示，上海市每10万人中仅有4.2名注册心理咨询师，这一数字远低于许多发达国家的标准[2]。其次，上海市社区卫生服务中心提供的心理健康服务仍以心理咨询为主，缺乏更为系统的心理健康教育、筛查和早期干预服务[3]。最后，部分居民对心理健康服务的认知仍较低，导致社区心理健康服务的利用率较低。

心理健康问题不仅仅是个体层面的挑战，它已经逐渐演变为影响社会与经济发展的重要因素。将心理健康支持纳入社区卫生服务体系，不仅有助于居民在日常生活中获得心理健康教育和早期干预，还能够有效减轻专科医院的负担，优化医疗资源配置。居民对社区层面心理健康服务的需求不断增长，心理健康问题的复杂性和挑战性也随之加剧。因此，建设完善的社区心理健康支持体系已变得尤为迫切。

本研究在调研上海市社区卫生服务中心心理健康支持现状的基础上，分析居民心理健康需求与社区卫生服务中心能力的匹配程度，并识别存在的主要问题与挑战。研究的最终目的是提出改进建议，优化社区心理健康支持体系，为上海市心理健康服务体系的建设提供科学依据和实践参考。

二 研究方法

（一）研究对象与范围

本研究以上海市社区卫生服务中心为主要研究对象。为确保研究结果的代表性，我们随机选择了上海市不同区域的30家社区卫生服务中心作为样

---

[1] 《上海完善社区健康公共服务研究报告》，http://www.fzzx.sh.gov.cn/12_sdj/20210706/8989cfee255c4e9398f1fc8b3232d4a0.html。
[2] 《上海市精神卫生体系建设发展规划（2020—2030年）》，https://www.shanghai.gov.cn/nw12344/20200813/0001-12344_65067.html。
[3] 《关于健全本市公共卫生体系情况的调研报告》，《上海市人民代表大会常务委员会公报》（2022年第十号），http://www.shrd.gov.cn/n8347/n8407/n9531/u1ai254471.html。

本，涵盖了中心城区、城乡结合部和郊区的典型机构。这些中心在规模、服务内容和人员配置等方面各具特色，能够全面反映上海市社区卫生服务中心的整体情况。

此外，本研究还涉及与社区心理健康服务密切相关的三类群体：医务人员、社区居民和心理健康服务使用者。在医务人员方面，研究选取了30家样本社区卫生服务中心的120名工作人员，涵盖全科医生、护士、公共卫生医师和心理咨询师等人员。这些一线工作者是社区心理健康服务的直接提供者，他们的专业水平、工作态度和服务能力直接影响服务质量。在社区居民方面，研究随机抽取了500名不同年龄、职业和教育背景的居民，旨在了解他们对心理健康服务的认知、需求以及参与情况。在心理健康服务使用者方面，研究选择了100名在过去一年内曾使用过社区心理健康服务的居民，深入了解他们的就诊体验、满意度及改进建议。通过对这三类群体的调查，本研究能够全面把握社区心理健康服务的供需关系以及改进方向。

（二）数据收集方法

1. 现场访谈与问卷调查

本研究于2024年12月至2025年1月期间，采用现场访谈与问卷调查相结合的方式收集数据。首先，选取了上海市30个不同区域的社区卫生服务中心作为研究对象，深入访谈每个中心的负责人、心理健康服务相关工作人员及部分社区居民。访谈内容涵盖社区心理健康服务的现状、存在问题、面临挑战及未来发展方向等。同时，设计了一份针对社区居民的问卷，内容包括居民的基本信息、心理健康状况、对社区心理健康服务的认知与使用情况及服务需求等。本研究采用分层抽样方法，在30个社区中发放500份问卷，最终回收有效问卷452份，回收率为90.4%。此外，通过电话随访，进一步了解了过去一年内使用过社区心理健康服务的居民的就诊体验及满意度等信息。

2. 文献与统计数据收集

为全面了解上海市社区心理健康支持体系的发展现状与趋势，本研究还进行了文献与统计数据收集。首先，通过CNKI、万方等学术数据库，检索并整理了近五年来关于社区心理健康服务、社区卫生服务中心建设等相关主题的学术文献。其次，收集了上海市卫生健康委员会、上海市统计局等官方机构发布的统计年鉴和报告，以及上海市心理健康服务相关的政策文件和各区发布的社区心理健康工作报告。

（三）数据分析方法

本研究采用定性分析与定量分析相结合的方法，全面深入地探讨上海市社区心理健康支持体系的构建问题。定量分析主要基于问卷调查数据，通过统计软件进行描述性统计和推论性统计，揭示社区居民在心理健康需求、服务利用情况以及满意度等方面的总体趋势与特征。数据处理采用SPSS软件，结合频数分析、交叉分析和相关性分析等方法，研究不同人口学特征与心理健康需求之间的关系。

在定性研究方面，我们采用了深度访谈和焦点小组讨论相结合的方式，通过主题分析法，深入挖掘社区卫生服务中心在提供心理健康服务时遇到的实际困难、面临的挑战以及潜在的发展机遇。值得注意的是，在数据分析过程中，我们始终将目光聚焦在社区居民的实际需求与现有服务之间的契合度上。不仅关注居民对各类心理健康服务的需求强度，还特别留意他们心中的服务优先级排序。与此同时，我们系统评估了社区卫生服务中心现有心理健康服务的覆盖面、服务频次和服务质量，精准识别出需求与服务之间的落差。

考虑到不同群体的特殊性，我们还特别关注老年人、青少年、慢性病患者等特定人群的心理健康需求。通过深入分析，我们评估了现有服务对这些群体的适切性和实际效果，为后续服务优化提供了重要依据。这种细致入微的研究视角，让我们能够更全面地把握社区心理健康服务的现状与未来发展方向。

三 研究结果与分析

（一）上海市社区居民心理健康需求现状

1. 居民主要心理健康问题及高发人群

根据调查结果（见表1），上海市社区居民面临的主要心理健康问题包括焦虑（38.5%）、抑郁（32.7%）和睡眠障碍（29.3%）。在不同年龄段中，焦虑和工作压力在26～55岁群体中尤为突出，占比分别达38.5%、41.2%；抑郁和人际关系困扰则主要集中在18～35岁的青年群体，分别占32.7%和25.6%。

表1 上海市社区居民主要心理健康问题及高发人群分布

单位：%

心理健康问题	高发人群	占比
焦虑	26～45岁	38.5
抑郁	18～35岁	32.7
睡眠障碍	36～55岁	29.3
人际关系困扰	18～35岁	25.6
工作压力	26～55岁	41.2
家庭矛盾	36～55岁	22.8

2. 对心理健康服务的期望与需求

居民对心理健康服务的需求呈现显著差异（见表2）。青少年心理辅导（评分4.6）和心理健康讲座（评分4.5）的需求最为迫切，且大多数居民倾向于学校与社区卫生服务中心联动的服务模式，反映出社会对青少年心理健康问题的高度关注。

表2 上海市社区居民对心理健康服务的期望与需求

服务类型	需求程度（1~5分）	期望提供场所
个人心理咨询	4.2	学校/社区卫生服务中心
团体心理辅导	3.8	社区卫生服务中心
心理健康讲座	4.5	学校/社区卫生服务中心
心理测评服务	3.9	社区卫生服务中心
压力管理培训	4.3	社区卫生服务中心
家庭关系辅导	4.1	社区卫生服务中心
青少年心理辅导	4.6	学校/社区卫生服务中心

注：由于居民对转诊服务应答率偏低，有效信息不足，未进行转诊服务数据统计。

（二）当前上海市社区卫生服务中心的心理健康支持能力

1. 现有服务内容、服务形式及可用资源

上海市社区卫生服务中心已提供涵盖心理咨询、心理健康教育、心理测评、心理干预和转诊服务等多样化的心理健康服务。这些服务通过面对面咨询、电话咨询、社区讲座等灵活形式，为居民提供了多种选择，满足了不同人群的需求（见表3）。此外，社区卫生服务中心不仅提升了居民的心理健康意识，还为有需要的居民提供了及时有效的心理支持。

表3 上海市社区卫生服务中心心理健康服务内容及形式

服务类型	具体内容	服务形式
心理咨询	个人心理问题咨询、家庭关系咨询	面对面咨询、电话咨询
心理健康教育	心理健康知识讲座、心理健康宣传活动	社区讲座、发放宣传材料
心理测评	抑郁、焦虑等常见心理问题筛查	问卷测评、一对一评估
心理干预	轻中度心理问题的干预和治疗	个别心理辅导、小组心理辅导
转诊服务	严重心理问题转诊至专业医疗机构	转诊单、陪同就诊

2. 服务覆盖与实际需求的匹配情况

如表4所示，社区卫生服务中心的心理健康服务覆盖率与实际需求度之间存在明显差距。具体来说，心理咨询（60%）、心理测评（50%）和心理

干预（34%）的服务覆盖率低于居民的实际需求度（分别为85%、65%和60%），反映了服务的匹配程度严重不足。相对而言，转诊服务的覆盖率（80%）远高于需求度（30%），这表明基层机构在处理复杂心理问题时能力有限，亟须通过优化资源配置，减少不必要的转诊。

表4 上海市社区卫生服务中心心理健康服务覆盖与需求匹配情况

单位：%

服务类型	服务覆盖率	居民需求度	匹配程度
心理咨询	60	85	不足
心理健康教育	75	70	基本匹配
心理测评	50	65	不足
心理干预	34	60	严重不足
转诊服务	80	30	过剩

（三）主要问题与挑战

1. 专业心理健康服务人员缺乏

如表5所示，上海市社区卫生服务中心在心理健康服务人员方面存在明显短缺。平均每万人口仅有0.32名专职人员，且大多数服务由全科医生兼职完成，导致服务的专业性和质量受到限制。仅29.2%的医务人员接受过心理健康服务培训，导致社区服务过度依赖兼职人员，难以满足居民对专业化服务的需求和期望。

表5 上海市社区卫生服务中心心理健康服务人员配备情况

单位：人，%

指标	数据
平均每万人口专职心理健康服务人员数	0.32
具有心理学相关专业背景的医务人员占比	12.5
接受过心理健康服务培训的医务人员占比	29.2
社区卫生服务中心设有独立心理咨询室的占比	36.7

2.服务机制与政策支持不足

尽管近年来上海市已在社区心理健康服务领域进行了一定投入,但依然存在不少问题。如表6所示,许多社区卫生服务中心缺乏专门的心理健康服务预算,这直接制约了服务的实施和质量。此外,只有不到四成的中心建立了完善的心理健康服务流程和规范,显示出现有服务机制仍然不够完善。

表6 上海市社区心理健康服务机制与政策支持现状

单位:%

指标	数据
社区卫生服务中心有专门的心理健康服务预算的比例	43.3
建立了完善的心理健康服务流程和规范的中心比例	36.7
与专业心理健康机构建立合作关系的中心比例	63.3
定期开展心理健康服务效果评估的中心比例	30.0

3.社区居民对心理健康服务的认知与接受度较低

社区居民对心理健康服务的认知与接受度较低,成为构建有效社区心理健康支持体系的一大挑战。结果显示,只有38.0%的居民了解社区提供的心理健康服务,且曾使用过社区心理健康服务的居民仅占13.0%(见表7)。这表明,服务的覆盖面和吸引力仍然不足,亟须优化服务形式(如引入线上咨询)以提高服务的可见度,更好地满足居民的需求。

表7 社区居民对心理健康服务的认知与接受度情况

单位:%,分

指标	数据
了解社区提供的心理健康服务的居民占比	38.0
认为自己需要心理健康服务的居民占比	36.0
曾使用过社区心理健康服务的居民占比	13.0
对社区心理健康服务的满意度(5分制)	3.4

（四）发展潜力与优势

上海作为医疗资源密集的城市，具备独特的优势来推动社区心理健康支持体系的发展。依托政策支持以及丰富的人才资源（上海的心理学专业高校在全国占据领先地位），上海有望通过医教社多部门协作模式，进一步优化心理健康服务体系（见表8）。

表8　上海市社区心理健康支持体系发展潜力与优势分析

方面	发展潜力与优势
政策支持	国家和地方政府出台多项政策，支持社区心理健康服务发展
资源整合	社区卫生服务中心可整合医疗、教育、社会工作等多方资源
居民需求	居民心理健康意识提升，对心理健康服务需求增加
专业队伍	上海市拥有丰富的心理健康专业人才资源，可为社区提供支持
服务创新	可借鉴国内外先进经验，开发适合本地特色的服务模式

四　构建心理健康支持体系的框架

（一）服务体系的总体目标与原则

上海市社区心理健康支持体系的总体目标是提供全面、高质量且易于获取的心理健康服务，提升居民的心理健康水平，从而增进社会福祉。为了实现这一目标，体系建设应遵循以下原则[①]。首先，服务应以人为本，根据居民的需求和个体差异提供个性化服务，特别是要针对不同年龄段和职业群体进行有针对性的服务。其次，预防为主、防治结合，强调心理健康的预防和早期干预，以减少心理问题的发生和发展。再次，服务应结合专业性和可及性，确保由专业人员提供服务，并利用社区卫生服务中心的资源和

---

① 陈哲：《城市社区心理服务现状研究——以武汉市某社区为例》，华中师范大学硕士学位论文，2020。

优势，使服务更加贴近居民的实际需求。最后，强化多方协作和资源整合，促进社区、医疗机构、社会组织等力量的联合，优化资源配置，提高服务效率。

（二）社区心理健康支持的核心要素

构建社区心理健康支持体系是一项复杂的系统工程，其核心要素包括以下几个方面。一是专业人才，建立有心理学、精神医学和社会工作等背景的团队，以满足社区居民的心理需求，且目前上海市心理咨询师的比例远低于国际标准，亟须加强人才引进和培养。二是多元化的服务内容，包括心理健康筛查、个体咨询、团体辅导和危机干预等，服务应覆盖预防、治疗和康复全过程。三是社区参与，提高居民的心理健康意识和参与度，形成积极的社区氛围，以推动体系的发展。四是资源整合和协作机制，整合社区、医疗机构和社会组织的资源，建立高效的转介和协作机制，提高服务质量和效率。这些要素相互支撑，共同构成一个全面高效的社区心理健康支持体系。

（三）支持体系的核心内容

社区心理健康支持体系的核心内容包括心理健康教育与预防、常见心理问题的早期识别与干预，以及转诊机制与高危人群的管理。心理健康教育与预防是体系的基础。通过开展多样化的心理健康讲座和培训活动，将心理健康知识带入社区和家庭，帮助居民提升心理健康素养，构建预防心理问题的第一道防线，为预防工作奠定基础。早期识别与干预是防止心理问题恶化的关键[1]。社区卫生服务中心可通过定期培训工作人员，采用标准化心理健康筛查工具，在日常体检中及时识别潜在的心理健康风险。这种"早发现、早干预"的模式，能够有效阻止心理问题向严重心理障碍发展，既减轻了居民的心理负担，也为维护社会和谐稳定贡献了力量。转诊机制和高危人群

---

[1] 王雅岚：《我国社区心理健康服务的发展及现状》，《心理学进展》2022年第8期。

管理则是确保服务连续性的重要保障。社区卫生服务中心需要与精神卫生中心、专科医院建立紧密的合作关系，制定清晰的转诊流程，为需要进一步治疗的患者提供全程陪护与跟踪服务。对于高危人群，建立专属档案、开展定期随访和个性化管理，不仅能预防心理危机事件的发生，还能帮助患者更好地走上康复之路。这种全方位的管理方式，让心理健康服务真正实现了"从社区中来，到社区中去"的良性循环。

（四）资源配置与人员培训

构建完善的社区心理健康支持体系的关键在于资源配置和人员培训。首先，需要建立一支多学科背景的专业团队，包括心理学、精神医学、社会工作等领域的专家，以满足居民的多样化需求。每个社区卫生服务中心应配备1~2名全职心理健康专业人员，并鼓励与高校和医院合作，引入更多专业人才。此外，应培养本土化的人才，结合专业人员与社区志愿者提供服务。

其次，必须加强专业人员的持续培训，并普及心理健康知识给社区卫生人员。由于目前系统培训比例较低，建议制订培训计划，组织专业人员参加高级研修班，同时为社区卫生人员提供基本的心理健康知识课程，提升其心理干预能力。采用线上线下相结合的培训方式，利用案例讨论和角色扮演等方法有效增强培训效果，还可通过定期督导与技能指导不断提升整体服务水平。

（五）信息化支持与政策保障

信息技术的应用是提升心理健康支持体系效率的重要手段。首先，建立一个高效的信息共享平台，整合社区卫生服务中心与专科机构的资源，确保居民心理健康档案、诊疗记录和转诊信息的及时更新和共享。这将有助于实现分级诊疗，提高服务效率和专业性。其次，为确保体系的可持续发展，应制定和完善相关政策，包括明确社区卫生服务中心的主体地位，将心理健康服务纳入基本公共卫生服务范畴，建立服务标准化流程和质量评估体系，完善专业人才培养机制，并保护服务对象隐私①。最后，鼓励社会力量参与，通过税收减免等优惠政策，激发各方积极性，推动体系顺利运行。

五 政策建议

（一）健全政策支持与资金保障体系

构建高质量的社区心理健康支持体系，离不开完善的政策支持体系和充足的保障资金。政府应制定专项政策，明确社区卫生服务中心在心理健康服务中的职责，并明确服务内容、人员配置等具体规定。同时，增加财政投入，增加专项资金，用于改善设施、培训专业人员和开展教育活动②。此外，建议建立多元化资金机制，鼓励社会资本参与，设立心理健康服务基金，并探索将部分服务纳入医疗保险，减轻居民负担。通过政策支持和资金保障，推动上海市社区心理健康服务的可持续发展。

（二）增强社区卫生服务中心的心理健康服务能力

为了增强社区卫生服务中心的心理健康服务能力，应加强心理健康专业人才的培养与引进，提供专业培训和优厚待遇吸引人才。还需完善服务设施，如配备心理咨询室和测评工具，为高质量服务提供硬件支持。同时，加强与医疗机构和社会组织的合作，通过资源共享与经验交流提升服务水平。鼓励创新服务项目，如线上咨询和心理健康活动，以满足居民多样化需求。建立评估和反馈机制，定期评估服务质量，及时改进和提升服务能力。

---

① 董泉旭、高阳：《后疫情时代下社区心理健康服务模式的探索》，《时代人物》2022年第36期。
② 《全国精神卫生工作规划（2015—2020年）》。

（三）推进社会力量参与多方协作机制

构建上海市社区心理健康支持体系需要多方力量的参与和协作。应鼓励社会组织、企业和高校等参与服务，通过政府购买服务和项目合作吸引专业机构，同时鼓励企业支持心理健康项目。建立政府、社区卫生服务中心、医疗机构和社会组织的多方协作机制，成立心理健康服务联盟，明确职责分工，确保服务无缝衔接。此外，搭建信息共享平台，促进数据共享和分析，提高服务效率，并推广智能化服务 App。通过这些措施，可以整合资源，提高服务专业性和可及性，建设高效的社区心理健康支持体系。

（四）加强心理健康服务的信息化与数字化建设

在信息技术快速发展的背景下，加强社区心理健康服务的信息化与数字化建设是提升服务效率、质量和覆盖率的关键。建议建立统一的心理健康信息管理平台，集中管理居民心理健康档案和评估工具，支持大数据分析以制订精准的干预策略。同时，推广心理健康自助评估和干预 App，使居民能够随时自测、获取知识和进行在线咨询。此外，利用人工智能技术开发智能干预系统，为居民提供 24 小时服务，缓解专业人员压力。这些措施将有效提高服务效率和可及性，推动社区心理健康服务的全面发展。

（五）完善服务评价与激励机制

为了提升社区心理健康服务质量，建议完善服务评价与激励机制[1]。建立科学的评价体系，涵盖服务质量、居民满意度等维度，并引入第三方评估机构确保公正性。同时，建立反馈机制，定期收集居民意见并调整服务内容，推动服务质量的持续提升。通过设立激励机制，根据评价结果奖励优秀服务中心和工作人员，促进良性竞争。公开评价结果和改进措施，增强服务

---

[1] 杨积堂、李新娥、李斌、任艳莉：《城乡社区社会心理服务体系与保障机制构建》，《社会治理》2022 年第 6 期。

透明度，提高居民参与度。完善这些机制有助于推动社区心理健康服务持续优化，提升整体服务水平。

（六）加强国际化思维与本土化实践结合

上海在构建社区心理健康服务体系时，需以"双轨并行"的创新思维实现突破。既要以海纳百川的胸襟吸纳各地在服务模式创新、资源整合机制等方面的成熟经验，又要立足申城特有的人文土壤，将国际标准转化为契合弄堂文化与现代社区生态的本土实践。在这一过程中，专业人才的培育尤为关键——我们需要打造一支兼具国际视野与本土洞察的专业队伍，他们既能精准把握全球心理健康服务的前沿动态，又能设计出应对居民真实需求的服务方案，在东西方智慧的碰撞融合中，形成具有全球示范意义的"上海方案"。

六 结论与展望

本研究以上海市社区卫生服务中心为切入点，深入探讨了社区心理健康支持体系的构建，研究成果对推动全国心理健康服务模式的可持续发展具有重要启示。作为我国经济和社会发展的前沿地区，上海在社区心理健康服务方面的创新实践为其他地区提供了宝贵借鉴。通过加强专业人才队伍建设、优化服务内容、加大宣传教育力度，并建立多方协作机制，可以在全国范围内逐步推广并完善社区心理健康服务模式。

本研究强调了社区卫生服务中心在心理健康服务中的关键作用，这一做法同样适用于全国范围。发挥社区卫生服务中心的优势，将心理健康服务与基本公共卫生服务相结合，能更有效地满足居民心理健康需求，提高服务的可达性和覆盖率。当前，社区心理健康服务体系正朝着专业化、多元化和智能化方向发展，应进一步加强心理健康专业人才的培养，提高社区卫生服务中心的服务水平。服务内容将不断丰富，除了传统的心理咨询和治疗，还将增加更多预防性和体验式心理健康促进活动。

与此同时，互联网和人工智能技术的应用将愈加广泛，推动在线心理健康服务平台和智能心理评估系统的发展，提升服务的可及性和便捷性。社区、医疗机构、社会组织及教育部门的合作也将加强，形成资源共享、优势互补的服务网络。最终，心理健康服务的评估和反馈机制将逐步完善，确保服务质量持续提升，切实满足居民不断变化的需求。

参考文献

陈哲：《城市社区心理服务现状研究——以武汉市某社区为例》，华中师范大学硕士学位论文，2020。

杨积堂、李新娥、李斌、任艳莉：《城乡社区社会心理服务体系与保障机制构建》，《社会治理》2022年第6期。

附录：

上海市社区心理健康支持体系调查问卷

问卷说明：

　　您好！感谢您参与此次关于"上海市社区心理健康支持体系构建研究"的调查。本问卷旨在了解社区心理健康服务现状及改进需求，问卷为匿名填写，所有信息仅用于研究分析，您的回答将为优化社区心理健康服务提供重要参考。感谢您的支持！

A. 社区居民版问卷

基本信息

1. 您的年龄：

　　□18 岁以下　　　□18~25 岁　　　□26~35 岁
　　□36~45 岁　　　□46~55 岁　　　□56 岁及以上

2. 您的性别：

　　□男　　　　　　□女

3. 您的职业：

　　□在职人员　　　□学生　　　　　□家庭主妇/夫
　　□退休　　　　　□自由职业　　　□其他（请注明）：_____

4. 您的居住区域：

　　□中心城区　　　□郊区　　　　　□其他（请注明）：_____

心理健康状况与需求

5. 您是否曾经感到过以下心理困扰？（可多选）

　　□焦虑　　　　　□抑郁　　　　　□睡眠障碍
　　□压力过大　　　□人际关系困扰　□家庭矛盾
　　□其他（请注明）：_____　　　　□没有

6. 您是否曾主动寻求心理健康相关服务？

　　□是　　　　　　□否

7. 如果未寻求心理健康服务，主要原因是？（可多选）

　　□不知道去哪里寻求帮助　　　　□服务费用较高

　　□害怕被贴标签　　　　　　　　□时间安排不便

　　□其他（请注明）：_____

8. 您是否了解社区卫生服务中心提供心理健康相关服务？

　　□是　　　　　　□否

9. 您是否曾经使用过社区的心理健康服务？

　　□是　　　　　　□否

10. 如果您曾使用过社区心理健康服务，您的满意度如何？（请打分，1为非常不满意，5为非常满意）

　　□1　　　　　　　□2　　　　　　　□3

　　□4　　　　　　　□5

11. 对心理健康服务的期望（请根据需求程度打分，1为最低，5为最高）

　　心理健康教育与知识普及：□1 □2 □3 □4 □5

　　个人心理咨询：□1 □2 □3 □4 □5

　　团体心理辅导：□1 □2 □3 □4 □5

　　心理健康讲座：□1 □2 □3 □4 □5

　　心理测评服务：□1 □2 □3 □4 □5

　　压力管理培训：□1 □2 □3 □4 □5

　　家庭关系辅导：□1 □2 □3 □4 □5

　　青少年心理辅导：□1 □2 □3 □4 □5

　　转诊服务（严重心理问题）：□1 □2 □3 □4 □5

　　其他（请注明）：□1 □2 □3 □4 □5

12. 您认为社区心理健康服务中最需要改进的地方是什么？（可多选）

　　□服务种类不全　　□服务质量不高　　□服务覆盖面不足

　　□专业人员不足　　□其他（请注明）_____

13. 您对未来社区心理健康服务的期望是什么？（可选择多项）

　　□更丰富的服务种类　　　　　　　□更专业的心理健康服务人员

　　□更高效的服务流程　　　　　　　□增加线上咨询服务

　　□增强社区宣传与引导　　　　　　□其他（请注明）_____

14. 您认为社区应采取哪些措施提升居民心理健康意识？（可选择多项）

　　□开展更多心理健康讲座和活动

　　□增强学校与社区卫生服务中心的联动

　　□提供更多线上心理健康资源

　　□其他（请注明）_____

15. 您认为社区心理健康服务可以改进的地方是？（请简要说明）

B.5
社区改造的国际经验及其对北京市的启示*

包路林**

摘　要： 社区改造是北京实施城市更新行动的重点工作之一，尤其是针对 2000 年之前建成的老旧小区。北京市的待改造社区数量大，改造需求突出，但目前改造工作仍以政府主导为主，路径单一，难以持续。本报告研究借鉴了外省市及国外各城市多元化的改造路径，总结归纳改造路径演变趋势，重点分析了政府、市场、居民等多元主体在老旧小区改造中所承担的具体职责。在此基础上，深入分析了各个地区为落实各主体职责所采用的政策工具，从而为北京推进多元主体共同参与的老旧小区改造提供政策建议。

关键词： 社区改造　城市更新　老旧小区　北京市

社区居住环境是衡量居民幸福指数的重要方面。历经数十年的城市化发展，我国社区陆续进入老龄化阶段，社区改造成为增进居民福祉的重要工程。就北京市来看，社区改造的重点是 2000 年以前建成的老旧小区。在过去十多年间，经过政府统一组织实施的外立面改造、抗震节能改造之后，城市社区进一步改造面临的主要需求是适应当前生活习惯和特点进行管线更新、提升公共空间品质、增加停车设施、增加智能设备、配套便民设施以及提供更优质的社区服务。"十四五"时期，北京的部分社区改造已经取得显

---

* 本文为北京市社会科学院课题"世界体系视角下中国式现代化对国际经济秩序重构影响研究"（项目编号：KY2025C0331）的阶段性成果。
** 包路林，博士，北京市社会科学院城市问题研究所研究员，主要研究方向为社区治理、城市规划。

著成绩,但主要依赖财政资金、依托国企推进的改造模式对于老旧小区需要持续性更新而言不具有可持续性,可以借鉴国内外市场化改造等多元化改造方式,推动社区改造进入更加成熟的自主更新、特色更新时代。

一 北京市社区改造的经验和问题

(一)北京市老旧小区改造的经验

北京的社区改造工作已历经三个五年规划时期。自"十二五"时期开展老旧小区综合整治以来,北京市在改造工作中已取得了卓越成效。"十二五"时期,北京市在全国率先推动老旧小区改造工作,以"任务制"方式推进完成1990年以前建成的约5500万平方米老旧小区抗震节能综合改造,工作开展以政府为主导。改造以增强房屋抗震性能为主,辅以小区公共环境整治等工程。"十三五"时期,工作推进模式转变为"申报制",通过"基层组织、居民申请"的方式生成改造项目,充分尊重居民意愿,但改造推进较慢,共实施约2000万平方米。改造工程内容分为基础类和自选类,强调将违规治理、规范小区自治管理、规范物业管理作为开展综合整治的先决条件。"十四五"期间,北京老旧小区改造规模庞大,将原计划在2030年前完成的改造任务压缩到五年完成,推进速度翻倍。随着十多年的改造经验积累,工作机制逐渐优化、整治模式不断创新、整治政策体系逐步完善。在工作机制方面,建立"市—区—街道"三级联动工作机制,市级相关部门负责工作整体统筹,区级工作专班负责制定整治工作方案与项目推进实施计划,街道办事处负责组织发动居民,自下而上申报诉求。在整治模式方面,经历了专项改造变为综合整治、"任务制"变为"申报制"、重工程建设变为工程建设与后期管理并重等多项转变。在整治政策体系方面,"十二五"时期重点在房屋抗震节能改造、小区公共区域环境整治等方面出台多项政策。"十三五"时期,形成以老旧小区综合整治工作方案为纲领,以财政补助、加装电梯、工程管理、物业管理为补充的基础政策体系,并围绕危旧楼改建、管线改造、优化审批等重点内容制定专项政策。"十四五"时期出台的北京市老旧小区改造专项规划和老旧小区综合整治技术导则，为老旧小区改造工作提供了总体方向和路径指导[①]。

（二）改造过程中出现的主要问题

1. 以政府单一投入为主

以政府主导和政府出资为主，居民与社会力量调动不足是北京老旧小区改造的重要问题，老旧小区改造路径有待优化。居民是老旧小区改造最大的受益者，因此后期带动居民在老旧小区改造方面，尤其是室内管线、加装电梯、公共环境等方面的投入很有必要。而目前的实际情况是老旧小区居民普遍对政府与原产权单位具有较强的依赖性，配合意愿不强，参与程度也十分有限。国企、民企中很多城建、投资、金融相关的企业均可以参与老旧小区改造，但是由于老旧小区改造的"投入—收益"周期较长，目前"劲松模式""首开经验"等社会资本参与的"成本—收益"模式仍在探索中，尚不具备大规模推广条件。

2. 配套政策体系有待完善

自2010年至今，北京市共出台近百项老旧小区改造相关政策，各政策分散于规划、住建、发改等多个部门，缺乏统筹性、长期性的引导政策。从干预对象来看，相关政策主要侧重于物质空间改造，尤其注重楼栋建筑改造干预，其次是公共空间、配套设施、项目管理等，对社区服务、社区治理等数字应用关注较少。2013年以来，北京市老旧小区公共空间、社区服务、项目管理等方面的政策逐渐增多。政策关注点呈现由内部向外部、由楼栋向整体、由物质性要素向社会性要素转移的态势。老旧小区改造中居民出资的标准和方式尚未明确，居民普遍对政府与原产权单位具有较强的依赖性，出资意愿不强，参与程度有限，参与改造工程的行为习惯也未培育。

3. 社会资本参与机制还需优化

近几年，北京市老旧小区改造的规模较大，资金需求总量庞大，每年需

---

① 《北京市"十四五"时期老旧小区改造规划》。

要几百亿元的支出，仅靠财政资金支持无法全面完成规划目标任务，急需明确的社会资本引入机制和路径指引，健全市场化改造机制。老旧小区改造项目能够吸引社会投资的盈利点通常体现在两方面，一是社区内存量资源的经营利用，二是物业服务费的创收。存量资源方面，老旧小区内的配套用房、自行车棚、锅炉房等低效或闲置资源存在权属多元复杂、历史遗留的手续不全、产权证办理困难等问题，在转化利用方面还没有形成相对固定的程序和可落地的措施。物业服务费方面，当前很多老旧小区改造后，由物业公司提供"先尝后买"服务，物业收费标准低于市场价位，多数处于亏损运营状态。"劲松模式""首开经验"取得试点成功，但可复制、可推广的模式还有待于进一步固化，吸引社会资本参与的整体环境有待提升。

二 国外社区改造路径分析

（一）美国经验——社区发展公司推动改造

美国的居住区更新起始于20世纪40年代的"城市更新计划"。"城市更新计划"以恢复内城活力为主要目的，采取整体拆迁方式，由政府授权私人企业对城市内的贫民窟进行大规模的清除。这一更新模式造成了强制迁移、社会网络破坏以及地区士绅化等大量问题。20世纪60年代，美国开始推行"社区行动计划"，主要由政府出资，鼓励老旧社区通过申请获得政府的划拨资金，并依据社区自身情况制订合适的建设计划，改善社区环境。但这一计划仍然存在财政支出压力大、滋生官僚主义的问题。20世纪70年代开始，美国实施以第三方组织与社区居民为主体，以社区发展公司为主要形式的社区更新改造计划。

社区发展公司是由社区代表主管的非营利组织，成员包括社区居民以及相关企业的专业人员，负责给予专业技术咨询和监管。依托政府层面的保障资助、市场层面的刺激投资以及公司自身资产的自由运营，社区发展公司得以基于对社区情况与特有问题的深入了解，为贫困、衰败的老旧社区提供房屋修缮、地产开发等各类基础服务，以及育儿养老、卫生健康、职业培训等公共服务，同时吸引商业投资，进一步促进社区经济发展，重新激发社区经济活力。

（二）日本经验——市场化改造与社区营造并行

从20世纪60年代开始，日本有计划地对年久失修、存在危险隐患的建筑物进行拆除，系统性地清除贫民区，推动城市化建设与造城运动。进入80年代，面对快速城市化形成的诸多城市病，日本逐步开始探索新的可持续的城市更新模式。80年代后，日本改变了从前由政府主导的旧住宅区清除做法，转向注重多主体协调合作的更新模式，调动更多社会力量和社会资本加入城市更新行动中。

日本的旧住宅区更新主要有两种路径。一是民间复合开发模式。日本政府于20世纪80年代出台政策允许社会企业参与日本城市中心区的规划与开发，并在1988年将此政策纳入城市更新法。植根于土地私有制度，日本进入了各区与私人资本联合推动城市大规模再开发的更新进程，成效明显。二是以居民为主体、自下而上的更新模式。该种模式起源于20世纪80年代开始的"团地再生"运动，这项运动由当地居民的自治团体发起，并由专业团体协同，针对老旧团地中住房老龄化、商业凋敝、基础设施老化等问题，重新设计改造社区的空间功能，提升社区环境品质。

（三）新加坡经验——政府主导下的多方参与及民主决策

新加坡住房以公共住房为主，住区更新主要由政府推动。新加坡开展的住区更新计划涵盖了从市镇、街区、住区到住宅内部的各个层次。在市镇层面，新加坡都市重建局联合其他部门开展了"部分街区重建计划"和"再创我们的家园计划"等。在街区层面，新加坡建屋发展局针对建于1995年前且还未进行更新的社区，研制了"邻里更新计划"、"绿色足迹项目"等。在住宅层面，新加坡建屋发展局研制并推行了"家居改善计划"、"电梯升级计划"等。在新加坡老旧小区改造中，住宅区公共空间的更新改造费用全部由政府承担，涉及家居或电梯改造的项目，政府承担大部分费用，业主负担5%~14%的费用。政府资金来源于建屋发展局和各市镇理事会。建屋发展局的更新改造资金来自自身收入和部分政府补贴，各市镇理事会储备金来源于居民每月缴纳的服务养护费。

三 北京市社区改造路径及配套政策建议

（一）提升规划管控的灵活性

在高质量发展的背景下，北京市应加强社区改造规划管控的精细化治理，因地制宜适度提升规划管控的灵活性。对比局部改造成本压力与可经营空间的实际收益能力的差距，应防止改造更新项目单独算账、任务式投资，可尝试通过区域整体统筹的方式，打包出让所属街道甚至更大区域范围内的设施经营权或空间使用权，统筹区域内高营利性的商业类更新和居住类更新。通过"肥瘦搭配"的区域更新方式，以综合营收平衡局部改造整治的巨大投入，甚至产生盈利。例如，在日本老旧小区改造中，为了给市场主体提供便利，《建筑基准法》增加同一区域综合设计的制度规定。在新城等建成密度较小的地区，可适当允许以增补老旧小区公共服务设施为前提的建筑增量，并设定增量上限。从国内外城市的改造经验来看，无论是社会资本还是居民主导推动的老旧小区改造，均涉及增补公共服务设施或新建其他建筑，一方面可提升老旧小区及其所在区域的整体公共服务设施水平，另一方面可为老旧小区改造提供资金平衡来源。

（二）加强存量资源统筹利用

老旧小区中的存量资源是吸引社会资本的重要载体。在充分尊重业主权属利益和使用需求的基础上，应着力构建以可经营空间为核心的公开商业竞争模式，形成统一的整合利用政策或机制，建立符合闲置资源实际情况的、自下而上的审批流程，激发存量资源带动社会资本的正向效应。例如在日本多摩平团地再生改造中，社会资本积极利用社区内闲置空地新设租赁式菜园，利用闲置房屋建设小规模多功能居家看护服务设施及开放式食堂。山东省济宁市任城区将国有闲置资源划至区级规模化实施运营主体进行再利用；杭州将国有企业及行政事业单位存量资源以无偿或收取象征性租金方式提供给社区，由各区政府进行统筹。

（三）加强政府资金支持的有效性和针对性

在社区改造全面推进阶段，可适度调整直接补贴项目，将财政补贴主要用于基础类改造。精细化设置政府直接补贴清单和比例，提升财政补贴的精准性。通过以奖代补等方式，以政府财政资金撬动多元主体出资。从国内外省市经验来看，山东省、辽宁省、遵义市等省市在老旧小区改造中采用了政府与社会资本合作模式。在融资方面，政府与社会资本共同提供建设资本金，占总投资的20%~30%，其中政府出资比例为10%~30%，其余部分由社会资本出资。对于居民出资，可借鉴宁波的相关做法，市、区两级财政出资分摊比例根据改造小区居民自筹出资占核定总投资的比例，进行动态调整。探索建立分期税收返还、抵免等支持方式。借鉴美国公共住房改造税收抵免制度，在社区改造项目中，根据人口规模分配税收抵免额度，抵免额度可以占成本的40%及以上。可以设置10年等较长期限的抵免期，逐年抵免，减轻政府一次性补贴压力。加强对居民推动下的初期改造资金支持。政府以直接拨款、出资购买闲置房屋用于配建公共服务设施、提供贷款、帮助居民组织寻找外来投资等方式提供支持。

（四）提升金融支持的多样性和灵活性

利用金融工具将老旧小区改造带来的区域增长价值由相关主体共享。北京可综合借鉴美国房地产和日本老旧小区改造的相关经验，在改造前，将地区土地房屋价值冻结，改造完成后，重新测算区域增加后的价值，地区增长价值可利用税收等方式由政府、开发主体等共享。与外省市相比，北京利用发行债券筹集改造资金的老旧小区较少。从偿债来源来看，老旧小区改造项目自身直接产生的收益，包括停车费收入、车位费收入、公共区域广告收入、闲置低效空间改造提升带来的其他收入等，以水电路气等配套基础设施改造项目的供水、供电、供气等收入，公益项目的财政补贴，区域内国有资产产生的收益以及土地出让收入均可成为老旧小区改造债券的主要偿债来源。

参考文献

徐晓明、许小乐：《社会力量参与老旧小区改造的社区治理体系建设》，《城市问题》2020年第8期。

唐燕：《老旧小区改造的资金挑战与多元资本参与路径创建》，《北京规划建设》2020年第11期。

唐瑞雪、刘莹、徐艺裴：《老旧小区改造创新模式探究——国际经验借鉴及其对中国的启示》，《资源与人居环境》2023年第8期。

刘佳燕、张英杰、冉奥博：《北京老旧小区更新改造研究：基于特征-困境-政策分析框架》，《社会治理》2020年第2期。

张佳丽、张恒斌、刘楚：《基于国际比较视角下的我国城镇老旧小区改造市场化融资模式研究》，《城市发展研究》2022年第2期。

忻晟熙、李吉桓：《从物质更新到人的振兴——英国社区更新的发展及其对中国的启示》，《国际城市规划》2020年第10期。

B.6 社区公共空间的价值再发现*

宋 梅**

摘 要： 城市规划师对公共空间的作用、意义和用途十分感兴趣，试图通过遵守公共空间物理布局的某些原则来增进社区意识，这将有关社区公共空间的价值及其对社会生活影响的争论推到了风口浪尖。"新城市主义"理论强调探索社区公共空间和居民福祉之间的关系并不是建立在公共空间衰落的假设之上，而是建立在居民积极的社会参与形式之上，将社区公共空间视为居民日常生活和交往的场所。社区公共空间可以视为"场所"，既构成社会关系，又促进社区发展。社区公共空间的价值通常与包容性、健康和安全性有关，因为它为居民提供情感支持，赋予尊重、归属感和身份认同感，促进社会融合。

关键词： 社区 公共空间 价值 新城市主义

一 理论背景

第二次世界大战后，人们普遍认为城市应该以现代主义运动所代表的理想主义和平等主义原则为基础进行彻底改造。然而，城市功能的空间分离、以汽车为导向的发展、景观美感的退化以及现代城市不断扩大的社会空间鸿沟，都强调了重新审视空间规划实践和社区在城市可持续发展中的价值。

---

* 北京市社会科学院 2024 年一般课题"地方依恋视角下的首都社区商业空间升级研究"（项目编号：KY2024C0199）。
** 宋梅，北京市社会科学院城市问题研究所副研究员，主要研究方向为城市治理和城市消费。

"新城市主义"运动专注于空间规划的物理方面,试图利用空间关系来创建有凝聚力的社区。这一观点基于这样的前提:公共聚集场所在产生社区意识方面具有至关重要的价值。社区作为空间组织的基本单位,具有有限的物理规模、明确的分界线和特定的中心特征,可以满足居民的日常需求。参考传统社区的特质,专业规划人员试图通过高密度、混合用途、多样化、适宜步行的空间规划方法,增强社区内的流动性、行人友好度、公共安全、公共设施便利性。如果将世界上人口最密集的城市与最宜居的城市进行比较,也会发现社区公共空间的合理利用是改善居民生活质量的关键。为了适应城市人口的变化,城市社区规划部门必须对社区公共空间的功能和城市布局进行调整,以回应居民对幸福与健康生活的需求。

二 社区公共空间的价值再发现

社区是形成复杂社会关系和社会互动的场所,它改变了居民对地点的认知。社区是社会关系的载体,是社会生产和再生产的空间。从这个意义上说,社区作为社会空间变化的驱动力,其意义至关重要。社区空间规划的重点是发现城市居民的动态行为及其复杂性和进化性。社区应该成为居民满足基本需求、彼此互动和交流的空间环境。社区公共空间的建设质量被认为是衡量城市生活质量的重要标准之一。"空间很重要!"——这是规划人员和政策制定者的常用说法。在社区规划中提供开放空间可以增加社会互动,并增进社区居民之间的社会资本和可持续性。在物理规划方面,需要重视可达性、步行性、密度、土地利用组合和设计多样性。以社区为中心的空间设计需要将活动带到社区,而不是将人带到活动中,从而恢复城市规划中的"临近性"概念,即人、服务和活动相互靠近。此外,居民在社区内部或周围获取到对生活质量至关重要的各种便利设施也至关重要,这些便利设施包括医疗保健设施,幼儿园和学校,社会服务,商业服务,休闲、文化和娱乐设施,公园和自然区域。要实现所有这些便利设施的临近性,就意味着城市要将大量服务和设施分散到社区附近,以平衡城市空间内部的差异性。

社区公共空间的价值再发现

简·雅各布斯在其著作《美国大城市的死与生》中指出:"多样化且充满活力的公共空间是城市生命力的源泉。"简·雅各布斯发现了公共空间中的人际交往和社会活动的价值,这为新城市主义的发展奠定了基础。扬·盖尔在《交往与空间》一书中也深入探讨了人的行为与城市空间的关系,提出以人为本的城市设计理念。以人为本的城市理念如今已成为一种主流和趋势,并有各种名称:宜居城市、为人民而建的城市、人性化城市等。以人为本的城市设计与社区公共空间的概念有着密切的关系,以人为本设计的核心是公众普遍接受的概念。虽然设计的主体是物理空间,但如果居民在日常生活没有使用设计师设计的功能,空间实际上变得毫无意义。以人为本的城市空间规划方法基于一套知识体系,这套体系既不局限于大学建筑和规划学科教授们传授的知识,也不局限于城市规划的规则。作为一种空间设计实践,以人为本的城市设计理念要求规划师考虑居民的需求,而不是设计模型或审美偏好,其核心在于要求设计师认识到设计过程中的责任:以人为本,以城市中生活、工作和流动的人为本。正如亨利·列斐伏尔在其《日常生活批判》中所写:我们如此居高临下地称居民为"用户",这意味着社区公共空间的规划既需要涵盖专业知识,也要包含日常生活的方方面面。

公共空间是建筑环境的重要组成部分,可通过促进邻居之间的偶遇来培养社区意识。怀特在系统观察影响小型城市空间互动因素的基础上指出:当两个行为者围绕一个焦点互动时,这种现象可称为"三角测量",物理空间对象或景象可以促使人与人之间建立联系并使得陌生人之间互相交谈。社区公共空间中的固定位置(比如长椅、连廊、咖啡厅)可能不仅仅提供社交互动(偶遇)的机会,还可能促进人际关系。社区公共空间价值分析中最广泛的问题是物理临近性。

社区公共空间构成的重要性已在社区内的公园、广场和社区服务机构、办事大厅和公共空间等微观层面表现出来。居民从自己的家到社区活动空间的路线可以成为连接社区居民之间友谊的纽带,社区内、外的道路对社交互动同样重要。对此,新城市主义者反对死胡同街道形式,支持更传统的城市网格空间。

社区边界内的任何未开发的土地，都有可能为社区居民提供公共空间。社区公共空间是指在社区范围内，供居民共同使用、进行社会交往、休闲娱乐、文化活动等的开放性场所。它不仅是一个物理空间，更是人际关系、文化活动和社区认同的载体。

表1　社区公共空间中室内外空间的类型与功能比较

室外部分	如街道、广场、绿地、公园、健身场地	为居民提供日常散步、健身、锻炼、休闲娱乐以及邻里交流的场所
室内部分	如社区活动中心、图书馆、老年活动室、青少年活动中心等	为居民提供多样化的服务和活动选择

社区公共空间包括公园、广场、社区组织、咖啡馆、酒吧、理发店、儿童保育中心等场所，社区内固定的活动场所有两方面作用：一方面，它们是使社交互动成为可能的场所，在附近没有餐馆、杂货店或理发店的情况下，邻里之间难以进行互动；另一方面，固定场所不仅使邻里互动成为可能，也是居民关注社区公共空间的焦点。

城市设计师和建筑师在描述成功的公共空间时经常关注到居民的主观感受，良好的公共空间应具有支持性、民主性，并满足居民的基本需求。成功或高质量的空间被描述为：易于访问并与社区相互连接，有适合各年龄段用户的一系列活动；令人感到安全、干净和有吸引力；有足够的座位可以容纳居民进行社交互动。

关于公共空间功能带来的社区价值有着不同的表述，例如社区凝聚力、社区融合、社区资本和景观治愈性。这些价值之间可能兼容，也可能相互冲突。社区公共空间的价值是否被发现并被成功激活取决于特定公共空间的性质以及使用者的特征，如性别、年龄和职业。社区成员对社区身份的渴望可能与居民的居住理想一致，也可能不一致。人们对封闭社区的批评可能是基于空间隔离与人际排斥，"封闭"是为了与他人保持距离，社区可持续发展所必需的社会结构稳定性与融合伴随的流动性之间存在明显的矛盾。当代城市规划政策侧重于在社区中创造开放空间，以弥合社会鸿沟并重建社区支离破碎的社会结构。人们对社区公共空间的兴趣日益浓厚,尤其是在发展中国家,规划模式从场所导向转向日常活动导向,以防范社区人际关系和社会资本的持续恶化。

三 社区公共空间的复兴

社区公共空间是社区集体生活的场所,是个人和社区福祉的源泉,是共同生活环境和文化丰富性、多样性的载体,是成员身份的基础。尽管许多研究已经考察了社区公共空间对社会资本的影响,但它们的影响好坏参半,既有积极影响,也有消极影响,甚至没有影响。居民是否可以通过使用社区公共空间获得更高水平的社会资本尚无定论,社会资本水平较高的居民是否更倾向于使用社区公共空间也无定论。但人们对社区空间与社会福利之间关系改善的兴趣日益浓厚,应提供社区空间以帮助居民培养社会资本,增强社区福利。

居民可以提供的社会资本是社区获得外部资源支持的力量源泉,社区的发展与居民之间能否互利合作高度相关,社会资本被视为实现社区可持续性的关键要素之一。为了改善居民之间的互动和合作关系,活动中心被引入社区,规划者和政策制定者希望社区居民能够在社区活动中心进行有效互动,并实现社区共治和资源共享。

自2020年全国大规模实施城市更新行动以来,社区公共空间的复兴已成为政府城市复兴计划的主要关注点,重点是通过成立社区活动中心以维持当地社区活力、增加社区资本和促进社区可持续发展。城市社区活动中心完全由公共部门提供,并由社区居民运营、管理和监督。居民经常参与社区活动并将运营中心作为其职责的一部分,特别是在组织居民活动、设计各种项目和提供服务方面。社区公共空间在鼓励健康的生活方式或改善居民情绪健康方面也发挥着重要作用,社区中心和公共设施可以为社区居民提供多方面的便利,特别是在改善社区环境、公共卫生和整体福利方面。

但也有部分学者逐渐质疑社区公共空间是否真正有助于居民福利的提

高。由于特定的问题和具体的诉求不同，居民之间可能会存在矛盾。理想的社区公共空间是社区中任何人都可以进入的地方，但在进入公共场所时，人们总是有可能遇到不同的人。社区公共空间可能是有争议的社会舞台，既有分裂也有凝聚力，既有消极参与也有积极参与。社区公共空间是满足居民不同需求和愿望的中心，公共空间的功能是多元化和差异化的，并不是每个人都会追求相同甚至兼容的东西。因此，并不是每个公共空间都会或都应该平等地满足每一位公民或每种场合的需求。由于公共空间服务的对象不同以及所包含的特定用途不同，试图按照某种理想化的蓝图来设计所有公共空间是不现实的。有些空间充满活力且商业化，有些空间专注于玩耍（供儿童或成人使用），有些空间严肃化（如社区党员议事厅），有些空间平静而放松。这种多样性承认了城市社区人们生活方式、偏好和需求的多样性。通过公共空间的设计，有机会在社区合适的位置为居民提供一些他们需要的服务。由于社区居民需求的多样性，需要避免用一刀切的方式建设社区公共空间，这会引发对公共空间同质化的批评。社区的公共空间需要像建筑物一样进行规划，既要满足社区各年龄段居民的需求，又要在安全、方便和吸引人流的位置提供空间并避免冲突。

社区秩序既是自发生成的，也是社会建构的。尽管有人批评社会公共空间过度商业化，过度受市场机制所主导，但特别活跃的社区空间往往与这样或那样的消费活动有关——社区底商、饭馆、菜场、网球场等，社区商业会为公共空间注入活力并丰富其内容，受到居民的欢迎。如果要创建这样的空间，那么从一开始就应该在公共空间中精心设计活跃的用途，帮助社区充满生机并服务于居民。因此，正确安排社区公共空间周围（和内部）的用途组合是公共空间设计过程中需要特别注意的一个方面，公共空间中进行的活动类型与空间的质量存在明显的关系。在公共空间环境良好的社区中，居民会最大化参与社区活动，但在质量较差的环境中，这些活动会急剧减少。社区内社交活动是指在社区公共空间中与他人互动的活动，例如踢足球、闲聊、小朋友之间的互动。理解活动类型与空间质量之间关系的性质很重要，因为它有助于建立一个框架来解释公共空间的实践使用效能。

社区公共空间的复兴需要采取城市社区的"赤字模式",人们对城市人际关系的负面标签由来已久,从某种意义上来说,城市生活的差异性和多样性被视为威胁而不是丰富。政策和学术研究过于狭隘地关注"社会解体"的负面因素,从而掩盖了社区和城市生活中许多积极和有价值的东西,这是一种偏见。探索社区公共空间和居民福祉之间的关系并不是建立在公共空间衰落的假设上,而是建立在居民积极的社会参与形式上,将社区公共空间视为居民日常生活和交往的场所。社区公共空间可以视为"场所",既构成社会关系,又促进社区发展。广泛的社会联系通常与包容性、健康和安全性有关,因为它提供支持,赋予尊重、归属感和身份认同感,促进社会融合。

(一)包容性

社区问题的解决需要采取包容性政策,以实现所有居民和空间使用者的福利最大化。所有居民无论性别、年龄、文化背景或能力如何,都享有平等的权利,包括获得服务的权利。包容性是社区空间规划追求的理想目标之一。

社区公共空间非包容性通常表现为绅士化、贫民窟化和社会空间隔离现象。从经济角度来看,包容性涉及提供平等的就业、教育、终身学习和获取资源机会等问题,确保居民在社区日益增长的繁荣中获得公平的份额。包容性首先是指居民的"社区权利"——积极参与,通过社区实践,成为空间、社区和社会生产的一部分。共同规划实践和参与决策被认为是空间生产的重要组成部分,以应对多重复杂的环境、社会和经济问题。包容性需要考虑到所有居民的意见,特别是那些有可能经历社会空间排斥的居民,例如具有不同文化背景的人、行动困难的人、老年人、年轻人和学生,以便通过赋权计划减轻他们的脆弱性。

(二)健康

世界卫生组织对健康城市的定义是"不断创造和改善自然和社会环境、扩大社会资源的城市,使人们能够相互支持,履行生活的所有功能,最大限度地发挥他们的潜力"。

确保健康城市环境的一个关键因素是公共空间和绿地的数量、分布和可达性。通过步行促进身体活动，有助于社会和心理健康，改善空气质量，并有助于降低噪声。事实上，绿地的社会作用非常重要，因为它们通过向所有人提供基础设施和福利，有助于减少健康方面的不平等。世界卫生组织2016年的一项研究证实了绿地在降低流行病传播率方面的积极贡献，绿地已成为维持居民身心健康以及建立社区和邻里关系至关重要的区域。然而，为了获得多种益处，需要从更广阔的视角看待绿地和开放空间，将其视为更大的城市网络的一部分，并考虑其可能具有的多功能性。研究表明，社区公共空间的规划与设计可以在管理、权衡和解决冲突方面发挥重要作用，社区绿地可以视为居民共享的栖息地。

（三）安全性

在当代城市景观中，公共安全的概念不仅仅指打击犯罪或暴力，还涉及流动性、公共空间和社交。社区出行安全是城市规划政策的重要组成部分。自20世纪80年代以来，随着以汽车为导向的规划文化逐渐褪色，安全概念在"新城市主义"和城市复兴政策的实践中发挥了重要作用。如今，为了确保社区居民出行安全，社区规划相关部门对交通基础设施进行设计干预，包括建立安全的道路网络。在包容性的背景下，出行安全关注所有社区居民群体的需求，特别是儿童、妇女和残疾人等弱势群体的需求。社区内部干预措施可能包括限制在社区内某些区域使用汽车、为所有年龄段的行人提供更多空间，也可能禁止汽车在社区地上空间通行。事实上，许多社区都提倡人车分流，以减少社区内交通拥堵和道路事故。

社区公共和开放空间资源的稀缺导致了自发的和策略性的场所共享实践，具体社区实践包括将道路和行人空间分配给休闲、娱乐、餐饮、散步、购物等活动。从某种意义上说，这些做法通过最有效的空间利用方式来满足居民所需，实现建筑环境的价值最大化。驱动这种实践的理念是以社区空间的时间性和灵活性为核心，混合使用社区公共空间，有利于在一天中的不同时间连续使用空间，使用良好的照明提高社区夜间的能见度。社区公共空间向日常生活靠近，社区的服务功能会表现更好。居民的参与对实现社区公共空间安全至关重要，他们的参与会增强居民对社区空间的控制权，可以将被动的社区监视转变成主动的安全网。

四　社区公共空间的可持续性

可持续性社区可以定义为"在现在和将来，人们都愿意生活和工作的地方。社区可以满足现在和未来居民的不同需求，社区安全而包容，规划良好、建设和运行健康，为所有居民提供平等的机会和优质的服务"。这一定义突出强调了人们对社区多样化的需求、包容性标准以及社会公平和正义，将社区内各种物理因素与社会可持续性联系起来。

社会环境和物理环境并不是独立存在的，任何环境都是人与空间持续互动的结果。环境心理学的研究侧重于压力恢复和积极情绪变化的机制，越来越多的文献探讨了公共空间对身体、精神和情感健康的潜在益处，"治愈景观"的概念已证明"社区公共空间是可以促进幸福感和保持健康的重要场所"。

在城市建成区引入大型城市公园很复杂，但在社区的剩余空间中插入较小的公园更容易实施。小型或袖珍城市公园可以更有效地利用公共空间，建设小型或袖珍公园可能会增加居民的幸福感，让他们更频繁地接触大自然，并在日常生活中获得舒适、放松的体验。越来越多的证据表明：体育锻炼水平可能受到社区环境的影响，社区绿地的可用性与体育锻炼水平之间存在关联。社区公园等为居民活动提供了重要的场所，为儿童提供了具有多方面益处的自然游戏空间，提供了与自然互动、创造性游戏、与他人交往以及在户外环境中培养独立性和自信心的机会。鉴于儿童在行为选择方面的自主性低于年龄较大的群体，并且他们对社区公共空间的使用受到父母态度的影响，户外有合适且安全的游戏空间可能会使父母更有信心允许孩子更加自主地在户外独立玩耍。因此，儿童时期的很大一部分剧烈体育活动都是在家门口的公园进行的，社区公园的可达性不仅影响开展体育活动的可能性，还影响其频率。儿童时期的体育锻炼有助于成年后养成健康的生活方式，并养成运动习惯。因此，社区绿色公共空间不仅有助于培养居民积极的生活方式，还为居民提供了健康锻炼、康复理疗空间。

社区绿色公共空间对于不同的使用者群体具有不同的社会意义，这反过来又塑造了人们使用绿地的方式，并促进了不同类型的社会互动。例如，公园中定期的社交互动可以形成更紧密的社区联系的基础，培养认同感和归属感，并产生更多的社会资本。

公共空间与社区意识之间的关联在很大程度上也受到公共空间使用频率的影响。免费、可达性和多样化等特征被认为是设计良好的公共空间的标准（见表2）。

表2　良好的城市公共空间设计特征

可持续发展的	正式的或非正式的
多样化	避免千篇一律
免费	具有保障的权利和责任
划定范围	使用时公开
参与	设计积极用途
有意义	包含必要的设施
感觉安全和放松	鼓励居民参与
面对变化具有很强的适应能力和独特性	可达性

社区公共空间的成功取决于场所的塑造，场所需要扎根于当地文化环境并让居民有独特感受。这意味着社区公共空间不仅要适应不同的用途和活动，还要适应文化、社会和技术的变迁。自上而下推动的社区公共空间的设计经常受到批评，因为人们习惯于关注狭隘的物理场所，而没有正确理解其社会背景和时代变化。尽管社会可持续性的重要性已被规划人员和学者广泛接受，但社会可持续性的定义和概念在不同的学科中有所不同。在规划和发展研究中，社会可持续性通常是指城市作为人类活动和互动环境的可持续性能力，它不仅需要注重改善物质环境，还需要建构出一种促进居民多样性和团结的社会空间融合理念。

五　结论

　　居民的日常生活无法逃脱社区空间，但探讨社区公共空间的价值是十分困难的，因为文化、历史和社会的敏感性往往无法完全理解社区实践过程中所表现出的空间感，社区公共空间的价值往往是被遮蔽和隐藏的。对数字世界的依赖，使当代居民的社会联系变得更加狭窄和同质化。虽然互联网可以将我们与亲密的朋友和家人联系在一起，但它切断了我们在物理空间中遇到陌生人以及与不同人和不同思想沟通的机会。社区公共空间作为物理空间，使大家有机会通过接近的方式与不同的社区居民互动。城市公共空间的设计与价值发现对重建当代人际关系至关重要，对居民健康和社会文化环境产生长远影响。

参考文献

　　Vikas Mehta,"Evaluating public space", *Journal of Urban Design*, 19. 1（2014）.

　　Johnson, Amanda J., and Troy D. Glover,"Understanding Urban Public Space in a Leisure Context", *Leisure Sciences*, 35. 2（2013）.

　　Hanan, H.,"Every Day Practices and Experiential Urban Space", *Asian Journal of Environment-Behaviour Studies*, 2. 5（2017）.

B.7 党建引领下的农场"经济合伙人"发展实践

——以新疆博州精河县阿合其农场农一队为例

王炎召 杜鑫阳 刘利平*

摘　要： 在乡村振兴战略的宏大背景下，党建引领在新疆博州精河县阿合其农场农一队经济发展路径探索中扮演着至关重要的角色。本研究全面剖析其发展脉络。通过全面分析阿合其农场党建引领经济发展的现状与需求，详细阐述了其在产业发展、人才培育等方面的一系列探索实践举措。通过这些探索和实践，阿合其农场取得了显著成效，产业结构得到优化，经济收入稳步提升，乡村面貌焕然一新。对阿合其农场的深入研究，为进一步推动北疆乡村的持续健康发展提供了宝贵的经验。只有不断总结经验教训，持续优化发展路径，才能更好地实现全面乡村振兴的宏伟目标，让北疆的乡村焕发出新的生机与活力，为全国乡村振兴提供可借鉴的"阿合其模式"。

关键词： 乡村振兴　"经济合伙人"　产业升级　阿合其农场

一　引言

实施乡村振兴战略是解决新时代我国社会主要矛盾、实现"两个一百年"奋斗目标和中华民族伟大复兴中国梦的必然要求。党的二十大对全面推进乡

---

* 王炎召，中共新疆精河县委社会工作部部长；杜鑫阳，新疆精河县阿合其农场党建办主任；刘利平，新疆精河县阿合其农场农一队党支部书记。

村振兴作出重要部署，要求加快建设农业强国，扎实推动乡村产业、人才、文化、生态、组织振兴，明确了全方位夯实粮食安全根基、发展乡村特色产业、巩固拓展脱贫攻坚成果、建设宜居宜业和美乡村等任务要求。党的二十届三中全会强调，必须统筹新型工业化、新型城镇化和乡村全面振兴，部署巩固和完善农村基本经营制度、完善强农惠农富农支持制度、深化土地制度改革等重大任务。新疆北疆农村地区凭借独特的地理、人文和资源特点，在乡村振兴进程中既面临难得的机遇，也遭遇诸多挑战。深入探究其经济发展路径，对于促进北疆地区的繁荣稳定，推动全疆乃至全国的乡村振兴事业都具有举足轻重的意义。

二 新疆精河县阿合其农场农一队乡村振兴现状和需求

（一）基本情况

精河县阿合其农场，简称阿合其农场，位于新疆博州精河县西南部，始建于1959年1月，下辖8个农牧业队、2个社区，是一个以农为主、农牧结合的地方国营农场。该农场荣获多项荣誉，被博尔塔拉蒙古自治州平安建设领导小组命名为自治州"维稳双联户"创建工作先进集体，被新疆维吾尔自治区平安建设领导小组命名为"自治区优秀平安乡镇街道"，被新疆维吾尔自治区精神文明建设指导委员会命名为"自治区文明村镇"。

阿合其农场农一队位于阿合其农场场部以东1.5公里处，是一个多民族聚居队，共有户籍人口610户1483人，实际常住人口257户557人。农一队土地面积5200亩，包括耕地面积4568亩、林地面积320亩、宅基地312亩，是一个以棉花种植为主、特色种植为辅的农业村队。

（二）产业基础

阿合其农场农一队在农业领域具备一定优势，地理条件优越，光热资源丰富，无霜期长，降水量少，日照时间长，有效积温达4000℃左右，在北疆片区优势显著，为喜热作物高产创造了条件。近年来，农一队积极探索特色种植，采用"西瓜+鲜食玉米/冬菜"一年两茬套种模式，所种植的西瓜皮薄瓤脆、清甜爽口，鲜食玉米甜糯美味，冬菜营养丰富。2021年3月8日，由农一队党支部领办，成立了绿丰富民专业合作社，逐渐树立起品牌。

（三）需求分析

产业升级需求。当前，农一队迫切需要优化产业结构，延伸产业链，大力发展农产品加工、农村旅游等产业，以此提高农业附加值，增加农民收入。同时，要高度重视品牌建设，提升农产品的市场竞争力。

人才培育与引进需求。需通过多种途径培育和引进人才，为乡村振兴提供坚实的智力支撑。一方面，要加强对农村本土人才的培训，提升其专业技能和综合素质；另一方面，要出台优惠政策，吸引外出务工人员返乡创业，吸引外部人才投身乡村建设。

三 阿合其农场农一队经济发展探索实践

（一）突出党建引领，搭建合伙桥梁

1. 党建引领"铺路子"

场党委统筹整合区域内人力、技术、产品等各类资源要素，打造"25431"产业新工程。二级发展体系以"党委+农牧投公司"和"党支部+合作社+农户"为统领；以"543"为抓手，即农业五统一管理模式、调整优化四种产业结构、培育三种乡村品牌；以"1"为落脚点，即实现"一队一特色产业"。场党委坚持党建引领，按照"支部建在产业上、党员聚在产业上、人才育在产业上"的模式，立足自身优势，培育特色产业，精准制订"一队一策"。

2. 领办一批合作社

场党委积极探索推行党支部领办合作社模式，发展壮大村级集体经济，

构建村集体与农民群众之间新的经济联结纽带,逐步形成"支部有作为、群众得实惠、集体有收益"的产业振兴新局面。8个农牧业队党支部带头领办合作社,各农牧业队党支部负责人担任合作社负责人,全面打通村队党组织直接参与产业生产经营管理的通道,通过土地流转、提升土地收益、盘活资源资产、争取项目等方式,因地制宜发展多元化品牌农业。

3. 推出一批资源包

针对各农牧业队单打独斗、资源分散等问题,场党委采取"党委+农牧投公司"和"党支部+合作社+农户"双向发力方式。由场党委牵头,全面摸排清查各队闲置资产,稳妥有序推进闲置房屋等集体资产盘活利用,实现保值增值。共盘活闲置房屋6处,流转闲置零散土地、林地,捆绑打包、统一规划,形成文旅融合、特色种植、水产养殖、农业观光等特色产业资源包,让"沉睡资产"变为"增收活水"。

4. 吸纳一批合伙人

场党委立足资源丰富、能人众多的独特优势,深入实施"能人回流、项目回迁"工程,先后吸引10余名能人返乡创新创业。为在外优秀人才建立信息库,健全联络服务机制,以乡情为纽带、以服务为手段,通过登门拜访、联谊座谈、政策宣讲、畅通联系等方式,吸引兴晟塑业等企业落地阿合其农场。注重发挥致富能人带动作用,引导124户种植大户入社合作,示范带动312户农户入股村队产业。

(二)探索多元模式,做强合伙产业

1. 突出队队联营

为破解村级集体经济发展不均衡难题,场党委创新实施队队联营发展模式,通过组织重构与资源重组,构建起集体经济协同发展共同体。该模式按照"以强带弱、以富带穷"原则,将12个农牧业队划分为农一队、农二队等4个联建单元,每个单元包含2~3个发展梯队,形成先进带后进的帮扶体系。通过建立联队联席会议制度,统筹整合各队土地资源3200亩、集体资金680万元,打破行政壁垒实现要素跨队流动。重点打造产业矩阵,在特色西瓜、生态林下鸡养殖产业中，采取"多队捆绑投资、集体按股分红、合作社运营"的合作机制，构建起覆盖种苗培育、标准种养、深加工的全产业链条，真正实现"弱队破零、强队更强"的共赢发展格局。这种以组织联建推动产业联创、以要素联通促进效益联增的创新实践，为乡村振兴背景下集体经济提质增效提供了可复制的解决方案。

2. 强化队企共建

场党委依托"党支部+公司+基地"等模式，共同打造小微农资产业园区。通过流转土地收租金、入股获取分红、基地务工赚薪金等方式，每年带动集体经济和村民增收。由阿合其农场党委牵头，充分发挥项目资金的撬动作用，与社会资本合作，整合优势资源，放大国有资本功能，采用"国有控股、民企主营"的混改经营管理模式，推动兴晟塑业扩大生产，为农场分红40余万元，带动100余人长期就业，促进了产业资本融合，实现了国有资本与社会资本的互惠共赢。

3. 推动能人带动

场党委发挥"头雁效应"，激发"群雁活力"，着力发挥本土优秀实用人才的示范引领作用，扶持致富带头人成立合作社，吸纳村民在合作社稳定就业。同时，立足实际情况，开办致富带头人专题培训班，根据培训要求和学员需求，精心设置"三农"知识、合作社经营管理知识、农村电商经验分享、现场教学等课程，鼓励农村党员致富带头人发挥领头羊作用，引领产业发展，助力乡村振兴。

4. 党支部领办合作社

阿合其农场农一队按照"支部建在产业上、党员聚在产业上、人才育在产业上"的模式，立足自身优势，培育特色产业，精准制订"一队一策"。农一队通过党支部领办合作社的合伙人机制，采取土地流转、推动种植产业调整、提升土地收益、盘活资源资产、争取项目等方式，因地制宜发展多元化农业。通过"支部领路、党员带头、全民参与"，充分调动农一队党员、群众的积极性，用心用情用力推动高质量党建助力乡村振兴。合作社采用"支部引领+党员带动+群众参与"的合伙人模式，以"西瓜种植+鲜食玉米/冬菜"为特色,以棉花绿色高效种植为主体,大力发展优质农业,推行"西瓜+鲜食玉米/冬菜"一年两茬种植模式,春季种植特色西瓜,夏季种植青储玉米、冬菜。

(三)强化要素保障,夯实合伙基础

1. 在制度上激励

场党委牵头制定合伙共富激励方案,对实绩突出、成效显著的合伙人,通过股权分红、利润分成等方式分享长期收益。如对兴晟塑业,采用"国有控股、民企主营"的混改经营管理模式,极大地激发了企业活力,实现利润 200 余万元,为农场分红 40 余万元。同时,对合伙人提供免费或补贴性职业培训(如现代农业技术、电商运营、项目管理等)。为其他返乡创业人员、新型农业经营主体提供低息贷款等,通过媒体宣传典型案例,提升经济合伙人的社会地位。2022 年,场党委表彰了 19 名"田秀才""土专家",持续营造尊才爱才留才的浓厚氛围,不断增强人才的获得感、幸福感,进一步释放合伙红利、共享合伙成果,推动集体增收,带动村民致富。

2. 在服务上优化

由场党委抽调农业、国土等涉农站所 10 名骨干力量,组建合伙人服务专班,提供跟踪式管理、全流程代办、全方位协助的"保姆式"服务,帮助村队、企业、合作社解决项目用地、劳务输出等问题 30 余个,协助向上申请各类政策补助 10 余项。支部领办合作社,每亩棉花节约资金 15 元,对接金融机构提供信贷支持 4500 余万元。

3. 在人才上支撑

发挥乡村振兴人才优势,整合驻村第一书记、科技特派员、乡村振兴指导员等力量,择优选聘刘利平等 30 名"土专家""田秀才",建立西瓜种植、加工番茄 2 个田间课堂,定期开展生态种养等产业技术培训。"田秀才""土专家"常态化下沉到产业基地、项目一线服务,指导推动棉花、西瓜、鲜食玉米等特色产业发展,有效化解产业发展风险 20 余个。同时,大力挖掘报道农村优秀"田秀才"、"土专家"、致富带头人等事迹,选树优秀

乡村人才典型，广泛开展人才政策和先进典型宣传，鼓励乡村人才向党组织靠拢。2022年，场党委表彰了19名"田秀才""土专家"，持续营造尊才爱才留才的浓厚氛围，不断增强人才的获得感、幸福感。

4. 在共赢上创新

在北京市东城区建国门街道苏州社区党委的领导下，以北京大学校友王东妮为代表的银发人才志愿者，成为阿合其农场农一队在北京的志愿者、宣传员和优质农产品"果小其"西瓜的代言人。他们通过网络，将经验和智慧传递过来，搭建起一座跨越千里的党建引领乡村振兴之桥。

四 阿合其农场农一队乡村振兴经济发展成效

（一）产业发展成效

通过产业升级和结构调整，农一队特色农产品的竞争力显著提升。特色农产品种植面积不断扩大，农产品加工业逐步发展壮大，农村旅游成为新的经济增长点。例如，种植的西瓜远销南京、上海等地，供不应求。农产品品牌建设取得一定成果，注册的"果小其"品牌逐渐深入人心，稳步进入市场。推行"西瓜+鲜食玉米/冬菜"一年两茬套种模式，每亩经济收益比单纯种植棉花增长5倍达到3000元，在实现增收的同时，倒茬轮作耕地2000余亩，不仅调整优化了产业结构，也为棉花增产打下了坚实的基础。

（二）人才队伍建设成效

本土人才培训工作成绩斐然，农民的专业技能和综合素质得到大幅提高。依托农一队乡土人才孵化中心，越来越多的农民掌握了特色农作物种植技术以及电商运营技巧，通过网络销售农产品，有效拓宽了销售渠道。外出务工人员返乡创业人数逐渐增多，为农村带来了新的理念和技术。同时，外部人才的引进为农村产业发展提供了技术支持，有力促进了农业科技成果的转化，大大拓宽了队干部来源渠道，累计将20余名培养成熟的后备干部及时纳入队干部使用，推荐 8 名后备干部参加百人培养计划，鼓励他们通过参加自考、党校函授等形式来提高学历和业务能力，培育了一支懂农业、爱农村、爱农民的后备干部队伍。

（三）生态环境改善成效

乡村人居环境、生态环境治理工作成效显著，村庄更加整洁美观。垃圾和污水问题得到有效解决，农村的空气质量和水环境质量明显提升。生态农业的发展实现了经济与生态的双赢，有机农产品的生产不仅增加了农民收入，还保护了农村生态环境。

五 阿合其农场农一队农场"经济合伙人"模式发展反思及展望

一是产业发展可持续性有待增强。在乡村振兴战略的推进下，阿合其农场农一队积极探索实践，通过实施多项有力举措，在乡村振兴领域成绩斐然。农民收入呈现稳步上扬的良好态势；农村基础设施历经改造升级，面貌焕然一新；乡村治理能力更是显著提升，基层发展活力不断增强。然而，在实际推进过程中，一些深层次问题逐渐显现。资金投入不足，使得许多项目的推进面临阻碍；产业结构较为单一，过度依赖传统种植业和养殖业；产品附加值较低，市场竞争力受限；农产品加工企业匮乏，严重制约了产业的深度发展，完整的产业链尚未形成。要突破这些瓶颈，就要进一步加大招商引资力度，借助优质项目推动产业全面发展。

二是人才稳定性问题需要得到重视。虽然农一队在人才培育和引进方面取得了一定进展，但人才稳定性有待进一步提高。部分返乡创业人员和引进人才在农村发展一段时间后，由于生活条件、发展空间等因素的限制，可能会再次离开。因此，需要进一步完善农村的生活配套设施，提供更广阔的发展平台，营造良好的人才发展环境，确保人才能够长期扎根农村。在农业技术推广方面，由于缺乏专业人才，一些先进的农业技术难以在农村普及应用。例如智能灌溉、无人机植保等新技术，在农村的推广面临重重困难。此外，农村企业在管理、营销等方面也因缺乏专业人才，难以做大做强。如何吸引和留住人才，成为农村经济可持续发展亟待解决的问题。

三是生态保护与经济发展平衡有待加强。在当今社会发展进程中，生态保护与经济发展的平衡是至关重要的课题。就阿合其农场农一队而言，在践行这一理念时，面临诸多挑战。许多生态农业项目，例如有机农作物种植、生态养殖等，前期需投入大量资金用于设备购置、技术引进以及土地改良等，且回报周期较长，往往需要数年时间才能看到显著收益。这使得部分农民对发展生态农业望而却步，积极性不高。为了扭转这一局面，必须进一步强化政策引导。可出台相关补贴政策，为参与生态农业项目的农民提供资金扶持，降低他们的前期投入压力。同时，加大资金支持力度，设立专项基金，用于生态农业技术研发与推广。

总之，阿合其农场农一队在乡村振兴和经济发展过程中，通过党建引领，在产业发展、人才培育等方面进行了积极探索与实践，取得了显著成效，然而，也面临产业可持续发展、人才稳定性以及生态与经济平衡等诸多问题。未来，需要进一步完善政策支持体系，加大资金投入力度，不断创新发展模式，注重人才培养与留存，更好地实现生态保护与经济发展的良性互动，推动本地区实现全面、可持续的乡村振兴，让广大农民共享发展成果，提升农村居民的生活质量和幸福感。

参考文献

叶兴庆：《新时代乡村振兴战略论纲》，《改革》2018 年第 1 期。

社区治理实践

B.8 "好邻居·好商量·共同干"党建引领社区多元共治的创新路径

——丰台区委社会工作部党建引领社区治理实践探索

杨 勇[*]

摘 要： 在当今社会迅猛发展的浪潮中，社区面临诸多复杂问题，传统的社区治理模式已难以满足居民日益增长的需求。同时，基层社会治理现代化的要求也促使社区治理模式不断创新。在这一背景下，丰台区委社会工作部积极探索党建引领社区多元共治的新路径，以"好邻居·好商量·共同干"为理念，建立"五邻议事"协商机制，探索"社区合伙人"项目，致力于打破社区治理的固有藩篱，通过社区治理从单一主体向多元主体协同治理转变、从粗放式管理向精细化治理转变，推动社区和谐共建，为基层社会治理现代化贡献创新性的实践智慧与理论范式。

关键词： 党建引领 "好邻居" 议事协商 多元共治 基层社会治理

---

[*] 杨勇，中共北京市丰台区委社会工作部部长。

一 党建引领社区多元共治的背景与意义

在新时代的社会治理格局中，社区作为国家治理的基石，承载着维护社会稳定、促进社会和谐、提升居民生活质量的重要使命。随着社会结构的深刻变革和居民需求的日益多样化，传统的社区治理模式面临诸多挑战，如老旧小区改造、环境治理、邻里纠纷等问题层出不穷，亟须创新治理模式以满足居民对美好生活的向往。在此背景下，党建引领社区多元共治应运而生，成为推动社区治理现代化的关键路径。党的十八大以来，国家对社会治理的重视程度不断提升，一系列政策文件为党建引领社区多元共治提供了坚实的政策支撑。党的十八届三中全会首次正式使用"社会治理"的概念，提出要改进社会治理方式，发挥政府主导作用，实现政府治理和社会自我调节、居民自治良性互动。党的十九大进一步对社会治理事业进行了立体化全方位谋划，提出"打造共建、共治、共享的社会治理格局"。2024年7月，党的二十届三中全会通过的《中共中央关于进一步全面深化改革、推进中国式现代化的决定》对健全社会治理体系作出专门部署，强调健全党组织领导的自治、法治、德治相结合的城乡基层治理体系，加强党建引领基层治理，拓宽基层各类组织和群众有序参与基层治理渠道[1]。这些政策文件不仅明确了党建引领社区多元共治的方向和目标，也为具体的实践探索提供了行动指南。

党建引领社区治理的本质是党对如何应对国家发展与社会变迁的再思考，蕴含着党整合社会实践与价值的统一[2]。党建与社区治理两项工作的有机结合能够有效提升社区的整合性力量，避免出现"两张皮"的情况，最关键的因素在于实现了组织嵌入。有学者指出："党组织嵌入国家行政体系

---

[1] 《中共中央关于进一步全面深化改革、推进中国式现代化的决定》，https://www.gov.cn/zhengce/202407/content_6963770.htm。
[2] 谢金辉：《党建引领社区治理研究综述》，《中共福建省委党校（福建行政学院）学报》2021年第5期。

和社区地方关系网络中,一方面依靠党组织自身的能动性,另一方面成为连接政府、企业、社会组织、社区居民的中介,利用关系网凝聚多方主体的力量,共同实现社区良性治理的目标。"[1] 党建在城市社区治理中发挥着"一核多元"和"一核多能"的治理核心作用和多重服务功能[2]。因此,在当前新时代城市社区治理大背景下,发挥多元主体协同治理优势有助于社区资源的整合和构建治理主体间的良性关系,真正走向"善治",实现构建和谐社区的目标。

二 丰台区"好邻居·好商量·共同干"创新路径的具体实践

丰台区地处北京西南部,辖区横跨二环到六环,与8个区接壤,面积305.5平方公里,下辖24个街道、2个镇,共有439个社区/村(含383个社区、56个村),常住人口约201.5万人。丰台区的功能定位是首都中心城区、首都高品质生活服务供给的重要保障区、首都商务新区、科技创新和金融服务的融合发展区、高水平对外综合交通枢纽、历史文化和绿色生态引领的新型城镇化发展区,但就现实情况而言,丰台区存在"三个多"的特点。一是红色资源多。丰台区拥有众多的红色文化资源,如全国唯一全面反映中国人民抗日战争历史的大型综合性专题纪念馆中国人民抗日战争纪念馆、见证"七七事变"历史的卢沟桥和宛平城,以及长辛店留法勤工俭学旧址、二七纪念馆、"二七"大罢工旧址等。二是交通枢纽多。丰台区作为首都南大门,拥有多个重要的铁路站点,辖区内聚集了北京西站、北京南站、北京丰台站和正在建设直通大兴机场的丽泽城市航站楼,交通十分便捷。三是批发市场多。丰台辖区内有多个大型市场,包括北方影响力最大的农产品专业批发市场新发地市场、岳各庄批发市场和以海鲜销售为主的京深海鲜市场

---

[1] 王东杰、谢川豫:《多重嵌入:党建引领城市社区治理的实践机制:以A省T社区为例》,《天津行政学院学报》2020年第6期。

[2] 曹海军:《党建引领下的社区治理和服务创新》,《政治学研究》2018年第1期。

等,是首都名副其实的"菜篮子""米袋子""果盘子"。面对辖区面积大、居民结构复杂、群众需求多元、基层社会治理难度不断增大的现实情况,丰台区通过党建引领社区多元共治,充分发挥"好邻居"共商共治优势,打造"好邻居·好商量·共同干"基层治理品牌,开展"有温度"的基层治理,不断推动新时代社会工作高质量发展。

"好邻居·好商量·共同干"是丰台区在基层治理中提出的创新理念,旨在通过多方力量的协同合作与协商议事,推动社区和谐共建。"好邻居"是社区居民,也是共建单位、新就业群体、合作伙伴以及志愿者等各类社会力量,他们既是社区的"好邻居",也是推动社区发展的"合伙人"。"好商量"则指通过建立开放包容的协商议事平台,促进居民与各方力量共同讨论和解决社区问题。以居民为核心,各类社会力量广泛参与、协商解决,打造共建共治共享的社会治理共同体,"好邻居"们"好商量",社区治理"共同干",营造出"丰台好好"睦邻氛围。

丰台区党建引领社区多元共治有五大主要任务。一是健全机制,完善协商治理体系。建立丰台区"五邻议事"协商长效机制,引导居民在提出议题、主动协商、共建共治、落实监督等环节充分发挥主人翁精神,激活邻里自治活力。二是提升效能,优化协商议事方法。围绕邻里事"邻里提、邻里议、邻里定、邻里办、邻里评"五个环节,打造"五邻议事"协商工作法。三是注重实效,推动协商走深走实。深入推进协商议事和楼门院示范点创建工作,印发《丰台区城乡社区协商工作实施方案》《丰台区楼门院治理示范点建设实施方案》等政策文件,以示范点建设为抓手,健全协商机制、完善议事规则、规范协商流程,推进城乡社区协商制度化、规范化和程序化。四是凝聚共识,打造邻里共治文化。通过开展"社区邻里节""丰台好邻居"等邻里品牌活动,选出一批在社区治理中主动参与、热心互助的好邻居典型,讲好邻里故事,深挖"好邻居"价值内涵,塑造"好邻居"文化,有效扩大邻里互助、共建共治的影响力。五是提炼经验,推广典型治理案例。加强先进典型案例培育选树工作,挖掘、梳理党建引领基层治理"好邻居·好商量·共同干"典型经验,推选一批示范性强、成效显著的实践案例。

（一）主要做法

结合实际，探索形成具有时代特征、丰台特色、社区特点的"好邻居·好商量·共同干"社会治理新路子。

1. 树立榜样力量，宣传推广身边"好邻居"先进典型

邻居是我们最近的"亲人"，丰台区充分发挥"丰台好邻居"共商共治优势，开展"有温度"的基层治理。

一是共同参与，评选"好邻居"有温度。丰台区连续两年以"社区邻里节"为契机，广泛开展推选"好邻居"活动，借助党建工作协调委员会等平台，体现"好邻居"评选温度，将所有与基层治理相关的组织和个人都纳入"好邻居"范围，共推选出300多位"丰台好邻居"榜样。他们中有退伍不褪色、余热映初心的老党员；有孝老爱亲、乐于助人的老大姐；有默默奉献、不求回报的社区志愿者；有身兼数职仍然乐于为社区事业做贡献的大学教授、职业律师及其他岗位上的各类工作人员；还有齐心协力、共建共享的社区共建单位。"好邻居"覆盖到了社区的各类群体，塑造了丰台区新型睦邻"朋友圈"。

二是纳新募贤，拓展"好邻居"有广度。丰台区在2024年"丰台好邻居"中增加了生力军，如快递小哥、外卖骑手等新就业群体发挥走街串巷、进楼到户的特点和优势，打造丰台特色志愿服务品牌，化身为流动"吹哨人"、文明"宣传员"、公益"轻骑兵"、邻里"守望者"，以志愿服务的方式融入社区生活。"新动能"促进"朋友圈"共生共融。

三是大力宣传，推广"好邻居"有深度。丰台区通过在全区26个街镇383个社区开展6万余人次参与的600余场"社区邻里节"活动，制作"丰台好邻居"展示图册，宣发"丰台好邻居"纪实宣传片，开展"520-吾爱邻"系列专题报道，讲好邻里故事，传播正能量，发出好声音，有效动员多元主体共同参与社会建设、共同参与社会治理、共同享有治理成果，营造睦邻乐居的社会氛围，感染带动更多居民传颂"好邻居"、争当"好邻居"、成为"好邻居"，把"好邻居""盆景"连成"好邻居""丰"景。

2.聚焦建章立制，筹划基层治理"好商量"顶层设计

"好商量"作为基层治理议事协商方式，发挥"丰台好邻居""朋友圈"共商共治优势，进一步凝聚居民群众共治智慧力量，激活邻里自治活力，将群众"诉求"变为邻里"议题"。

一是"四梁八柱"立起来，推进议事协商制度落实。丰台区出台《丰台区"好邻居·好商量"行动方案》《丰台区城乡社区协商工作实施方案》《丰台区楼门院治理示范点建设实施方案》等一系列文件，把社区治理的"四梁八柱"立起来，指导街镇、社区充分发挥基层党组织领导核心作用，在收集议题、组织协商等方面全程参与，普遍建立社区协商组织机构，打造特色议事协商阵地，引导居民提出议题、主动协商、共建共治、落实监督，激活邻里自治活力。

二是"五邻议事"建起来，促进议事水平规范提升。丰台区构建"5+5"议事协商机制，即通过"健全工作机制、优化议事协商、拓宽实践路径、营造睦邻氛围、强化示范引领"五条举措，开展邻里提、邻里议、邻里定、邻里办、邻里评"五邻议事"；积极拓展线上和线下的社区协商议事形式，完善协商成果公开、落实、监督和反馈机制，实现基层民主协商有平台、有程序、有技术、有路径、有组织。

三是工作品牌亮起来，强化议事协商主体意识。丰台区发挥社区居民主人翁精神，共同商量解决辖区内的诸多问题，用楼门文化串起邻里情，在小区和楼门院深入开展"月月有协商，人人会协商"微协商活动。各街镇社区创新议事协商品牌。丰富多样的议事协商活动打造了"大槐树下唠家常""小板凳工作法""四嘉议事厅""党建+协商""七点半议事厅""露天党群议事会"等多个街镇、社区协商议事品牌，助推议事协商工作落地见效。

3.整合各方资源，拓展"共同干"联动合作"朋友圈"

聚焦居民多元需求，携手"好邻居"，让志愿力量、新就业群体、"社区合伙人"等"新伙伴"融入基层治理，凝聚居民群众共治智慧和力量。

一是依托党建工作协调委员会平台，对接"五社联动"。把"群众要什么"和"辖区有什么"对接起来,聚焦居民群众关心关注事项,提供多元化、菜单式志愿服务。社区党建工作协调委员会共链接成员单位2556家,形成资源清单1780个、需求清单1586个、项目清单1551个。

二是凝聚"新新"领域力量,开展"六送"活动。设置暖心驿站、营造友好环境,凝"新"聚力,让更多新就业群体参与基层治理,变管理对象为治理力量。组建新就业群体志愿服务团队28支,累计3021人次参与志愿服务活动,协助解决基层治理问题800余个。

三是广泛招募"社区合伙人",引导多元主体参与。制定出台《丰台区支持社区合伙人参与社区治理工作的指导意见》,以满足居民需求为导向,以社区为载体,搭建社区与个人、组织、团体等各类主体的合作平台,引导支持多元社会主体参与基层治理,变单边服务为双向奔赴,实现"携手好邻居、有事好商量、大家共同干"的基层治理目标。

(二)工作成效

通过"好邻居"邻里互助和合作来解决社区的问题,提高居民的参与度和满意度,增强社区的凝聚力和组织力。

1. "好邻居"邻里互助,提升了居民基层治理的参与度

通过建立邻里互助小组、开展社区"邻里节"活动等方式,居民之间的联系更加紧密,互相之间的信任和友谊也得到了加强;通过议事协商,居民更加积极地参与社区治理,提出自己的意见和建议,共同协商和解决问题;社区治理的决策和实施更加民主和透明,居民的参与度也得到了有效提升。

2. "好邻居"邻里守望,提高了居民基层治理的满意度

通过社区活动和基层治理创新项目等方式,社区的环境和设施得到了改善,居民的生活质量得到了提高;居民之间的关系也得到了改善,社区的凝聚力和活力也得到了增强;居民对社区的认同感和归属感也得到了提高,他们更加愿意积极参与社区治理和建设。

3. "好邻居"邻里和睦，增强了居民基层治理的凝聚力

邻里互助合作，更加密切了居民之间的联系，社区的凝聚力得到了提高；社区活动和基层治理的创新项目增加了居民之间的交流和互动，社区的生机与活力得到了增强；社区的整体形象和氛围得到了改善，吸引了更多的人才来到这里生活和工作。

三 党建引领社区多元共治的经验启示

（一）携手"好邻居"是社区多元共治的前提基础

在新时代的基层社会治理中，多元主体参与社区治理的模式被赋予了新的使命，多元主体的协同作用是社区更新的重要手段[1]。在"好邻居·好商量·共同干"的实践中，丰台区通过广泛推选"好邻居"，将社区居民、共建单位、新就业群体、合作伙伴等各类社会力量纳入治理主体，形成了新型的睦邻"朋友圈"。通过持续发现、挖掘身边的"好邻居"，社区、居民、单位、新就业群体之间的联系更加紧密，互相更加信任，夯实了基层治理"朋友圈"的构成基础。携手"好邻居"不仅是基层治理的前提基础，也是实现社区治理现代化的关键步骤。丰台区通过党建引领，汇聚多元主体的力量，构建起一个更加安全稳定、高效和谐的社区治理共同体。

（二）有事"好商量"是社区多元共治的关键环节

丰台区的"好邻居·好商量·共同干"实践通过邻里提、邻里议、邻里定、邻里办、邻里评"五邻议事"机制，充分发挥了"好邻居"的共商共治优势，将群众的"诉求"变为邻里"议题"。各街镇、社区创新议事协商品牌，如"大槐树下唠家常""小板凳工作法""四嘉议事厅"等，推动

---

[1] 杜怡芳、黄建中、胡刚钰：《治理视角下社区微更新多元主体协同营造机制研究——以上海典型社区为例》，《城市建筑》2021年第31期。

了议事协商工作在社区的落地见效。社区的凝聚力和活力得到了提高,进一步增强了居民的认同感和归属感,促进了居民和各类组织参与社区治理,形成了共建共治共享的良好氛围。

(三)大家"共同干"是社区多元共治的有力保障

丰台区的"好邻居·好商量·共同干"实践在携手好邻居的基础上,抓住有事好商量的关键环节,拓宽社区"朋友圈"、吸纳社区"合伙人",整合基层治理优质资源,形成从被动到主动、从协商到实践、从"独乐乐"到"众乐乐"的联动链条,增强群众自我管理、自我服务、自我教育、自我监督的实效,凝聚基层治理合力,构建起基层治理共同体。丰台区通过"服务项目"购买、"时间银行"积分、"社区之家"共营、"一刻钟便民生活圈"定制等方式,实现了服务由"单向付出"变为奉献、积分、回报的"双向奔赴",更好地实现了社会治理、居民需求与服务供给的有效对接。

四 下一步工作安排

(一)深化党建引领,发挥核心作用

党建引领下的社区多元共治模式是推动社区治理现代化的关键。这不仅需要加强社区党组织的组织建设,提升党组织的领导力和凝聚力,还要通过定期开展党员培训,提升党员的政治素质和业务能力,确保党员在社区治理中发挥先锋模范作用。丰台区通过党员的示范引领,带动更多居民参与社区治理,提升社区治理的整体效能。同时,优化社区党组织的组织架构,建立社区党组织—网格党支部—楼院党小组—党员中心户的四级网络,形成社区党组织统筹协调、网格党支部协同联动、楼院党小组带动示范、党员中心户帮联服务的网络型治理机制,确保党组织的影响力触达社区的每一个角落。此外,建立激励机制,通过表彰先进、评选优秀、颁发荣誉称号等方式,鼓

励各类单位、组织和个人参与社区治理，开展"寻找议事好邻居"系列活动，对积极参与社区治理的单位和个人进行表彰和奖励，激发社会力量的参与热情。

（二）拓展参与渠道，促进多元共治

多元共治模式是提升社区治理效能的重要途径，因此，需要为社会力量提供更多参与基层治理的渠道，如社区志愿服务站、社会工作服务中心（站点）等。同时，在推广"大槐树下唠家常""小板凳工作法"等做法的基础上，鼓励各街镇社区创新治理品牌，形成具有地方特色的治理模式，提升社区治理的实效性和影响力，形成可学习、可复制、可推广的经验做法。进一步完善"社区合伙人"机制，广泛吸纳各类社会主体协同参与社区治理，深化社区多元共治的治理格局。

（三）提升治理效能，实现精细化管理

提升治理效能，实现精细化管理是社区治理可持续发展的保障。需要进一步完善"五邻议事"协商机制，确保协商过程的科学化、规范化和程序化，建立协商成果公开、落实、监督和反馈机制，确保协商成果有效落实，提升居民对社区治理的满意度。同时，进一步完善社区治理的相关制度，确保社区治理有章可循，制定社区治理工作手册，明确各项工作的流程和标准，提升社区治理的规范化水平。此外，加强社区工作者的专业培训，提升社区工作者的治理能力，提升其在组织议事协商、未诉先办、服务群众、化解矛盾等方面的专业化水平，确保社区治理的科学化和精细化。

通过"好邻居·好商量·共同干"的实践探索，丰台区成功构建了党建引领社区多元共治的新模式，提升了社区治理的效能和居民的满意度。这一实践探索不仅为其他地区提供了可借鉴的经验，也为党建引领社区治理的理论研究提供了丰富的案例。未来，应进一步深化党建引领，强化党组织的核心作用，拓展参与渠道，促进多元共治，提升治理效能，实现精细化管理，推动社区治理现代化建设不断取得新进展。通过这些措施，可以更好地

实现社区治理的共建共治共享，提升居民的获得感、幸福感和安全感，为构建和谐社区、推动社会治理现代化贡献更大的力量。

参考文献

曹海军：《党建引领下的社区治理和服务创新》，《政治学研究》2018年第1期。

杜怡芳、黄建中、胡刚钰：《治理视角下社区微更新多元主体协同营造机制研究——以上海典型社区为例》，《城市建筑》2021年第31期。

王东杰、谢川豫：《多重嵌入：党建引领城市社区治理的实践机制：以A省T社区为例》，《天津行政学院学报》2020年第6期。

谢金辉：《党建引领社区治理研究综述》，《中共福建省委党校（福建行政学院）学报》2021年第5期。

许宝君：《党建引领城市社区治理有效性的内在逻辑——基于"政党功能—社会参与"的分析框架》，《西南大学学报》（社会科学版）2024年第2期。

B.9 "候鸟式"社区治理问题与治理策略探讨

——基于华北某超大城市生态涵养区 CWZ 镇的考察

李晓壮*

摘 要： 城市社区已经不是一个整体性概念，而是产生诸多类型的分化，形成不同小区样态，超大城市社区尤甚。本文聚焦"候鸟式"社区治理问题，基于华北某超大城市生态涵养区 CWZ 镇的考察，发现该类社区尚有社区服务与设施配置存在短板、空置房屋养护需求旺盛与物业服务不到位矛盾突出、"候鸟式"社区组织化程度低、"候鸟式"居住人群融合差等问题。对此，一是应强化政府对房地产开发商监管；二是应强化硬件建设，补齐市政和公共服务设施短板，提高基础配套设施服务效能；三是应强化软件建设，整合多方资源，提升社区物业治理能力，形成与"候鸟式"社区相匹配的治理水平；四是应强化议事协商，搭建多元化的协商平台，促进居民与社区之间的有效沟通。

关键词： "候鸟式"社区　社区分化　超大城市　物业服务

一 "候鸟式"社区概念范畴与特征

（一）"候鸟式"社区概念范畴

近年来，"候鸟式"这一概念应用最为广泛的研究领域是老年人迁移旅

---

* 李晓壮，社会学博士后，北京市社会科学院社会学研究所研究员、副所长，主要研究方向为社区治理、现代化发展。

游方面,指老年人因季节、气候、环境等因素前往异地开展中长期的旅游活动,即"候鸟式"养老旅游[①],一般以年为单位。

本文所研究的"候鸟式"社区位于华北某超大城市生态涵养区CWZ镇,此地山水兼备、环境优越,在21世纪之初便吸引大量房地产开发商在镇域范围内投资开发房地产项目,项目建成后吸引大量市区及周边城市人群来此购房,将其作为休闲度假的第二、第三居所。此部分群体年龄多元,到此地居住主要集中在每年5~10月的节假日、周末,到冬季大规模返回市内或第一居所,流动呈现明显的"候鸟式"特征,而居住的小区或社区也就被称为"候鸟式"社区(见表1)。"候鸟式"养老与"候鸟式"社区有相同之处,即人群都具有季节性的流动,不同之处是"候鸟式"养老关注部分老年群体,而"候鸟式"社区关注的是居住空间。据调研了解,"候鸟式"社区多为别墅区,其人口流动性及居住人群特征导致"候鸟式"社区存在一定治理问题,亟须予以关注。

表1 华北某超大城市生态涵养区CWZ镇"候鸟式"社区情况

小区名称	入住时间	常住户及比例	候鸟式居住人群比例	"候鸟式"居住人群特征
AY	2022年	45户,30%	70%	年轻群体,多集中在春天至秋天的周末、节假日
YX	2021年	120户,60%~70%	30%~40%	居民多为40~60岁,流入时间集中在五一前后、暑假和国庆前后
YG	2007年	100~120户,70%	30%	居民多为50~80岁,多在6~10月周末、节假日往返居住
YD	2017年	30户,27%	73%	40~50岁中年人居多,主要在夏季周末、节假日往返居住
SC	2012年	150户,40%	60%	春季至秋季周末、节假日回来居多

[①] 陈红玲等:《风险感知视角下广西巴马"候鸟式"养老旅游行为意向研究》,《山东农业大学学报》(社会科学版)2021年第3期;冯清:《浅析老年旅游的新模式——"候鸟式"旅游》,《华东经济管理》2007年第3期。

续表

小区名称	入住时间	常住户及比例	候鸟式居住人群比例	"候鸟式"居住人群特征
SA	2011年	50户,17%	83%	五一假期前后至十一假期往返居住,约1~2月往返一次
GT	2011年	90户,20%~30%	70%~80%	多为60~70岁的老年人,集中在夏季至秋季来此休息、度假
BA	2010年	200户,60%~70%	30%~40%	年轻人偏多,主要在冬季、春季节假日、周末往返居住

（二）"候鸟式"社区特征

一是季节性特征。"候鸟式"社区的居住人员不同于定居式人群,他们会往返于市区与"候鸟式"社区,往返时间主要集中在春季至秋季的平时周末以及节假日,也有夏季至秋季入住。二是休闲性特征。从时间特征（平时周末、节假日等）可以看出,"候鸟式"社区主要实现居住人群的休闲功能。三是暂住性特征。因居住的非连续性,有的"候鸟式"社区"候鸟式"人群占30%左右,有的"候鸟式"社区"候鸟式"人群占比达到80%以上。四是低融合性特征。由于"候鸟式"社区的居住人群通常为非常住人口,加之居住的别墅空间形态,居住人群彼此之间连接性较差,陌生程度较深,融合性较差。

二 "候鸟式"社区治理存在的主要问题及原因分析

调研了解,在2021年10月至2022年9月考核期内,该社区所在地12345相关诉求工单共有300多单,业主主要诉求见表2,存在主要问题如下。

（一）社区服务与设施配置难以满足"候鸟式"人群高质量需求

"候鸟式"居住人群主要来自市区,其生活品质与居住要求和预期相对较高，镇域内小区公共基础设施和社区服务水平难以达到其要求。如部分小区基础设施不完善，未接入市政供水管网；有些小区配套服务设施不完善，未设置快递点，"候鸟式"居住人群收取快递不便；医疗、便民商业网点、体育健身设施不能满足"候鸟式"居住人群的生活需求等。主要原因，一方面是开发商在开发建设时没有做好规划，相关市政设施不完善、设施格局不合理以及房屋质量不过关。另一方面是"候鸟式"社区大多属于别墅区，人口密度小，该镇又地处生态涵养区，本身人口也不多且流动性不足，快递、商超等市场化运作机构因考虑盈利问题较少在"候鸟式"社区附近设置网点。

（二）"候鸟式"社区空置房屋养护需求旺盛与物业服务不到位矛盾突出

"候鸟式"居住人群多为夏季天气炎热时来避暑或节假日来休闲度假，房屋周期性空置率高。一方面，该地属于生态涵养区，冬季天气寒冷，房屋空置一段时间，其取暖设备容易冻坏，加之高档别墅本身挑高较高，更易造成别墅自采暖温度不高、壁挂炉打不着火等问题。另一方面，房屋长时间空置，容易导致供水设备沉积泥沙、水滞留水管产生异味等问题，并引发相关投诉。因此，许多本可以及时解决的房屋小问题由于"候鸟式"居住形式而恶化，"候鸟式"居住人群对空置房屋养护需求旺盛，引发不满和投诉。此类问题的根源包括以下两个方面：一是小区物业服务不到位，小区物业公司未与"候鸟式"居住人群建立顺畅的沟通机制，不能及时获取其房屋养护需求和提醒其排查房屋设施设备故障隐患；二是物业服务人员专业性不足，未系统学习过物业管理服务知识，缺乏紧密结合"候鸟式"居住小区特征的物业管理服务培训。

（三）"候鸟式"社区组织化程度低，业主委员会等组织难成立

依据《民法典》第二百七十八条规定，业主共同决定事项，应当由专有部分面积占比三分之二以上的业主且人数占比三分之二以上的业主参与表

决。调研显示,表1中的8个"候鸟式"小区均未成立业委会,业主参与社区治理面临障碍,"候鸟式"业主和常住业主正常利益诉求表达渠道不畅,引发12345投诉。因没有业主委员会,诸多需要业主委员会或业主大会表决的事项无法进行,如无法启用小区专项公共维修资金等问题,引发常住居民不满和投诉。主要原因:一是"候鸟式"居住人群流动性强,季节性流动导致其难以组织;二是"候鸟式"居住人群参与度不高、意见不统一,部分人群对参与业委会事务缺乏热情和积极性,同时业主存在利益分歧,不同业主对于"候鸟式"小区管理和发展有不同的诉求和期望,难以达成一致意见;三是"候鸟式"居住人群短暂居住期间,相比于成立业委会,更关注物业服务质量和水平。

(四)"候鸟式"社区居民融合差导致小区物业矛盾频发

一方面,"候鸟式"居住人群收入水平和社会地位较高,对小区物业服务要求也较高,但原有的配套设施以及物业服务无法完全满足候鸟式居住人群需求。另一方面,由于居住时间短,"候鸟式"居住人群对小区物业及服务了解不足,与物业管理人员未建立情感纽带,加剧其与物业人员的矛盾冲突。主要原因是社区居委会、物业服务企业等社区治理主体未与"候鸟式"居住人群建立顺畅的沟通机制,定期推送日常管理治理相关资讯动态,及时收集、解决"候鸟式"居住人群诉求,也未加深双方了解,及时满足需求、化解矛盾。

表2 华北某超大城市生态涵养区CWZ镇"候鸟式"社区业主诉求情况

小区名称	业主诉求	开发商遗留问题
AY	没有快递点,快递柜数量有限	房屋滴漏;别墅自采暖温度不高、壁挂炉打不着火;供水入户管道过长、覆土埋深不够,冬季管道经常被冻坏造成居民户内停水;配套设施如地下停车场不完善;一期外墙围栏拆除后一直未建设新的围栏

续表

小区名称	业主诉求	开发商遗留问题
YX	物业为应急物业;污水堵塞问题;没有快递点,取快递非常不方便	雨水倒灌
YG	未接入市政供水,自备井供水水质差、水碱大、有异味和泥沙;西围墙外侧市政污水排水管道未接入市政管网;市政路口没安装红绿灯;园区东侧大门口市政辅路未规划临时停车位;未引进电动汽车充电桩;公共区域未安装健身器材;老人买药就医不方便	开发商赠送户内电梯维修问题
YD	未接入市政供水,自备井供水水质差、水碱大、有异味和泥沙;进出园区特别是节假日到公共用地的游客太多	
SC	成立业委会,更换物业服务企业	
SA	冬季空房管理维护	房屋滴漏;墙面损坏;别墅自采暖温度不高;路面维修进度太慢;开发商承诺的园区配套设施,比如医疗服务、游泳馆、健身房、商超没有落实
GT	没有快递点	
BA		

三 "候鸟式"社区治理策略探讨

(一)强化监管作用,更好地发挥政府作用

表2中既呈现了业主的主观诉求,也呈现了开发商遗留问题,其中包括一些房屋的质量问题以及配套设施未建、市政管网未对接等,在一定程度上说明了在资源配置过程中未加以有效监管而出现了市场失灵的状况。必须意识到,只有在政府"起更好的作用"的情况下,市场才能更健康地发展。因此,就政府与市场的关系而言,一方面政府应主动维护社会公平,在物业

管理的社会范畴确定基本的社会规则或规范（物业费指导价格等）以约束每一位业主，进而实现社会公平；另一方面，政府应在住房开发建设和管理过程中强化监管，对房屋质量等开发建设问题终身追责。

（二）强化硬件建设，补齐市政和公共服务设施短板，提高基础配套设施服务效能

实施"三攻坚工程"，即实施市政攻坚工程，针对开发商遗留问题、业主反映的市政管网对接等问题，应进行查验、明确责任、归集资金、对接落实。实施公共服务攻坚工程，现场探勘，合理规划，加快推进"候鸟式"小区周围商超、便利店落地，推动健身娱乐设施建设。增加物业服务企业服务内容，解决"候鸟式"小区收取快递"最后一公里"问题。加大公共空间建设力度，充分利用社区闲置空地增加绿地面积，满足"候鸟式"居住人群高质量生活需求。推进体育休闲设施建设，满足"候鸟式"居民健身休闲需求。实施道路畅通攻坚工程，明确"候鸟式"小区周边道路权属关系，打通道路堵点，完善道路养护责任体系，方便"候鸟式"居住人群出行。此外，补齐社区服务短板，推动便民化服务下沉落地，逐步提升社区管理服务质量。

（三）强化软件建设，推动社区物业治理能力与"候鸟式"社区相匹配

一是建立"候鸟式"社区问题解决的多方主体参与协调机制，研判群众诉求，监督管理指导物业服务企业，协调相关部门工作，不断促进物业管理与服务规范、社区安全与综合治理、社区文化与精神文明建设，强化各居委会任务落实、明确职责分工、压实工作责任。二是切实建强社区工作队伍，加大社区工作人员管理与培训力度，定期组织专题学习和培训活动，强化实践训练，提升其主动思考、主动服务、主动治理的意识与履职能力，明确绩效考核激励制度，激发社区工作者参与社区治理的热情，吸纳社会力量参与社区服务管理。三是根据"候鸟式"居住人群迁徙规律，在"候鸟"

流入旺季，灵活协调社区工作者支持相关服务工作，协调化解社区矛盾。四是加大普法培训与宣传力度，对于提升社区治理法治化水平具有至关重要的作用。一方面，定期组织社区工作人员、物业工作人员参加法律培训，提升其法治素养、法治观念、依法办事能力，促使其在处理烦琐的社区事务时在法治框架内解决各种矛盾和问题，并引导社区居民通过法律途径解决涉法矛盾纠纷。另一方面，加大社区居民普法宣传力度，培育法治观念，引导居民依法维护权益，提高物业费缴纳率，减少私搭乱建行为，共同营造良好的法治氛围。五是紧扣"候鸟式"居住人群频繁异地流动特征，避免房屋空置带来的居住使用问题和相应投诉，引导物业优化服务内容，并加强监管，切实提升"候鸟式"居住人群对社区管理与社区服务的满意度。例如，免费提供壁挂炉低温运行服务，防止壁挂炉冻坏损坏；又如，定期对房屋设备进行巡检，发生故障的，及时告知业主，并根据实际情况提供免费或有偿的维修服务；再如，提供房屋绿植管理服务，定期检查房屋绿植生长情况，开展房屋卫生清洁工作，定期清扫业主屋外的垃圾、落叶等，对于委托房屋钥匙的，免费或低价进行屋内清洁。

（四）强化议事协商，积极推动"候鸟式"居住人群沟通议事、表达诉求

一是研发线上社区服务系统，开辟诉求表达解决新路径，及时联系了解"候鸟式"居住人群情况与诉求。二是探索成立品牌议事厅，打造"候鸟式"社区治理"智囊团"，开辟"候鸟式"居民社区参与新路径。一方面，激活"候鸟"能人资源，赋能镇域基层治理，推动社区协商议事，及时化解矛盾；另一方面，以"候鸟式"社区议事厅为纽带，拉近社区与"候鸟式"居住人群距离，及时了解"候鸟式"居住人群心声诉求，听取其对"候鸟式"社区发展的建议想法。三是强化党建引领，积极落实镇政府相关职能部门对"候鸟式"社区事务的管理责任，加强对业委会、物管会人选把关，规范业委会、物管会运行和管理，保障业委会、物管会作用正常发挥。在无法成立业委会的"候鸟式"小区积极筹

备成立物管会，物管会筹备期间，由居委会代行职能，协调处理业主投诉建议、监督物业等工作。

参考文献

李晓壮、李升：《流动人口的社区融合概念、维度及测量研究——以北上广深超大城市为实例》，《中共中央党校（国家行政学院）学报》2021年第6期。

李晓壮：《中国社区研究谱系论》，《北京工业大学学报》（社会科学版）2023年第1期。

B.10
片区治理的理论思考与实践反思[*]

——以北京市霍营街道为例

李金娟[**]

摘 要： 空间的社会性决定了在进行空间生产时要时刻注意空间公平与正义，提升社会治理效能。霍营街道地处回天地区的腹地，在两轮"回天行动"计划推动下，城市修补更新和社会治理创新取得较大进展，但在产城融合、职住平衡方面尚有较大发展空间。以精细化方式推进霍营街道片区建设，旨在打造区域系统综合治理典型和高质量发展示范样本，进一步提升社会治理效能。将霍营街道建设成为"回天"地区充满活力、和谐有序的幸福家园，应着重推进以下工作：一是以居民需求为导向，秉持"以人为本"理念；二是以党建引领为核心，形成"第三方"治理机制；三是因地制宜，优化片区交通公共空间。

关键词： 空间均衡 片区治理 霍营

党的二十大报告提出："要深入实施区域重大战略和区域协调发展战略，构建优势互补、高质量发展的区域经济布局和国土空间体系。"《北京昌平区回龙观、天通苑地区CP02-0101-0602街区控制性详细规划（街区层面）（2020年—2035年）》于2022年出台以来，片区层面成为对总体规划

---

[*] 本文系北京市社会科学院2025年一般课题"党建引领北京居家社区养老模式发展研究"（项目编号：KY2025C0374）的阶段性研究成果。特此感谢霍营街道办事处赵静主任、霍营街道党群工作办公室邵丹科长在课题调研过程中给予的大力支持。

[**] 李金娟，北京市社会科学院社会学研究所副研究员，主要研究方向为社区治理、社区养老等。

管控要素进行传导落实的重要载体。党的二十届三中全会提出，要"深化城市建设、运营、治理体制改革""推动形成超大特大城市智慧高效治理新体系"，对超大城市治理提出新要求。聚焦首都城市高质量发展，《中共北京市委贯彻〈中共中央关于进一步全面深化改革、推进中国式现代化的决定〉的实施意见》提出"建立超大城市高密度片区专项体检和韧性评估机制，完善韧性提升支撑体系和社会治理组织模式""深化'回天有我'创新实践，完善大型社区治理体系"的具体要求。聚焦超大型社区治理，从首轮"回天行动"计划的"三攻坚一示范"到第二轮"回天行动"计划的"五提升一深化"，旨在全面提升该区域的硬件设施和社会治理能力，打造更加宜居宜业的社区环境。2024年是纵深推进"回天行动"计划的攻坚之年。霍营街道地处回天地区腹地，具有超大型社区治理典型性。在两轮"回天行动"计划推动下，霍营街道统筹推进城市修补更新和社会治理创新取得较大进展，但在产城融合、职住平衡方面尚有较大发展空间。打造区域系统综合治理典型和高质量发展的"霍营样本"，是超大城市高密度片区治理的重大课题。需要以精细化方式推进片区建设，不断提升霍营街道社会治理效能，全力将霍营街道建设成为回天地区充满活力、和谐有序的幸福家园。

一 片区及片区治理等相关概念

（一）何为片区

《建筑学名词》（第二版，2014）界定了"城市片区"这一概念，意指介于城区和单个居住区、商务区等功能区域之间，相对独立的、具有特定范围和多种功能的区域，既可以由自然地物分隔，也可以由行政界限划分。本课题认为片区是指地理空间相近、块区面积均衡、居民人口相近且具有一定社会关系的相对独立地缘特征的群体集合。总之，片区是一种介于社区和街道之间的中间层治理单元。

（二）片区治理单元

从治理视域来看，片区是一种介于社区和街道的中间层治理单元。一方面，片区作为城市社区治理向外更新拓展的空间功能单元，是在街道管辖范围内，按照现有物理空间的行政区划，由若干个社区或小区所组成的区域集合。另一方面，片区也是街道治理势能向社区基层单元输入的重要导体，是基于一定治理需求而进行的非行政区划调整的空间整合。由此可见，片区治理是架设非行政性中间层的政策措施。片区治理的核心在于协调扁平化治理与精细化治理之间的矛盾，既强调协同治理的条块协调，又聚焦具体目标和手段的细化，基于社会信任增强治理弹性。片区治理在主体上坚持治理系统联通、政府部门联动以及社会力量参与；在价值上强调通过"片区统筹治理、社区网格深化服务"机制创新集成社会资源，实现部门协同，解决街社层面的难点、痛点问题。值得关注的是，上海（徐汇区）、杭州（武林街道）等城市在片区治理单元建设方面已积累了一定经验，或可提供相关借鉴。

随着由20世纪90年代城市增量发展到当前城市高质量发展背景下"存量更新"的逻辑转换，"空间正义"也日益成为城市规划领域的重要概念。运用"空间正义"理论视角，推动空间资源均衡发展，需要以整体主义治理视角建构、融合新的空间治理单元，促进城市区域空间均衡发展。要在城市发展实践中理解"空间正义"的理论内涵并在城市空间规划发展中推进空间资源均衡发展，片区治理为我们提供了一个有益视角。在两轮"回天行动"计划推动下，新的治理需求对霍营街道不同层级治理单元重构提出了要求。基于新的空间整合形式探索霍营片区划分，有助于促进霍营空间资源均衡发展、完善霍营街道基层治理平台。

二 霍营片区连片现状分析

霍营街道于2012年挂牌成立，位于北京市西北方向、昌平区南部，面积4.7平方公里，辖20个社区，是昌平区无行政村的镇街之一。目前，街道共有常住人口8.6万人、流动人口1.2万人。霍营街道现行社区连片区域基本按照地缘相近，房屋类型、建成时间及社区类型相似，行政管理方便等因素进行综合划分。如表1所示，目前霍营街道共有20个社区，按照地缘特征划分为四个区域，主要涵盖老旧小区、经适房、商品房、村改居等不同类型。

表1 霍营街道现有社区片区连片情况及社区名称

社区连片情况	社区名称
东部	2个社区：紫金新干线、霍家营社区
西部	6个社区：流星花园社区、流星花园南区、龙回苑、田园风光雅苑、龙锦苑一区、和谐家园
南部	6个社区：华龙苑北里、华龙苑中里、霍营小区、天鑫家园、华龙苑南里、蓝天园小区
北部	6个社区：龙锦苑东一区、龙锦苑东二区、龙锦苑东三区、龙锦苑东四区、龙锦苑东五区、上坡佳园

资料来源：课题组根据街道提供资料整理。

（一）从物理空间属性来看

物理空间属性主要包含地缘、建成时间等主要因素。

课题组结合实地调研发现，现有社区连片不同区域内部建筑房屋具有较强相似性。基于地缘相邻、房屋建成时间及类型相似来看，东部连片区以紫金新干线商品房、霍家营社区回迁安置房（村改居）为典型代表，地理位置相邻、楼房建成时间相近。目前在建13号线扩能提升项目、太平庄北街项目、建材城东侧路道路工程及建材城东侧电力工程，点线基础较好。西部连片区以流星花园商品房、龙回苑经济适用房为代表，区位位置相邻，建成时间相隔近，物业纠纷多。南部连片区以华龙苑中里、南里、北里集中连片为典型特征，楼房建成时间先后错落，例如，老旧小区中里始建于1989年，北里相对较新，为低密度带电梯7层板楼。调研走访中了解到，华龙苑三个小区建设有其独特的社会发展背景和渊源，从楼梯房到电梯住宅楼，不同的居住方式形塑了不同的社区空间，但三者本质上具有极强的内生性、同质性，居民之间具有强关联性。位于北部集中连片区域的龙锦苑东一区至龙锦苑东五区五个社区，房屋类型主要为定点拆迁的经济适用房。房屋建成时间相近，房屋属性一致。鉴于社区坐落的位置、社区房产的价值对社区治理方式有显著影响，因而对于无重大冲突的、片区功能相对稳定的区域，可尊重与衔接现有控规片区边界，按照现有社区连片区域划分片区，以保障管理的延续性。

（二）从社会结构属性来看

人口规模及人口密度。四个连片区域内部社区之间具有一定的互补相似性，如以非户籍人口为主要构成的紫金新干线社区和以本地原住（村）居民为主的霍家营社区，整体人口密度为32798人/平方公里，一定程度上达成区域内均衡。同时，不同连片区域之间差异性也较为明显。东、南部连片区人口体量较大，人口密度均在30000人/平方公里以上，南部连片区人口密度将近40000人/平方公里；西部连片区与北部连片区常住人口总量分别约为2.73万人及1.98万人，二者人口密度均在20000人/平方公里以上，其中西部连片区人口密度最小，为20771人/平方公里（见表2）。

表2 霍营街道东、南、西、北部四个连片区域人口规模及密度

连片区名称	社区名称	社区常住人口数量（人）	面积（平方公里）	人口密度（人/平方公里）
东部社区连片	紫金新干线	9800	0.4	24500
	霍家营社区	4500	0.036	12500
	合计	14300	0.436	32798

续表

连片区名称	社区名称	社区常住人口数量（人）	面积（平方公里）	人口密度（人/平方公里）
南部社区连片	华龙苑北里	2980	0.05568	53520
	华龙苑南里	7325	0.17	43088
	天鑫家园	3606	0.11	32781
	华龙苑中里	6300	0.2328	27061
	蓝天园小区	1230	0.0264	46590
	霍营小区	2150	0.051	42156
	合计	23591	0.64588	36525
西部社区连片	流星花园南区	2800	0.164	17073
	流星花园社区	6480	0.5	12960
	龙锦苑一区	2100	0.08447	24860
	和谐家园	9000	0.31	29032
	龙回苑	2210	0.018	122778
	田园风光雅苑	4755	0.24	19812
	合计	27345	1.31647	20771
北部社区连片	龙锦苑东四区	4096	0.176604	23193
	龙锦苑东五区	4000	0.19	21052
	龙锦苑东三区	2307	0.0864	26701
	上坡佳园	1350	0.0253	53359
	龙锦苑东二区	3665	0.16	22906
	龙锦苑东一区	4386	0.11	39872
	合计	19804	0.748304	26465

说明：由于大多社区提供资料为占地面积，少数社区如上坡佳园提供建筑面积，因而此处人口密度估算仅考虑社区占地面积单位内常住人口数量分布。

资料来源：霍营街道提供的社区情况介绍相关数据以及课题组编制《霍营街道社区民生需求调查表》获得的数据。

居民职业构成。总体上四个连片区域居民流动性强、职业构成复杂，以IT从业者与其他工薪阶层为主；每个连片区域内部呈现较强同质性，不同连片区域之间具有一定差异性。例如，东部连片区域以工薪阶层、村改居原住居民为主[1],西部连片区域如龙回苑、田园风光雅苑以高校老师及家属居多[2];北部保障性住房区域小区居民从事服务业者、体力劳动者较多,收入偏低[3];南部连片区域则以单位退休职工、医生、律师、IT行业及服务业工作者居多[4]。

(三)从治理属性来看

不同居住连片空间对治理的需求也不同。结合实地调研访谈来看,东部连片区居住人口密度较大,新建商品房紫金新干线人口体量大、霍家营小区流动人口占常住人口比例为2/3,对基层治理提出较大挑战。南部连片区具有独特的地理区位特征,以华龙苑中里为代表的老旧小区,产权边界不清、社区入口和中心活动公共空间有限,问题多而杂,除华龙苑北里外,整体以政府主导型公共服务模式为主,社区治理效能整体较低。西部连片区人口体量较大,且以"新北京人"为主要构成的居民诉求尤其集中,体现在新老物业纠纷、物业不履责等方面,12345热线件数居高不下。北部连片区社区类型相对单一,以经济适用房小区和回迁房小区为主,社区民生需求也呈现较强的相似性。

三 霍营党建引领片区治理经验

在调研中发现,围绕"领导有核心、自治有主体,协商有载体",霍营街道在党建引领片区治理层面已摸索出一套工作经验。

一是在治理载体上基于"回天有约"区级议事协商平台形成具有街道自有品牌特色的党建引领、共治共享、科学引领的协商议事平台。以"一街一品牌"建设为导引,形成"主要牵头人—利益相关方—人民议事团成

---

[1] 根据相关社区实地调研访谈资料。
[2] 根据相关社区反馈数据资料。
[3] 根据相关社区实地调研访谈资料。
[4] 根据访谈调研以及各社区提供资料。

员"东（2个社区）、西（6个社区）、南（6个社区）、北（6个社区）四个片区协商议事载体，主要在车棚、路面、居民楼前空间、居民信报室改造方面形成一定经验。此外，截至2024年11月15日，霍营街道共建立2个党群服务中心（街道1个、商圈级1个）、15个社区社会工作服务站，基本实现了党群阵地建设全覆盖。值得关注的是，作为党建引领街域社会治理的重要补充，Long街商圈党群服务中心以"红色领航、立体融合、全方位服务"为主线建立"红立方"党建品牌，把商圈党建作为推动非公党建工作创新的突破口之一，不断探索商圈党建工作新路径。

二是在治理形式上，以街域内部治理水平高于其他片区的南部片区内华龙苑北里"五方共建"、霍家营社区书记工作室机制为核心，形成党建点片联动格局。华龙苑北里自治基础较好，2012年成立社区党支部，2021年开始实行"1名书记+1名副书记+3名委员"五委制。2018年成立业委会以来，两委交叉任职比例实现了从2018年0到2023年40%、2024年60%的突破。社区每月28日按时召开工作例会，针对居民"急难愁盼"问题共商共议，提出解决方案，在一定程度上提升了党建引领社区治理效能。霍家营社区作为拥有几千名居民的村改居社区，以北京市明星小区及老年友好示范社区的标签为公众熟知。社区公共资源充足，同时在场地及其他公益服务方面辐射周边社区。例如，老年活动中心免费健身房、大型活动项目均面向其他社区开放；又如，由社会组织承接的农场项目、"红领巾成长营"等均是在社区群（含其他社区如紫金新干线）进行成员招募，为周边居民提供亲子类及儿童托管服务。在上述基础上，霍营街道以华龙苑北里"五方共建"为教学示范点，以霍家营社区书记工作室为核心，孵化形成其他片区社区"三家"工作法、"云商议事"等更多党建品牌，形成"一核多点"的有机发展体系，以点带面优化党建引领片区治理新格局，改变了以往分散治理、碎片化治理的无序状态。

三是在参与治理的服务效果上，霍营街道依托以退休老党员、社区能人、热心青年为主体的"楼门管家+社团管家+议事管家+企业管家"四维管家自治力量，以"线上+线下"形式提供综合性公共服务。线上委托第三方负责开发管家自治小程序，管家领取任务获得积分奖励，形成志愿服务闭环。线下则以面向居民的公益性基础性公共服务（"管家式服务"）为主："楼门管家"由社区两委干部、居民代表、党员志愿者、物业服务人员构成，目前共有1205人；"社团管家"成员数量约占"楼门管家"的1/3，以社会组织及高校青年志愿者为主，主要打造街镇区域内"萤火""萤集""萤聚"等社会组织品牌。"议事管家"与"企业管家"占比最低（分别为40人、36人），前者主要由社区民警、律师、退休教师、"两代表一委员"组成；后者则由街道领导、机关干部组成，以服务辖区内企业为主要工作。如此，霍营街道形成管家枢纽型组织，串联不同层级自治力量，规避了"党建领着干、物业（群众）一边看"的基层公共治理空间萎缩困境。该模式以专业社会组织为介质，既发现、挖掘了不同社区居民内生性需求，又将外生性的政府公共福利政策精神以公共服务生产、再生产的形式通过管家服务体系导入基层治理单元。

四　霍营基层片区治理存在的主要挑战

（一）党建引领服务内容需要进一步对焦

党群服务中心是基于党政一体的实践逻辑建立的，即通过党建整合的制度化机制，将社会工作者、社会组织、志愿者及其他社会资源等社会力量纳入党委领导的居委会管理之下。这事实上也正是国家行政力量介入治理之后对治理对象规模的一种自上而下的制度调适。在党建引领机制与社会组织双向赋能的资源整合进程中，基层治理领域开始形成新型组织生态体系，同时也不可避免地存在一些问题。一是服务事项内容不清晰。调研发现，街道党群服务中心的服务对象范围较为广泛，服务对象的差异化特征并未同步体现在街道党群服务中心及商圈党群服务中心的服务事项变更上。二是基层党建与基层治理内容契合度有待提升。在多元主体介入基层治理过程中，其结果往往在形式上呈现"政府购买—五社联动—党建整

合"发展三阶段高度理性化闭环的特征,但在实践过程中仍不可避免地遇到各种阻力导致路线偏离。

(二)片区党建工作制度有待优化

超大社区治理是霍营街道近几年的工作重心。由于人口居住密度大、职住空间不平衡,街道基层党建引领机制的治理属性主要面向社区时空范围。商业街作为霍营街道一个主要社会节点,党建引领作用还未充分凸显,制度建设尚有不足。具体体现在:尚未针对商业街商户党员群体制定专门的企业党建制度规范,非公企业党建制度还有待建立健全,难以针对当前"两企三新"群体及活动组织起到制度性规范作用。例如,商圈企业数据采集尚不完备、企业家沙龙活动缺乏常态化机制等。此外,基于居住功能片区单元形成党组织架构、发挥党建引领机制优势提升治理单元精细化水平,也是值得考量的重要面向。

五 推进霍营均衡协调发展,完善片区治理的思路与对策

精准锚定治理单元和分类维度是治理的基础。只有将治理单元和小区类型、公共服务需求及居民需求等分类维度结合起来,才能做到对需求的精准回应。因此,应基于前文所述片区内部不同社区精准画像及不同片区需求的差异化风格,提升居民生活质量、促进生产生活融合发展。

(一)以居民需求为导向,秉持"以人为本"理念

由前文分析可见,东部片区居民对于居住环境、生活品质有较高需求,紫金新干线作为拥有逾3000户的大型居住社区,流动人口占常住人口一半以上,需要分解社区治理单元末梢压力。西部片区治理资源较为不均衡,流星花园南区、流星花园社区、田园风光雅苑治理难度较小,和谐家园、龙回苑、龙锦苑一区分别在养老助残、社区社会组织培育及便民服务设施方面需

要街道适当倾斜资源或片区内统筹协调资源。南部片区以老旧小区为主，一是小区基础设施老化需要更新改造；二是面临养老育幼、残疾人保障及保障性住房需求难题，如华龙苑中里和南里；三是便民设施普遍欠缺，如华龙苑中里、蓝天园小区和天鑫家园周边药店、维修店和洗衣店等尤为缺乏。北部片区整体而言物业服务、社区环境治理、社区卫生服务和周边便民设施都相对完善，居民关于社区亲子设施以及周边家政服务、餐饮等服务需求较为强烈。应聚焦不同片区居民异质性需求，对标"问题—需求"清单、梳理"资源—服务项目"清单、擘画"愿景"清单进行分类治理，提升精细化治理效能。

（二）以党建引领为核心，形成"第三方"治理机制

需要明确的是，片区治理作为介于街道与社区之间的第三方治理机制，是在不改变原有治理体制的基础上广泛吸纳行政和社会力量参与基层治理，以创新事件处置机制、提高行政效率为主要目标。循此而言，基于霍营片区治理单元，提升治理效能需要从以下方面着手。

首先，构建统一领导、权责明晰的组织体系，发挥街道党工委统筹协调作用，探索筹建中观片区层面的功能性党组织。在街道党工委统一领导下，加强统筹协调，将街道片区社会治理体系建设作为年度工作重要内容，组织指导街道各职能部门及各社区居委会确定本地区片区治理体系重点工作，及时将重难点问题纳入街道改革议题，协调解决街道经济社会发展实际问题。具体而言，研究制定片区党群服务中心建设图景，统一标准，规范建设，使党群服务中心成为片区治理实践主阵地，营造生产生活一体化的楼宇、园区、社区场景，使楼宇、园区不仅成为片区单位组织的工作场所，还成为人们享受民生便利服务的生活场所，形成党建统领的"党政群共商共治"、社区居民"生产生活相融共生"的治理共同体。

其次，完善和建立"街道—片区—社区"党建工作协调委员会工作机制。一是建立工作平台，深化"条块约请"协调机制。基于"街镇党工

委—片区网格党组织—居民区党总支—微网格党支部—楼组党小组"五级网格党建组织体系,成立片区长负责、职能科室各司其职的片区治理工作队伍。统筹辖区内代表性强、影响力大的机关企事业单位、非公有制经济组织、社会组织等可利用的社会资源,形成地区事务共同参与、共同协商、共同管理的工作格局。

最后,优化后台政策保障功能,提升片区党建工作效能。一方面,定期对辖区内基层社区进行"体检",同时了解辖区内"两企三新"的党建和服务需求,差异化提供"两新"组织党建工作菜单,有效扭转基层党建空转、功能失衡局面。

(三)因地制宜,优化片区交通公共空间

针对"远距离公共交通出行上,东部片区距离地铁站点较远"、"各地区/社区均缺乏地铁通勤共享单车长效管理机制"、"南部片区缺少相邻的公园绿地等公共活动空间"以及"停车难"等问题,提出以下建议。

一是改善存量绿化空间,社区内规划不同功能分区。一方面根据不同年龄群体需求设置活力健身区,如配备适合老年人的太极广场、中青年的有氧健身器材、儿童的游乐设施;另一方面打造林下空间静谧休憩区,配置舒适长椅,增加漫步空间;辅以景观墙、文化长廊提升社区认同感。同时,针对居民对于公园绿地的迫切需求,可通过沿街绿地改造解决已有零散小型绿地功能单一、设施陈旧、景观乏味等问题。例如,增加植被种类、提升植被景观层次和观赏性等。

二是完善居民区周边交通规划与设计。针对南部片区居民去公园的出行需求,一方面改善步行系统,人行道要连贯、宽敞、安全,可增加座椅及遮阳棚等;过街设施应要素齐全,必要时设置过街天桥,步行指引标识清晰。另一方面增设或调整公交线路、优化公交站点,减少居民从公交站到公园的步行距离。同时优化自行车道规划,连接居民区与公园,鼓励居民骑行前往。设置电子显示屏等提供实时交通信息,帮助居民选择最佳出行路线。在距离地铁站相对较远的居民区增加共享单车投放数量或增加短线接驳交通工

具，以"线路简短、周转灵活"实现高效串联、服务精准，方便居民短途出行。

三是建构共享单车管理机制。根据城市规划部门评估状况、地铁站人流量和周边居民需求，合理规划共享单车停放区域，避免过度投放、供需时空不平衡。联合交通、城管、环保等多个部门制定共享单车停放规则；由共享单车公司负责地铁站共享单车运营管理，通过签订协议的形式明确服务标准、维护责任、违规处理等条款。建立由政府部门、运营公司和用户共同参与的监管机制，对乱停乱放、破坏单车的行为进行监控，并按照规定进行处罚，如信用积分扣除、限制使用等。运营公司需定期对单车进行检查和维护，确保车辆安全；建立用户反馈渠道，及时收集用户意见和建议，提高管理透明度和单车使用效率。

四是优化停车空间，提升停车空间设施使用效率。霍营街道在停车空间改造方面已采取了多种措施来缓解停车难的问题。例如通过整合辖区资源，首开 Long 街停车场新增 100 个潮汐共享车位。但应对居民"停车难"问题，还需多方努力。第一，坚持多元参与。坚持多方统筹、共同协商，成立物业管理委员会，压实物业管理责任，协调居民、物业、街道、社区等各方利益，形成停车位管理合力。完善小区机动车停车管理办法，建立健全停车位竞价使用机制。第二，完善智慧停车功能。基于"好停车"等智慧停车 App，整合停车场资源；开发上线共享停车平台，及时更新发布停车位空余信息，帮助广大市民在小程序上查找空闲车位；探索智慧停车系统与交警、城管等执法系统实现互通，利用智慧停车系统平台将收费路段违停证据链推送给相关部门，提高执法效率。第三，提高道路临时停车位利用率，完善收费管理方式。针对道路临时停车泊位，适当延长免费停车时段，分区域采取阶梯式收费。第四，建好用好街道智慧停车泊位，优化车位布局。一方面通过给予财政补贴形式激励企事业单位积极承担社会责任，鼓励事业单位共享停车位，增加潮汐车位供给；另一方面在符合条件的市政道路及闲置区域，科学规划设计路内停车泊位和潮汐停车泊位，可根据实际需要划定一批即停、即办、即走的共享"口袋车位"。此外，因地制宜推动老旧小区地上和地下空间开发，同时基于霍营综合交通枢纽一体化综合利用工程建设立体停车场和地下停车场，满足居民停车需求。

参考文献

谭日辉：《北京社区治理机制研究》，中国社会科学出版社，2018。

尹峦玉、隋音：《基层治理共同体的理论意蕴与现实运行逻辑——基于马克思"真正的共同体"理论视角》，《社会政策研究》2023年第1期。

俞可平：《中国城市治理创新的若干重要问题——基于特大型城市的思考》，《武汉大学学报》（哲学社会科学版）2021年第3期。

B.11
多类型混居社区治理创新实践探索

——以北京市海淀区紫竹院街道魏公村北区社区为例

黄锂 吴昊[*]

摘　要： 海淀区紫竹院街道魏公村北区社区作为典型的多类型混合居住型社区面临不少治理难题，社区工作者团队通过党建引领、情感融入、空间优化以及多元协商等创新治理模式，探索出了可复制的多类型混合社区治理经验。本文以魏公村北区社区为案例，研究探讨如何通过创新实践现代化的治理理念，应对社区需求碎片化、社区关系疏离化以及社区服务模式化的现状；通过寻找社区关系的连接纽带，提升社区服务的精准度，挖掘治理力量的支柱，多管齐下构建城市社区治理共同体；通过提前布局治理措施，编织治理缓冲网，促进社区的深度融合。

关键词： 社区治理　党建引领　城市回迁

一　魏公村北区社区概况与治理基础

（一）社区概况与治理基础

魏公村北区社区位于北京市海淀区紫竹院街道东北部，辖区总面积0.76平方公里，涵盖8个新旧混合型小区，含13栋住宅楼及1处平房，总户数

---

[*] 黄锂，北京敬诚社工服务中心理事长，主要研究方向为基层治理、社会组织培育、社会工作人才培养；吴昊，北京市远望社会工作服务中心主任，主要研究方向为社区治理、社会工作服务。

1790户，常住人口5100余人。社区的建筑空间分散，既有海淀区规模最大的棚改回迁安置项目魏公村佳苑小区，也包含无物业管理的平房区、全出租式公寓小区及单位家属院，呈现显著的居住形态与人口结构异质性。

2023年，社区依托北京市社区服务空间开放式建设示范点政策，打造了"居民会客厅"，促进服务空间面向居民全面开放。为有效回应各类诉求，增进社区成员间的联系，提高社区服务工作的质量，魏公村北区社区"两委"以党建为引领，在紫竹院街道"微治理"品牌的理念下，创新推出"社区开放日"系列活动，从细微之处着手，深入挖掘新旧混合型纯居住社区的治理痛点，对社区投诉集中的问题进行分类解决。

在党建引领下，社区党委通过可持续的多元共治社区治理机制，推动服务力量在社区内深度融合、服务资源在社区内有效整合。围绕社区现存问题及发展需求，创新构建"魏北服务"治理模式，深化"社区开放日"品牌建设，助力基层治理迈向高质量发展。

（二）社区治理的核心挑战

1. 基础设施与民生痛点交织

一是存在硬件改造遗留问题。魏公村佳苑小区是拆迁安置社区，居民构成多样。回迁初期，社区软硬件未达最佳状态，居民诉求不断增加。如该小区2020年新建回迁，居民频繁反映电梯故障，仅靠社区难以彻底解决。二是存在基础服务短板。社区中有部分居民饮用水源为自备井，水质硬度过高；部分平房居民依赖罐装燃气生活，有安全隐患。三是存在环境治理压力。小区公共区域废品堆放、噪声扰民、停车矛盾等问题引发投诉，楼体设施、房顶、管道、路面、墙皮等存在诸多问题困扰居民多年。

2. 人口异质性与诉求分化

社区内人口结构复杂，涵盖回迁户、租户及单位职工等多类群体，居民诉求差异显著：老旧小区聚焦设施改造，平房区关注治安与环境，回迁社区矛盾集中于产权与物业管理，出租公寓则以流动人口服务需求为主。多元利益主体的共存导致治理共识难以达成，急需精细化分类管理策略。

3. 老龄化加剧服务供给压力

社区60岁以上老年人占比达33%，养老服务设施不足、医疗资源紧张、精神文化服务缺位等问题突出。伴随养老服务综合体的落地，平衡普惠性与精准化服务供给，成为破解"银发社会"治理难题的关键。

4. "接诉即办"向"未诉先办"转型的实践瓶颈

尽管社区通过党建引领整合驻区单位、社会组织等资源，探索"未诉先办"机制，但碎片化投诉仍集中于住房维修、改造进度、物业服务质量等领域，反映出被动响应式治理向主动预防式治理转型的深层阻力。

（三）政策背景与研究意义

党的二十大报告指出，需完善以网格化管理、精细化服务、信息化支撑为基础的基层治理体系。北京市"十四五"规划也着重指出，要打造共建共治共享的社会治理模式，并突出党建引领在推进基层治理现代化中的关键作用。面对居民结构复杂、流动性强，容易产生"关系淡漠化、需求零散化、服务模式化"的情况，通过"社区开放日"活动构建一个交流、互动、融合的平台，将居民诉求"提前化解、统筹处理、协同服务"显得尤为关键。

魏公村北区社区的治理实践，不仅要应对新旧社区融合、人口构成多样、老龄化趋势等普遍性问题，还需把握回迁项目示范效应与新兴企业聚集带来的特殊机遇。这一实践为探索超大城市混合型社区治理提供了极具代表性的案例。本文旨在分析其治理困境的形成机制，寻求多元主体协作、服务精准提供、矛盾根源解决的创新模式，为类似社区的治理现代化提供理论依据与实践借鉴。

二 魏公村北社区治理实践

紫竹院街道开展社区"微治理"已经历7年，在动员社会力量和开展社区治理方面形成了"地区—社区—片区"三级联动体系。魏公村北区社区在紫竹院街道"微治理"体系的培养下，紧紧围绕基层需求，依据区域特色，以党建引领基层治理为抓手，创新尝试党建引领、情感植入、空间重构、多元协商的创新社区治理之路，破解居民诉求碎片化、主体协同不足、资源分配不均等难题，以社区服务空间开放式建设持续创新优化"社区开放日"系列服务形式，把社区"美好生活"和"高质量治理"有机结合，提升社区成员的参与感和凝聚力，增强社会治理的合力，不断完善治理体系，提升治理品质。

（一）党建引领下的柔性治理机制，破解"碎片化"民生痛点

1. 健全诉求响应机制，大事小事有人管

社区搭建由网格书记、社区书记、社区两委成员、楼长志愿者组成的"四位一体"机制，组建了由社区党员、物业单位、社区民警、社区律师等为主体的工作团队，在社区诉求出现后第一时间进行研判并派专人负责，力求每一个合理诉求都能及时解决，让群众满意。

2024年社区通过"四位一体"机制，累计发现32处严重堆物堆料问题，协同物业、志愿者队伍清理，共清理楼道内堆物堆料12次；开展纠纷排查100余次，共受理居民纠纷10起，成功调解9起，调解排查率100%，调成率90%；针对公寓、平房区26件投诉及时进行议事调解，为租客追回租房押金共计107862元。

2. 健全居民自治机制，自家事情自家议

社区以"民事、民议、民决"为导向，发挥基层群众自治制度优势，对于涉及群众共同利益的"自家事"，依靠自治力量，自行解决，实现自我运转。为了完善相关机制，魏公村北区社区也通过组织物业、居民参与议事协商会议，就居民最关心的问题进行充分的沟通。严格落实"四议两公开"制度，定期召开由社区党支部、居委会、物业和居民代表等共同参加的会议，协调解决相关热点、难点、焦点问题。

"老旧小区停车位一位难求""物业服务不到位""邻里噪声扰民""小区内共享单车乱停放""单元门门禁损坏"……对于上述小区内现存问题，

魏公村北区社区通过"齐协商、共调解、大家参与"的方式，实现了诉有人管、议完能办、办有结果。

3. 健全多元联动机制，复杂事宜商量办

魏公村北区社区对于涉及街道或其他上级部门，单靠社区无法解决的问题，贯彻"吹哨报到"机制，与职能科室合力攻坚。社区以"资源共享，共建共治"为原则，依托物业开放日等契机逐步建立了以社区党组织为核心、以社区居民为主体、辖区物业等共同参与的"一核多元"社区治理新机制，共享社区治理资源，共解社区难题。

社区依托"吹哨报到"机制，对于疑难杂症、高频问题，区、街道、社区三级主动治理、同向发力、同题共答。社区多次召开魏公村佳苑小区协调会专题研究有关登记问题，逐项梳理办理不动产登记所需的要件关系，为魏公村佳苑小区打通了房产证办理渠道，2024年初将"一站式"合同签约服务送进社区。通过"一站式"合同签约服务，魏公村佳苑小区签订购房合同1113户，让居民拿到了期盼已久的"大红本"，居民幸福指数得到了极大提升。魏公村佳苑小区与北区商业区的融合等一批同质诉求也通过"大家商量着办"得到了解决。

（二）开放空间重构下的精细服务机制，聚合"疏远化"邻里关系

魏公村北区社区新办公场所按照北京市"社区服务空间开放式建设"示范点的工作要求进行了重新规划与建设，打造成有颜、有料、有趣、有温度的"居民会客厅"。"居民会客厅"空间改造合理划分了功能区域，设置了咨询服务区、议事协商区、特色服务区、宣传展示区和社区办公区等功能空间。依托空间设置，增设、优化、提升服务项目，打造开放、通用、共享的服务模式，促进居民参与服务精准化。

1. 开放共建凝聚党员群众，促进治理主体意识提升

社区治理的重要力量是社区党员队伍以及居民志愿者骨干。魏公村北区社区在开展社区治理工作时牢牢抓住这两股重要的社区内生力量，在日常党员学习和社区活动的过程中注重对社区成员广泛参与社区治理和党组织共建社区治理两种意识的把握。

社区党委通过开展党支部学习活动和党组织服务群众活动，以社区党支部支委成员领学、支部党员集中专题交流研讨、联合辖区单位送学上门等方式，引导党员及时跟进学习新思想、领悟新精神，使其认识到社区治理需要党员的有效参与。在党组织共建社区治理方面，社区党委利用党建协调委员会等平台定期联合辖区单位参与社区治理工作，强化党建引领下的基层党员思想融合和社区全部成员的行动参与。

在党组织引导作用带动下，社区狠抓社会组织建设凝聚群众，社会组织数量达到15个，其中社区骨干人数180人。社区社会组织类型以文体和志愿服务为主，年活动次数96次，服务2800人次，实现从参加社区活动向参与社区建设的跨越式转变。社区通过整合各类优势资源，壮大社区社会组织力量，丰富群众精神文化生活，激发群众参与社区治理的内在活力。

2024年新成立的魏之韵合唱团、巧娘剪纸社团、"北京青春"管弦乐团和京东大鼓社团，既有对传统文化的继承，又有中西方结合的创新。社区通过积极开展形式多样的文体活动，宣传科学、倡导文明，丰富社区的文化生活，增强社区的向心力和凝聚力，营造社区和谐的人际关系和浓郁的文化氛围。

2. 创新治理能力培训，强化社区工作团队

魏公村北区社区在社区工作团队建设上，积极配合街道分层培训同专项培养相结合的"微治理"培训体系，依托"优才社工"团队人员、街道社会工作服务平台等项目资源持续开展社区工作者的分层培训，加强政策法规、基本服务方法、特殊人群、物业管理、议事协商等重点难点领域的学习实践；优化"全科社工"培养流程，组建社区一帮一、一带三的成长伙伴团队；优化社区各项业务的办理流程，采取"自学+互学+导学+践学"培养方式，全方位提升社区工作团队的业务素养，促进社区工作人才队伍从"单科单能"向"全科全能"转变；以"优才计划"学员为核心，以社区工作的重点难点问题和群众需求为课题，组建专题破解小组，通过方法研

讨、"传帮带"辅导和组团式服务，引领社区团队价值理念、专业素养、理论知识、实践技能的整体提升。

在妥善处理各类诉求、密切社区成员关系、提升社区工作服务品质的过程中，魏公村北区社区"两委"坚持党建引领，提高干部的综合素质和业务能力，开展对标找差、查补短板、拓展活动，铸造精干团结、凝聚力强的社区工作团队。

3. 细化治理服务流程，提升服务细节

魏公村北区的社区工作者在处理居民意见和"接诉即办"案件时，在了解情况后迅速介入、合理反馈，细化服务流程，细抠关键过程，将群众提出的批评和建议转化为共谋、共建、共管、共评、共享的积极力量。社区"两委"工作人员定期通过会议座谈和实地走访，及时了解评估社区中存在的"小事情""小苗头"，降低可能存在的风险，力求"未诉先办"。在掌握重要信息后，社区"两委"工作人员通过"大家商量着办"等议事方式主动与相关人员进行沟通，提升沟通反馈服务的及时性和有效性，增强与居民代表、志愿者、业委会的沟通融合度。

（三）情感植入下的共融共生机制，化解程式化服务

1. 开展共融服务，促进各类人群参与

社区常态化开放活动室、书画室等活动阵地，通过引进辖区公益资源增加健身器材，努力为辖区内居民提供更人性化的服务。社区还整合辖区内商超、写字楼、银行等各类资源，全面构建邻里互动文化圈，组织社区邻里节、花艺传情等活动，通过对微小资源的整合利用，实现邻里和谐共融的新局面。2024年，社区定期开展志愿者值守、志愿者培训、垃圾分类、城市清洁日等活动近60次，清理无主大件垃圾20车，参与人数达2000余人次。

社区常态化开展共融服务，规范社区宣传阵地，助力文明创建。积极开展公民道德宣传、消防安全、普法等相关活动，进一步提升居民素质和社区文明程度，每月一次的开放日使更多居民了解社区的工作。社区通过科普讲座、礼仪展示、手工制作及外出参观等形式，拉近社区与居民的距离、居民

之间的距离，促进社区融合。

2. 优化居住服务，提升住户幸福指数

为了配合好居住服务，魏公村北区社区建立多方协同机制，由社区、物业协调建立居民微信群，把小区治理力量由"单打独斗"提升为"多元联动"。通过定期召开物管会及物业经理会议，聚焦解决与物业相关的"急难愁盼"事宜。

充分利用社区微信群、公众号、民情热线，着力打造"网上12345"，按照24小时值班制度，及时收集处理居民诉求。每位社区工作人员按照街道"走动式"工作要求，转变工作作风，重心下移，确保每天按网格巡查走访，察民情、访民意、解民忧、促和谐，形成线上线下相结合、互联互通的新型治理模式。

社区主动、耐心，针对社区居民的大事小情，从情感出发、邻里关系出发、包容心态出发，未诉先办、主动治理。在老百姓没有投诉的事情上，社区前瞻性地发现，主动提出来，对社区的问题不是捂住了，而是办好了。用魏公村北区社区社工的话说："给老百姓做事就是一个成就感，真正解决问题后，老百姓对社区的信任就增加，黏性就增强。"

3. 重视特殊群体服务，彰显社区治理温度

魏公村北区社区自制居民基础信息底册以及辖区单位联系表，保证每家每户信息采集完整，对独居、空巢、残障等5类重点人群分别标记，做到重点户一目了然，力求做到资料全、底数清、情况明，便于有针对性地开展服务工作。

社区常住人口中60岁以上的居民占总人数比例接近33%，针对社区老年人较多的特点，2024年魏公村北区社区在生活需求方面开展理发、修脚等为老服务，在精神文化需求方面依托重阳节、邻里节开展适合老人的传统文化活动和科技助老活动。特别是针对高龄老人的诉求，社区全年办理80岁高龄老人津贴50余人次、90岁高龄老人津贴20人次；重阳节为90岁高龄老人发放慰问品80人次；为高龄老人发放浴凳、进行适老化改造、办理家庭照护床位等；为10余对金婚老人拍照，纪念结婚时的一句承诺、过往岁月的相濡以沫、携手走来的人间真情。社区践行将关怀、温暖、幸福送到社区每位残疾人身边的使命，在春节、助残日及国庆等重大节日和纪念日发放慰问品135份；开展18场文体活动，包括5场大型活动（春节联欢会、紫竹院健步行、趣味运动会及健康义诊、外出参观、残疾预防日有奖问答），共计720人次参加。

社区也建立了青少年活动阵地，针对性地开展"创意'尤你'""拨动心弦""光影筑梦暑期科普"等活动，针对青少年开展心理疏导、阅读指导等专项服务，引导辖区青少年正向成长。

三　魏公村北区社区治理工作成效与启示

截至2024年底，魏公村北区社区公共服务提升、基础设施完善、矛盾纠纷化解三大攻坚任务取得成效，老旧小区改造、自来水管置换、燃气管线铺装等全部开工建设，兑现了社会承诺，较好地满足了百姓民生需求。社区进一步开放办公空间，推动社区公共空间改造，方便了居民参与社区事务；新增停车位400余个，优化了居民生活空间，化解了社会矛盾；完成3处自备井改造，100户居民喝上放心市政水，改善了居民生活质量，提升了居民幸福感。

（一）党建引领的多类型混居社区社会治理体系为社区治理提供长期动力

要健全完善基层社会治理体系，就要充分发挥党组织总揽全局、协调各方的领导核心作用。魏公村北区社区把党的建设和领导贯穿基层社会治理的全过程、各环节，统筹推动硬件和软件建设，践行"全心全意为人民服务"宗旨。魏公村北区社区依托党建工作协调委员会，落实社区治理"四位一体"管理机制，切实将社区在工作中遇到的治理难点和群众诉求热点问题，纳入党建工作协调委员会的议事内容，通过"小活动""小会议"等方式将居民纳入社区治理，在社区工作中不忽视少数人，鼓励流动人口参与社区治理，使其逐渐成为自治的稳定参与者，扩大社区共同体。带动社区治理共同

体的多元主体共同参与，推进基层民主协商制度化、规范化，使社区治理共同体建设看得见、摸得着，将人人有责、人人尽责、人人享有的共建共治共享理念落地落实，为今后社区长效治理奠定了坚实的基础，提供了不竭的动力。

（二）情感植入在柔性治理机制中突破"未诉先办"的瓶颈

魏公村北区社区工作者团队在柔性治理中、在情感植入中开展精细化、系统化的机制建设，在服务中强化队伍，回应了社区治理的制度化要求。培育社会资本是构建社区治理共同体的重要路径，在魏公村北区社区的案例中，社区通过组织建构、机制优化、资源拓展和服务整合四个方面开展"社区开放日"活动，以队伍建设凝聚群众，实现从参加社区活动向参与社区建设的跨越式转变；通过整合各类优势资源，壮大社区文化队伍力量，丰富群众精神文化生活，激发群众参与社区治理的内在活力，从而发展社会资本。为促进社区与居民、组织与居民、居民与居民之间的沟通与合作，魏公村北区社区按照社区服务空间开放式建设示范点的工作要求进行重新规划与建设，打造有颜、有料、有趣、有温度的"居民会客厅"，在场地和活动设置等方面精心布置，让居民体会到社区中的"小确幸"。

魏公村北区社区通过共赢协商统筹各方利益，使居民、社区、物业、辖区单位等各有所得，并通过共赢凝聚力量，共同建设美好家园，完全符合协商民主的理念。在社区治理中存在的矛盾，特别是涉及物业管理方面的问题，一度成为许多社区不可调和的矛盾。魏公村北区社区的实践再一次证明，带有情感投入的协商是社区治理最重要的法宝，谁能主动运用、科学运用、及时运用，谁就能掌握社区治理的主动权，谁就能推动社区治理不断创新发展。

（三）空间重构突破基础设施与民生痛点交织的困境

公共服务和配套设施，是基层社会治理的重要支撑。一直以来，由于小区老旧、单位宿舍历史遗留问题、回迁小区规划不足问题，基本公共服务设施欠账多、缺口大、不均衡问题突出，水务、燃气、电力、环境等基础设施标准低、不完善等，成为魏公村北区社区基层社会治理的制约因素。社区中小区差异性大、办公用房不足、社区服务不足等，也是导致基层社会治理难的重要原因。加强和改进基层社会治理，推进国家治理体系和治理能力现代化，建设和谐宜居社区，需要从建设和谐宜居的基础设施切入，通过解决基础设施、民生服务等"硬核"短板问题，以群众看得见、摸得着、感受得到的成效回应民生需求、赢得居民认可，凝聚社会共识，激发内生动力。在老旧小区改造、自来水管置换、燃气管线铺装等基础硬件设施重建以及开放式社区空间重构中，直接回应群众诉求，共赢协商推动"急难愁盼"问题的解决，找到了社区治理的真经，为社区治理体系和治理能力现代化建设注入了生机活力。

参考文献

李文兵：《解码基层治理》，中国社会出版社，2023。

刘妮娜：《社会治理的基层经验：以北京市回天大型社区治理实践为例》，社会科学文献出版社，2023。

柴静如、祁怀利、李雅菲：《配建政策下混居社区居民融合分析》，《经济研究导刊》2023年第9期。

卢紫梦、王妍婷、余星玥：《基层社会治理新格局下的混居社区冲突及其治理》，《魅力中国》2021年第33期。

B.12 扶贫车间与"回归附近"的社区治理

李超海*

摘　要： 扶贫车间是精准扶贫政策的产物，其通过企业下乡和就业扶贫，逐渐建构出一种嵌入政策的、带有浓厚政治化色彩的生产空间。对标对表党的乡村振兴战略，扶贫车间延续了社会主义、集体主义办工厂的优良传统，能够在党的主导下，带动和整合各种力量形成高效联动发展路径，从而实现党的领导、技术进步、经济绩效、社会建设、治理优化的有机统一；通过产业下乡让农村贫困户和留守劳动力实现非农就业和收入增加；通过劳动保护实现农民在家门口参加经济建设和社区治理的统一。因此，扶贫车间的出现和发展，让以产业发展来带动乡村建设和促进社区治理成为可能，从而发挥了重要的社区治理效应和促进了产业联动乡村治理目标的实现。

关键词： 扶贫车间　产业发展　社区治理

一　研究背景

2022年中央一号文件提出要推动"农业农村现代化迈出新步伐"，"扎实有序做好乡村发展、乡村建设、乡村治理重点工作"。2023年中央一号文件指出"全面建设社会主义现代化国家，最艰巨最繁重的任务仍然在农村"，提出要"坚决守牢确保粮食安全、防止规模性返贫等底线，扎实推进乡村发展、乡村建设、乡村治理等重点工作"。2024年中央一号文件提出

---

* 李超海，社会学博士，广东省社会科学院《广东社会科学》副总编辑，研究员，主要研究方向为城市社会学、社区研究。

"以确保国家粮食安全、确保不发生规模性返贫为底线,以提升乡村产业发展水平、提升乡村建设水平、提升乡村治理水平为重点"。2025年中央一号文件提出"实现中国式现代化,必须加快推进乡村全面振兴",要"确保不发生规模性返贫致贫,提升乡村产业发展水平、乡村建设水平、乡村治理水平"。可见,乡村产业发展与乡村建设、乡村治理紧密相连,乡村产业发展水平在一定程度上会影响甚至决定乡村建设水平和农村社区治理质量。近年来,随着精准扶贫政策推进,在政府主导下,越来越多的企业以扶贫为目的,在乡镇或农村社区建立生产加工车间,从而就近解决当地农民尤其是贫困户的就业收入问题,帮助贫困农民脱贫和当地农民致富,进而实现共同富裕。具体来看,扶贫车间主要有两大运行模式:一是生产加工类车间,通过在圩镇、新农村建设点等设立各种工业园、生产基地等,吸纳本地贫困户和村民就业;二是流动销售类车间,借助移动互联网、电商渠道、政府扶贫单位或行业性App等,帮助当地农村推广销售各类农产品或加工品。

总体来看,不管是生产加工类车间,还是流动销售类车间,扶贫车间作为产业扶贫的重要手段,既是推动贫困地区精准脱贫的重要法宝,帮扶农民就业实现收入可持续增长的重要手段,也是提升乡村建设水平,推动乡村治理水平持续提升的重要保障。2020年6月8日,习近平总书记视察宁夏吴忠市红寺堡镇弘德村时,高度赞赏村里引入企业开办扶贫车间,指出扶贫车间不仅可以解决农民尤其是贫困农户的就业问题,帮助村民获得稳定收入,同时节省了食宿、交通等成本,还能照顾家庭,一举多得[①]。因此,扶贫车间作为一种新生事物,是政府、企业、社区和农户多方力量参与的结果,在推动乡村产业发展的同时,促进了多元协同的乡村治理体系形成,实现了以产业发展提升乡村治理水平的目的。

当下是政治逻辑主导下的扶贫车间。2013年11月,习近平总书记在湖南湘西花垣县十八洞村考察时首提"精准扶贫"概念。自此,精准扶贫逐渐演变为科学的理论体系、系统的治贫方略和具体的发展实践。产业扶贫作

---

① 央视新闻:《小车间大作用,习近平为它点赞》,2020年6月11日。

为精准扶贫分类施策的首要措施,强调通过因地制宜发展扶贫产业和建立扶贫车间,把企业流水线和生产车间建在农村,通过送厂下乡、送岗上门、立地转移等扶贫方式[1],建立政府主导下企业进村的工业化新模式。学界首先关注扶贫车间的助农效应。刘学敏将扶贫车间看作产业扶贫的重要实践类型,指出借助对口帮扶而建立的扶贫车间,有效发挥了经济助农效果[2]。农村女性作为产业扶贫的重要参与者,是扶贫车间将资本及生产空间带回农村、走向农村女性劳动力的受益者,不仅生存境遇得到有效改善,还缓解了职住分离的空间紧张。作为嵌入生活的制度化实践,扶贫车间还打通了农村女性"家庭—工作—社区"的生活空间连接[3],在扶贫工作中激活了意外的性别溢出效应[4]。但在外部风险冲击下,政策托底的扶贫车间女工始终面临家庭—工作冲突、收入不稳定等困境,也存在自上而下的顶层设计跟自身多元需求的匹配性冲突,还面临各类衍生的风险和压力[5]。进一步的研究则揭示出,扶贫车间的内在机理及生存发展面临新问题。何阳认为,扶贫车间是政府、企业、村民委员会及贫困户合作共治贫困问题的产物,是理念、主体、资源、利益等多元主体合作所建构出的合作共同体[6]。李超海则指出,扶贫车间作为政治化的生产共同体,嵌入政府、市场、社区和村民是其有效运作的关键所在[7]。随着脱贫攻坚战如期打赢、全面建成小康社会如期实现,植入乡土的扶贫车间需要调整与乡土社会的互动、关系、利益等方面的

---

[1] 央视新闻:《小车间大作用,习近平为它点赞》,2020年6月11日。
[2] 刘学敏:《贫困县扶贫产业可持续发展研究》,《中国软科学》2020年第3期。
[3] 苏海:《制度嵌入生活:农村贫困女性减贫的本土实践及反思——源于"扶贫车间"的案例考察》,《云南民族大学学报》(哲学社会科学版)2021年第1期。
[4] 邢成举:《村镇工厂与农村女性反贫困研究》,《妇女研究论丛》2020年第1期。
[5] 吴丽娟、陆继霞:《疫情冲击下的扶贫车间女工:风险与应对——基于河南省的一个案例研究》,《妇女研究论丛》2021年第5期。
[6] 何阳:《扶贫车间模式的运作逻辑与生成机理》,《深圳大学学报》(人文社会科学版)2021年第2期。
[7] 李超海:《扶贫车间:嵌入政策的劳动管理何以可能?》,《中国农业大学学报》(社会科学版)2021年第5期。

网络机制，从而有效实现扶贫产业的本土化运行①。

随着乡镇企业式微和乡村工业内生化发展面临困境，"三农问题"及农村的未来发展越发受到重视②，在新农村建设时期，企业主导的资本下乡等作为外来力量，在发展农村经济、推动基础设施建设、重建乡土社会秩序方面发挥了重要作用。党的十八大以来，脱贫攻坚和乡村振兴战略，不仅历史性地解决了绝对贫困问题，而且推动建立了一大批政府主导的扶贫车间，让农民实现了就业、务农和顾家"三同步"。扶贫车间通常出现在经济落后的农村地区、偏远山区，以产业扶贫来达到吸收困难群众就业和减贫致富目标。本案例就位于粤北山区的贫困村，主要从事玩具的生产组装。

二 研究案例基本情况

（一）案例情况

L村位于粤北某山区县级市，距镇政府12公里，距县政府40公里，有省道和大河流经本地。全村下辖17个村民小组，共有482户合计2225人。其中，2016年有建档立卡贫困户54户合计130人，贫困户率约为11.2%，贫困人口比例约为5.84%。在贫困户中，有劳动能力户33户合计103人，无劳动能力户21户合计27人，扶贫车间主要面向有劳动能力的贫困人口。作为本镇最为贫困的村，L村四面环山，交通闭塞，条件恶劣；房屋破旧，基础设施缺乏；村集体经济薄弱，村民主要以外出打工为生，留守村民基本上都是体弱多病的孤寡老人、妇女儿童，以种植水稻、蔬菜、茶叶等为生，辅以卖麻竹笋等增加收入。2015年前，全村人均可支配收入仅为7720元。

---

① 刘岩、任大鹏、李凡：《嵌入与重构：扶贫车间对乡土社会的关系再造——基于江西省的一个案例》，《农村经济》2021年第1期。
② 陆学艺：《农村发展新阶段的新形势和新任务——关于开展以发展小城镇为中心的建设社会主义新农村运动的建议》，《中国农村经济》2000年第6期；林毅夫：《"三农"问题与我国农村的未来发展》，《农业经济问题》2003年第1期。

2016年L村被列入广东省定贫困村，成为市委、市政府主要领导挂点帮扶村；2017年，L村成为国内某知名地产商支持新农村建设、助力乡村振兴的重点村庄。2018年，党和国家主要领导人曾视察该村，同年该村被评为"广东省文明村镇"，成为广东省知名的乡村振兴示范样板村。到2019年底，L村所有贫困户人均可支配收入达19188元，远超脱贫线，成为远近闻名的小康村。

2017年，L村所在县级市开展"百企扶百村"结对帮扶工作，并从资金支持、金融支撑、土地供给、电价政策及税费减免等方面对扶贫企业给予支持，撬动市场力量、民营企业等参与产业扶贫。在政府财政专项扶贫资金及通过财政渠道拨付（划转）资金的支持下，L村投入50万元用于扶贫车间的土建工程，本地民营企业德某投资集团提供帮扶资金150万元用于厂房施工建设，佳某玩具公司投入50万元用于生产设备等购置。车间选址为村集体闲置校舍，扶贫车间的选址、建设和启动是多元力量协同的结果。在扶贫车间建设过程中，政府行政力量发挥了主导作用。L村所在的粤北某地级市，是中央和广东省农村改革试验区，在多年的农村综合改革过程中，逐步确立了"党建+X"的乡村治理工作理念，成为全国基层党建和治理的典范。L村作为省定贫困村和市委、市政府挂点帮扶村，由市政府办公室的科长作为第一书记和扶贫工作队队长进驻开展精准扶贫工作。在上级部门和扶贫工作队的帮助下，L村建立起"党建+产业发展"的扶贫模式，引入玩具装配加工点，帮助贫困户劳动力在家门口就业。

因此，作为一项政策减贫的发展方案，扶贫车间的建设和运营需要在土地、劳动力等方面得到村委和村民的支持。车间建设需要土地，在选址上有要求。经过L村村委会及村民大会的投票表决，一致同意将闲置校舍作为建厂用地，既无须征收村民宅基地、耕地，也无须占用集体林地，也不存在矛盾纠纷，风险小、成本低、满足生产需求。车间规模设计是在确保全村103名有劳动能力的贫困农民进厂就业的同时，预留吸纳周边镇村劳动力的空间。招工前均由镇、村进行了有效动员，确保扶贫车间的用工需求得到满足，生产能够正常进行。

（二）调查过程

自 2023 年 6 月开始，笔者在 L 村开始长达 5 个多月的田野调查。在实地调查过程中，笔者就为何选择在 L 村进行投资这一问题对佳某玩具公司的具体负责人进行了访谈。该负责人表示选择 L 村投资办厂有如下考虑：一是地方政府重视，从中央到省委的主要领导人都来视察过，在 L 村投资既是企业的社会责任，也是企业参与乡村振兴、服务国家大局的一种方式；二是地方政府在前期做了很多工作，包括提供配套资金，协调厂房建设用地，培训农村劳动力等，很多投资生产环节事实上政府承包了，企业可以快速顺利生产；三是整个项目和工程都有政府支持，由精准扶贫和产业兴农的政策推动，不纯粹是市场化的投资行为，得到了当地镇、村与农民的支持和认可，从而避免了投资和生产的不确定性，也避免了潜在的风险和矛盾。在选择调查个案的过程中，笔者首先借助相识的政府官员和村党支部书记介绍活跃且资深的车间工人作为首批受访者，通过访谈、交往而熟悉，进而借助受访者的介绍、推荐等获得新的访谈对象，不断扩大访谈范围和访谈对象规模。笔者通过实地访谈、个案访谈等方式获得大量关于扶贫车间运营、村民生产生活和社区参与、家庭关系等大量的一手资料，基于调查访谈的资料完成了本研究报告的写作。

三　扶贫车间促进农村社区治理的主要做法

企业下乡及推动的农业生产组织化和劳动控制规范化，不可避免地遭遇乡土文化、农村秩序和基层治理的冲击，产生下乡资本或企业的适应性问题，同时也对乡村治理结构和秩序造成了冲击，需要重新思考扶贫下乡企业在农村社区治理中的作用。进一步来看，面对资本下乡，地方政府及官员寄希望于通过农业组织化、产业化实现规模经济发展，同时也期望达成组织化的"便于管理"的治理机制。然而个体化的农民，既会因个体局限不易被带动，也会因其阶层利益诉求而不参与合作。下乡企业既要稳定劳动队伍和

生产秩序，又需要通过劳动控制、技术升级、乡土嵌入等处理好跟当地社区和居民的关系来维持企业的正常运行。因此，在政治主导下的适应性研究框架中，本课题从扶贫车间所具有的政治过程、治理效能、个体保护等三个角度来分析扶贫车间所具有的社会治理影响。一是扶贫车间的政治过程。扶贫车间的建立、运行和发展跟国家的乡村振兴战略分不开，也是党领导下的重要社会革命，那么政党主导下的乡村工业化如何嵌入乡村社会治理，如何实现社区整合和基层稳定？二是扶贫车间的治理效能。扶贫车间是产业振兴的动力，也是乡村治理的支撑，发挥了产业发展、劳动使用、社区再造、村民参与等多重功能，这一多重功能如何基于扶贫车间得以实现呢？三是扶贫车间的个体保护。作为高度理性设计的产物，扶贫车间实现了劳动力的就地转化，推动了劳动力生产和再生产的统一，这一劳动力生产和再生产统一背后的作用机制是什么呢？

（一）政策托底是前提

扶贫车间是政府主导下的通过企业下乡对贫困劳动力进行就业帮扶的创新行为，其建立、运行和发展都离不开政府力量及有效干预。在《中共中央、国务院关于打赢脱贫攻坚战的决定》驱动下，产业扶贫成为各地推动贫困家庭永久脱贫最常用的策略，建立扶贫车间就是产业扶贫的积极探索。截至2020年，中国累计建设扶贫车间32688个，吸纳贫困人口家门口就业43.7万人[1]。大量的贫困户及劳动力在家门口实现了非农就业，不仅实现了脱贫致富，还获得了稳定就业机会，避免重新返贫。

综观扶贫车间的建立、生产、管理等不同环节，可以发现，政府在其中扮演了重要角色，发挥了重要作用。为确保扶贫车间的稳定运行，确保扶贫车间既能适应市场需求，又能保障贫困劳动力稳定就业，地方政府积极推动企业下乡投资生产，帮助选择生产场地、招聘培训劳动力、参与生产管理、

---

[1] 《中国就业扶贫成效显著 5 年累计建扶贫车间 32688 个》，https://m.gmw.cn/2020-11/19/content_ 1301817010.htm。

提供资金帮扶、帮助推销产品等。具体来看，地方政府介入生产、管理、分配和销售等环节所扮演的角色可以总结如下。

一是场地支持。扶贫车间通常建在农村集镇，其目的是解决贫困家庭劳动力就业和增收问题，这就决定了扶贫车间的运营具有较强的公益性和政策性。因此，地方政府通常会为扶贫车间提供场地支持，将闲置的村集体资产、公共空间等免费提供给扶贫车间使用，从而减少车间运营的成本压力。就实际情况来看，大多数车间选址主要为闲置的校舍、村集体公共用地等。

二是资金扶持。扶贫车间通常是企业设在农村集镇的生产制造基地，主要从事简单加工、初级生产、组装配套等工作。因此，地方政府在考虑当地劳动力、交通、特色产业等因素的基础上，通过政策、资金等扶持手段，引入相关联的企业设立扶贫车间，从而实现产业发展和农民就业相结合。

三是管理帮扶。扶贫车间的劳动力以本地贫困劳动人口为主，同时也吸纳了旁村邻镇的农村人口就业。因此，如何有效管理本地同质化的劳动力是扶贫车间面临的难题。通常来说，地方政府会帮助扶贫企业甄别和招聘劳动力，对劳动力进行培训和教育，对劳动力的生产效果进行管理和督促，从而确保企业生产的稳定和有效，也确保贫困劳动力积极参与生产和增加收入。

四是市场对接。大多数扶贫车间主要生产初级加工品，很多是本地的农产品，能否有效对接下游产业链，能否及时找到销路，决定了车间能否生存和发展。通常，地方政府会利用招商引资的便利，积极为车间寻找下游企业或销售渠道，确保车间生产的产品卖出去。同时，对于从事种植养殖、食品生产等类型的扶贫车间，地方政府还以对口帮扶的方式，帮助车间解决销售问题，确保车间能够稳定生产。

五是技术指导。扶贫车间也需要产业升级和技术升级，地方政府积极对接科研院所、高等学校、大型企业等机构，通过引进人才和科技特派员、技术下乡等方式，为辖区内的扶贫车间提供技术指导，帮助扶贫车间提升产品质量和竞争力。对于农业类的扶贫车间，地方政府提供的技术指导和培训尤为有效。

（二）各方协同是动力

贫困农户的参与度是扶贫车间稳健运行的基础动力，但车间劳动力的有效管理需要发挥地方政府、村集体、企业、贫困户家庭等多方的合力，从而同步实现企业稳健经营和贫困户劳动力稳定增收。因此，在车间生产和劳动管理实践中，逐渐形成了政府、村集体、企业和贫困户劳动力四方协同治理的格局。

一是上级政府的大力支持。扶贫车间的建立和运营，离不开地方政府的全过程参与和大力扶持，离不开镇村的积极作为。比如，扶贫车间的厂房建设，其土地产权多属于村集体，地方政府通过易地搬迁配套工程将村集体闲置土地再利用，作为扶贫车间的建设用地，从而大大降低了扶贫车间建设的用地成本和工程支出。比如，扶贫车间所使用的劳动力以本地贫困户劳动力为主，村集体需要逐一了解动员，将贫困户劳动力组织起来，参与劳动、人设等部门负责的技能培训、岗前教育等，为参与扶贫车间的生产劳动提供合格的劳动力。比如，地方政府出面，邀请或聘请高等院校、科研院所的科研人员进入扶贫车间提供技术指导、生产咨询等，具体的组织和执行工作通常由村集体配合。比如，往往也是地方政府或者村集体通过集中购买、在线推销、直播带货等方式，为扶贫车间解决产品出路问题。此外，政府还会为带动贫困劳动力就业的扶贫车间提供精准扶贫贴息贷款，对在脱贫攻坚工作中贡献较大的扶贫车间进行奖励。可见，在地方政府和村集体的合作联动下，在厂房建设、设备投入、金融扶持、技术扶持、人员培训、生产管理等方面创造有利条件，可为扶贫车间的稳健运营提供强大动力。

二是村集体的积极作为。贫困户劳动力及周边农民构成了扶贫车间的劳动主体，他们是当地的常住人口，也是社区居民，要将本地居民转变为扶贫车间的生产工人，离不开村集体的积极作为和沟通协调。作为就地转移的农民，贫困户劳动力要转变为车间生产的高素质劳动力，不仅需要政府和企业主导的技能培训和岗前教育，还需要村集体的居中协调和有效管理。比如，调解贫困户劳动力跟车间管理方之间的矛盾；又如，当扶贫车间劳动力短缺时,需要当地村集体帮助寻找新劳动力;再如,扶贫车间的生产安全,需要当地村集体提供帮助。村集体的积极作为为扶贫车间的生产管理运营提供了稳定支撑。

三是企业的社会责任和大力配合。对企业来说,为了配合精准扶贫政策,为了适应贫困户劳动力的实际情况,建在农村集镇的扶贫车间主要从事初级产品的生产和制造,也包括农产品的种植养殖,从而最大限度地雇佣本地贫困户劳动力上岗就业。当前,随着自动化生产设备的广泛应用,越来越多的劳动密集型企业开始使用机器人替代人力,而扶贫车间的生产线以手工劳动为主,这主要是考虑贫困户劳动力的劳动能力和生产技能,同时也是为确保将所有贫困户劳动力纳入扶贫车间就业。还有部分企业在农村集镇建立的扶贫车间,主要从事农业类的种植养殖,这样既可以发挥贫困户劳动力的劳动经验,又能够将农村的特色农产品经过初加工或深加工卖出更好的价钱。因此,建立适应贫困户劳动力就业的工作岗位,不仅解决了贫困户劳动力的就业和增收问题,还履行了企业的社会责任和担负起参与精准扶贫的使命。

(三)多重嵌入是关键

扶贫车间的性质决定了其稳健运营需要嵌入政策、市场和社区等多重力量,需要兼顾政策考核、市场考验和社区利益。具体来说,扶贫车间的稳健运营需要积极嵌入政策目标、市场需求和社区生活。

一是嵌入政策目标。习近平总书记提出要以更大的决心、更明确的思路、更精准的举措、超常规的力度,确保2020年我国现行标准下农村贫困人口实现脱贫,贫困县全部摘帽[①]。扶贫车间作为产业扶贫的创新举措,必然肩负着农村贫困户人口脱贫致富的重要责任,其日常生产和运营必须嵌入政策考核目标,跟政策考核任务同步兼容。从实际运行来看,确保贫

---

① 中共中央宣传部编《习近平新时代中国特色社会主义思想学习纲要》,学习出版社、人民出版社,2019。

困户劳动力在扶贫车间稳定就业和稳定获益，就成为扶贫车间日常管理的重要目标。因此，扶贫车间的生产不完全追逐企业收益，而是在适应贫困户劳动力劳动能力的基础上，尽可能满足贫困户劳动力的就业需求，确保每一位贫困户劳动力都能上岗就业，确保贫困户劳动力在2020年能够实现脱贫致富。

二是嵌入市场需求。扶贫车间具有很强的政策属性，同时也遵守市场规律，需要考虑成本、风险和收益的关系。得益于政府的政策、资金、项目等支持，扶贫车间的生产成本和风险压力减轻，后期的运营管理往往会深度嵌入市场。生产制造类的扶贫车间往往会跟当地资源禀赋、地理区位、发展传统等密切结合，进行生产布局。比如，设立在农村集镇的加工制造生产线，往往会跟当地及附近的产业集群相结合，确保产品能够及时供应当地市场；从事销售类的扶贫车间，往往借助电商平台、网红直播等来出售本地特色农产品。因此，在遵循市场规律和产业发展规律的基础上，扶贫车间往往将选好产业项目、培育产业、发展产业结合，以发展来确保贫困户劳动力的收益稳定增加。

三是嵌入社区生活。扶贫车间建在农村集镇，在实现村民家门口就业的同时，也将车间生产深度嵌入社区秩序和村民日常生活。扶贫车间成为村民们日常生活的组成部分，也成为村民们日常交往的空间，嵌入了社区的公共生活和村民们的家庭生活。因此，扶贫车间的劳动关系转变为社区村民关系，扶贫车间的生产管理同社区村民的社会交往融为一体。得益于近距离嵌入社区和融入村民生活，扶贫车间管理运行的不确定性大大降低，劳资关系也变得更为和谐，从而为扶贫车间的稳健运营创造了良好基础。

四　结论

近年来，乡村振兴战略持续发力。政府主导企业下乡在农村社区建立扶贫车间，从而吸纳回流农民工、农村贫困人口非农就业。扶贫车间是地方政府聚焦企业进村和村民精准脱贫这一政治任务，利用村集体闲置场地，引入生产制造、农业种养企业等开设生产车间,将贫困人口、家庭主妇、剩余劳动力等整合为追求精准脱贫这一政策目标下的非农就业工人,进而实现农民脱贫致富和村集体经济发展的措施。在扶贫车间中,生产工人的劳动过程受到政府保护,日常管理话语充满政治关怀,生活交往做到完整融合,建立起劳动力生产和再生产的统一,实现了个体劳动、家庭生活和社区参与的有机融合。

因此,得益于党领导下的精准扶贫和乡村全面振兴战略,扶贫车间与"回归附近"的团结劳动,改变了全球化生产体系中外出接入"世界工厂"与忽视"附近"的社会格局,让工业生产、非农就业回到农村、回归乡土,让车间工人获得收入来改善家庭生活,让村集体获得资源来改造社区环境,不仅再造了村落共同体和生产共同体,也让国家主导的在地化社会建设落到实处。得益于国家运用政策制度、政府资源、行政能力等在村落社会建设中发挥主导性和主动性,农村地区、贫困弱势农民及家庭获得了参与非农经济的机遇,创造出具有中国特色的共享经济社会发展成果的生产空间,破解了企业下乡的社会适应性困境。对本地村民来说,合理化的生活世界是建立在劳动基础上的利益或收入。当全球化生产体系或世界工厂就业体制渗透并主导村民的生活世界时,村民就将外出打工视为理所当然。此时,生活世界所具有的中心意义在于打工及所获得的经济收益,而家庭生活、夫妻关系、亲子互动等,在打工收入的冲击下逐渐破裂并失去价值意义。得益于乡村振兴稳步推进和国家力量的系统植入,外出打工被"回归附近"的扶贫车间就业所取代,村内就业替代外出打工,回归家庭取代家庭分离,在地化生产和居家生活的统一,让农民的生活世界和生活意义实现了重构。因此,扶贫车间作为新生事物,发展并渗透村民的日常世界,在一定程度上解构了打工经济的不合理性,建构出"回归附近"的新的"本质主义"生产生活方式,也构建了能够让产业稳步发展、村民稳定就业、社区有效治理的良性格局。

进一步来看,扶贫车间是精准扶贫政策的产物,通常出现在经济落后的农村地区、偏远山区,以产业扶贫来吸收困难群众就业并实现减贫致富,其产生和运行是地方党委、政府对标对表国家乡村振兴战略、对照遵循当地发展现

实情况，联动政府、企业、社区和居民形成的工业化发展新实践，形成了具有中国特色的产业发展提升乡村治理水平的创新模式。

参考文献

周晓虹：《传统与变迁——江浙农民的社会心理及其近代以来的嬗变》，三联书店，1998。

何阳：《扶贫车间模式的运作逻辑与生成机理》，《深圳大学学报》（人文社会科学版）2021年第2期。

李超海：《扶贫车间：嵌入政策的劳动管理何以可能？》，《中国农业大学学报》（社会科学版）2021年第5期。

刘岩、任大鹏、李凡：《嵌入与重构：扶贫车间对乡土社会的关系再造——基于江西省的一个案例》，《农村经济》2021年第1期。

陆学艺：《农村发展新阶段的新形势和新任务——关于开展以发展小城镇为中心的建设社会主义新农村运动的建议》，《中国农村经济》2000年第6期。

林毅夫：《"三农"问题与我国农村的未来发展》，《农业经济问题》2003年第1期。

B.13
美丽中国旺，基层治理"文化新质生产力"
——安定门街道国旺社区 1446 工作法

高翔宇 黄悌 黄柏涛[*]

摘　要： 安定门街道是北京中轴脊线的重要节点，其大量的社区胡同也承载着宝贵的京味历史文化记忆。国旺社区在"以高质量党建服务新时代首都发展"精神指引下，创新党建工作协调委员会 1446 工作法，试点构建党建引领下的要素支撑平台，包括党建引领核心，共筑"美丽中国旺"品牌；下足社区治理"绣花"功夫，常态化推进四类融合；四类党组织协同发展，壮大基层治理"朋友圈"等做法。安定门街道将坚持党建引领，坚持"两个结合"与推进中国式现代化密不可分，合力打造"美丽中国旺"党建品牌，创新运营"文化新质生产力"创新实验室，构建一个创新共荣、平等开放的生态体系，助力区域产业发展和文化保护高质量发展。

关键词： 基层治理　文化　文化新质生产力

一　中轴之北，国旺社区基本概况

安定门街道国旺社区位于北京市东城区西北部，地处北京中轴线重要节点，辖区面积 0.21 平方公里，常住人口 3255 人。社区四至范围为北起安定

---

[*] 高翔宇，就职于北京市东城区安定门街道党群工作办公室；黄悌，北京市东城区安定门街道国旺社区党员志愿者；黄柏涛，北京科技大学文法学院在读研究生。

门西大街，南至张旺胡同、王佐胡同，东起宝钞胡同，西至旧鼓楼大街，由国旺胡同、国旺东巷、玉阁胡同等13条胡同组成，承载着丰富的京味历史文化记忆，融合了传统与现代的生活方式。

国旺社区居委会2013年、2015年先后获评"北京市先进社区居委会"和"北京市综合减灾示范社区"。社区内现存市级文物保护单位国祥胡同2号四合院，曾为清代蒙古王爷进京朝拜时的居所，具有重要的历史文化价值。社区内赵府街老式国营副食店、奥士凯社区便民服务中心等商业服务设施完善，曾多次获市级媒体报道。作为典型的老北京胡同社区，国旺社区既保留了传统胡同风貌，又通过现代化社区治理实现了历史与现代的有机融合，展现了北京城市发展的时代特色。

以2024年北京中轴线申遗成功为契机，国旺社区党委守正创新、向阳而生，围绕数字化、绿色化、文化、国际化核心理念，全力打造"美丽中国旺"基层党建品牌，努力探索社会工作同中华优秀传统文化相结合，开发利用好辖区北二环城市公园融合胡同院落的老北京古韵风情，高标准筑牢党建工作基础，紧抓党组织建设合作项目，强化党建引领基层治理品牌矩阵创新，形成了具有地域特色的社区治理品牌。

二 治理创新：党建工作协调委员会1446工作法

（一）党建引领核心，共筑"美丽中国旺"品牌

安定门街区历史久远，是首都功能核心区胡同格局保存较为完整的区域之一。国旺社区地处北京中轴线"龙尾之要"，毗邻美丽的北二环城市公园，辖区多平房院落，社区党建品牌取名"美丽中国旺"，是因为辖区有国旺胡同、国兴胡同、国祥胡同、国盛胡同等一批"国字号"胡同。国旺社区党委始终抓住党组织领导基层治理这条主线，将党建引领共治共享作为重要解题"密钥"，逐步完善"区级平台高位统筹、总体谋划，街道平台承上启下、做好衔接指导，社区平台具体实施、统筹资源"的工作机制，以党

建工作协调委员会为平台抓手，构建起条块结合、资源共享、优势互补、共驻共建的区域化党建工作体系，壮大新时代基层治理"朋友圈"，破解基层社会"疑难杂症"。

2024年7月，"北京中轴线——中国理想都城秩序的杰作"正式列入世界遗产名录。国旺社区以北京中轴线申遗保护为抓手带动老城整体保护，将党的组织体系与社会治理体系有机融合，精心组织社区党员干部与居民代表参与街巷治理调研及各类文化活动，推动地区环境建设、社区治理提质增效，将古都脊梁这道亮丽的风景线，推广到世界的每个角落。"美丽中国旺"也成为社区党建工作协调委员会凝聚群众、团结群众、服务群众的关键举措。这种强烈的文化认同如同强大的精神磁石，以文化为坚韧纽带将各方力量紧密团结在一起，让各类社会主体在不同区域实现"有利有位有为"，逐步形成"局部相加大于整体之和"的良好局面，为实现共建共治共享的社会治理提供了新思路。

（二）下足社区治理"绣花"功夫，常态化推进四类融合

国旺社区党建工作协调委员会1446工作法，立足基层工作微创新，发挥党员的先锋带头作用，聚焦群众的"急难愁盼"问题，聚焦"法治、德治、自治、媒治"四类融合赋能基层，不断加强社区治理的动能，以解决群众的实际难题，打通服务群众的梗阻，下足社区治理"绣花"功夫，提升居民参与社区治理的能力，增强社区居民的幸福感、获得感、归属感。

1. 法治融合"数字科普"

国旺社区联合北京五中教育集团成员校北京市第一中学精心设计了青少年思政教育工作调查问卷，家校社共同开展法治融合"数字科普"系列活动，并联动街道"安仁学堂"成长营，在社区多功能厅精心举办青少年法治讲堂。活动巧妙运用数字化手段，播放制作精良的法治科普短视频，以生动形象的动画、真实震撼的案例片段吸引青少年的注意力；开展线上法律知识问答，利用即时反馈的机制激发青少年的参与热情。

同时，安定门街道党群服务中心党委整合多方资源，联动北京睦邻法律服务中心党支部等"两企三新"组织代表对接社区，聘任最高检退休党员志愿者王凤琴老师作为社区治理合伙人赋能基层，定期组织司法领域专业志愿者来社区授课，结合实际发生的典型案例，深入浅出地进行讲解，让法治知识变得生动有趣、易于理解。社区还充分借助数字化平台，持续推送内容丰富的法治科普文章、深入透彻的案例分析，实现法治教育常态化与数字化的深度融合。在社区事务决策、管理与监督过程中，充分利用线上投票、公示系统，确保每一项流程都依法依规、公开透明，极大地提升法治治理效能，全方位维护居民的合法权益。

2. 德治融合"生态文明"

国旺社区紧邻的北二环城市公园，为开展生态文明志愿服务提供了天然的优质课堂。民进会员董雁老师是北京五中的人民教师，2023年11月，她在社区开展社情民意信息座谈，提出生态环保理念融合德治范畴，和居民一起"做未来的生态环境志愿者"。她亲自担任社区环保讲解员，发起"光盘行动"绿色倡议，为社区开发"帕系自然"公益科普课，普及生态文明理念，传播环保科学知识。生态环境部微信公众号、《环境经济研究》杂志专题报道了董雁老师的故事。环境与经济政策研究中心郭红燕专家点评："公众的志愿服务需求，随着经济社会发展而不断增长。"

在东城区委宣传部（区文明办）、区生态环境局、区志愿服务联合会的帮助下，社区积极参与"优秀环保公益组织""绿色生活好市民"评选，社区党委联合北京莆田企业商会成员企业，培育孵化了"杰邮益"社区志愿服务队，引导资源节约集约循环利用，鼓励居民参与垃圾分类，加快发展方式绿色转型，全力打造零碳街巷试点，助力实现碳达峰碳中和目标，并在赵府街20号院文创园区、玉阁胡同、中绦胡同等重点街巷设置环保宣传栏。社区社工、文艺志愿者团队以情景剧、快板书等形式宣传环保达人故事，开展"健康楼道微更新"行动，清理楼道杂物，打造"健康生活微空间"和绿色低碳、环境优美、生态宜居、安全健康、智慧高效的未来社区，为点燃中轴文明之光贡献力量。

3. 自治融合"崇文争先"

国旺社区紧紧围绕"崇文争先"理念，大力推进社区自治工作。在社区社会组织培育方面，积极搭建广阔的平台，强化资源共享，积极开展丰富多彩的文化活动，不断提升居民的幸福感和归属感。党员志愿者更是以身作则，以"党员示范岗"为依托，设立文化传承示范岗、社区服务示范岗等，让居民深入了解胡同的历史变迁；开展传统手工艺制作体验活动，让居民亲身体验传统技艺的魅力，在传承文化的同时，带动更多居民参与社区自治，全面提升社区整体治理水平。

在共青团北京市委员会等单位的指导帮助下，安定门街道国旺社区联合在地的央企青年团干、机关青年团干、基层社区青年团干，共同发起"青春助力中轴线保护"倡议，举行"强国有我·同心筑梦——青春北京文化志愿者助力中轴线保护"主题活动。清华同衡更新所的青年规划师、金台共享际园区的创意主理人纷纷报名成为文化志愿者，社区队伍里有了更多的年轻人。

国旺社区春晚也是"中轴之北"的亮丽名片。"巳巳如意中国旺 生生不息情韵长"迎春联欢现场，社区居民欢聚一堂，三句半、大合唱、诗朗诵、萨克斯独奏……接连上演的精彩节目将喜庆氛围推向了一个又一个高潮。除了本社区居民文艺骨干，西城区德胜街道人定湖牡丹艺术团也加入社区春晚的队伍，北京乌兰察布企业商会组织青年志愿者在晚会现场为居民百姓赠送福字。

4. 媒治融合"国际交往"

以北京中轴线申遗成功为契机，国旺社区积极主动地拓展对外交流渠道，用心用情强化使命担当，争当北京中轴线厚重历史文化的"宣讲员"、服务地区经济社会发展的"店小二"和国际交往语言环境建设的"志愿者"。在街道侨联和新联会志愿者的帮助下，社区分别与中国新闻社国是直通车、中国华侨博物馆、对外经济贸易大学国际关系学院建立了合作关系，充分借助外部专业力量提升社区的关注度，让"中轴之北"国旺的故事成为中国故事的一部分。这些来自不同媒体平台的志愿者们，凭借自身专业素

养与资源优势,助力基层治理微创新,为社区治理注入新活力。

国旺社区组织地区统战人士代表、融媒体社区志愿服务队参加"延安九日——陈嘉庚先生诞辰150周年纪念特展"。大家在中国华侨历史博物馆主题展厅了解到陈嘉庚先生1940年访问革命圣地延安号召海外华侨投身抗日的故事,学习到涉侨文物蕴含的精神特质和时代价值,了解侨界向世界讲好中国故事、弘扬中华文化的独特作用。2024年末,社区组织居民学习街道融媒体中心制作的《安定时间,百件大事》专栏,一起回顾安定门胡同"云"博馆的年度故事。未来,期待更多的媒体伙伴走进社区,共同记录和传播发生在北京胡同院落的时代故事。

作为基层治理"最后一公里",国旺社区党委班子继续奋斗,当好社会治理"绣花针",抓党建带班子,抓党员带群众,"绣"出群众期待的美好未来。

(三)四类党组织协同,壮大基层治理"朋友圈"

基层党组织长期面临资源有限但需求无限、人手有限但服务无限、权力有限但责任无限的困境。国旺社区创新党建工作协调委员会1446工作法,统筹推进"央地共建"、"两企三新"、属地单位、高校联盟四类党组织协同,把各级党组织和党员干部群众的思想和行动统一到服务中心大局中来。

1. "央地共建",红色华润星耀国旺

华润集团作为红色央企,自1938年"联和行"在香港成立起,就肩负着特殊使命,在抗战物资供应等关键时刻发挥关键作用,为民族解放事业作出卓越贡献。华润集团前任领导李小芬组织志愿者走访国旺社区,参访玉阁胡同、金台共享际等城市更新项目,对老社区焕发的新姿赞叹不已。华润老党员代表罗琼老师投身"中轴之北"志愿服务,以丰富的经验和专业知识成为社区治理合伙人。华润医药商业集团第一党支部与国旺社区合作渊源深厚,成绩斐然,大家共同努力为基层治理发展贡献华润力量。

依托党建工作协调委员会协商议事平台,华润医药商业集团第一党支部响应东城区"央地共建"高质量发展号召,与国旺社区常态化开展联学共

建工作：成立华润党员"多帮一"慈善基金，精准帮扶社区困难家庭和弱势群体；与社区共同开展"潮鸣号——发现身边美好"志愿服务项目，深度挖掘本土红色历史，探寻名人轶事和社区发展中的动人故事，制作成音频、视频，通过新媒体平台广泛推送。华润党员积极参与故事创作与传播，结合华润发展历程，分享企业在党的领导下发展壮大、报效国家的经历，让社区居民更深刻地理解党建引领的重要性，以及红色精神与传统文化的一脉相承。

2."两企三新"，未来社区筑梦金台

作为社区党建工作协调委员会的主力成员，金隅金台共享际园区党支部隶属于东城区安定门街道党群服务中心党委。金台共享际定位"戏剧东城"和"新消费孵化"未来园区，项目位于北京市东城区赵府街20号，园区入驻一批"三新"企业。以青年党员方超为代表的金台共享际"三新"党员志愿者，具有"专精特新"学历高、年富力强活力足、文化创意业务强的显著特征，为社区带来新思维、新活力。

金台共享际园区党支部响应政策号召，聚焦国际化、生态化、数字化，紧扣产业发展趋势推动校友经济"党建+"，开展"招商引资+招创引智"，加大对科研工作者、创业团队、留学人才的服务力度，构建文化赋能区域发展的新格局，打造科技、教育、人才未来社区。围绕北京国际消费中心城市建设目标，发挥新兴领域党组织市场主体优势，融合园区创意书店、市集、咖啡馆、餐厅、艺术廊等，以文化新质生产力推动社区园区一体化，举办读书分享会、创意手工市集等活动，吸引企业服务社区，营造"和雅东城 书香润心"创意生态，使园区成为服务百姓生活、青少年文明实践的未来社区。

3."心路医路"，中轴之北健康生活

安定门社区卫生服务中心党支部秉持"党建引领、服务为民"宗旨，探索医务社工和社区志愿者"双社联动"，以"补齐卫生服务短板、增强居民健康获得感"为核心，依托鼓楼社区卫生服务站阵地，成立了"心路医路"专业志愿者服务队，联动中共北京市医疗健康领域基金会第一联合委员会（简称北京医联党委）深化共建共治共享机制，打造"健康治理共同体"。将基层卫生服务纳入社区治理规划，构建"支部联建、责任共担、服务共享"机制。建立"三会联动"机制，即党建联席会商讨卫生服务发展方向、健康议事会研判居民健康需求、居民恳谈会倾听居民意见建议。联合开展健康入户行动，党员医护人员与社区网格员深入家庭，将健康服务融入社区走访、矛盾调解等场景，如医护人员为居民体检、网格员收集反馈，实现健康服务与社区治理融合。同时，发挥党组织统筹协调功能，构建"政府主导+社会补充+居民参与"的资源整合模式，动员"银发力量"组建健康志愿服务队，协助开展慢性病随访等工作，提升服务全面性与持续性。

在文化浸润方面，培育"健康宜居新生态"。将健康理念与"美丽中国旺"的生态文明、睦邻文化融合，推动"健康社区"向"健康生活共同体"升级。打造健康文化宣传栏，在社区公共空间设置健康知识展板、中医养生标语，普及健康知识。在服务创新方面，坚持"预防为主、防治结合"，以家庭医生签约服务为抓手，为居民提供个性化、全方位的健康管理。利用信息化手段，建立居民健康档案管理系统，实现健康信息互联互通、实时共享，方便居民随时随地了解自己的健康状况。开展线上健康咨询、预约诊疗等服务，打破时间和空间限制，方便居民就医。针对老年人、慢性病患者等重点人群，提供上门巡诊、康复护理等服务，真正将健康服务送到居民家门口。

4. 贝壳青年，文化科技双向赋能

在新时代党建引领基层治理的宏大叙事下，大学生党员群体始终以"红色基因"为精神坐标。北京科技大学组织"贝壳青年"志愿者投身基层社区建设，在中轴线文化传承与基层实践中锤炼党性修养。安定门地区胡同楼院处处都有志愿者的身影，为社区注入了源源不断的青春活力，涌现了以"贝壳青年"黄柏涛为代表的一批高校志愿者，为首都核心区治理现代化注入青春动能。

为了将课堂所学的专业知识与社区实际相结合，搭建社区居民需求与学校学科专业提升间的桥梁纽带,"贝壳青年"与社区开展"党建领航—文化浸润—专业赋能"联学共建,专题解读民政部政策研究中心副主任谈志林《关于推动银发经济高质量发展的思考》,第一时间推送、共享北京科技大学文法学院举办的"公共管理前沿对话"系列讲座信息。在社区党建咖啡"中轴之北"青年 TALK 活动中,社会工作专业的黄同学分享自己在西藏的支教故事,并邀请同辈伙伴一起探讨社区治理议题,将青年人的专业能力、数字素养与社区现状相结合,探索构建"组织建设赋能基层、志愿服务文明实践、学业发展实务研究"协同机制,为基层治理注入新鲜血液,展现新时代青年与社区共成长的动人图景,点亮"美丽中国旺"。

(四)六大提案保障

在东城区安定门街道工委、办事处领导下,国旺社区坚持大抓党建、大抓基层的鲜明导向,持续开展街巷精细化治理,确保辖区基础安全工作稳扎稳打,环境秩序稳步提升。2024 年 12 月 26 日,"美丽中国旺"党建工作协调委员会围绕社区发展关键问题,以服务区域经济社会高质量发展为目标,积极作为。

一方面,依托社区丰富的文化资源,吸引文化创意、旅游等相关产业入驻,带动区域经济发展。例如,结合北京中轴线文化和社区特色,开发文化旅游线路,举办文化创意产品展销活动,促进文化与经济的深度融合。另一方面,加强与周边社区、单位的合作交流,形成区域发展合力。通过共享党建资源、治理经验,共同解决区域内的交通、环境等问题,提升区域整体治理水平,为居民创造更加优质的生活环境,为区域经济社会高质量发展贡献国旺社区的力量。

经深入探讨与广泛征求意见,各方达成以下六大提案共识,旨在全面提升社区治理水平,推动社区高质量发展。

一是优化资源配置。针对社区资源分配不均衡、部分公共服务设施利用率低的问题,提出建立资源统筹协调机制。整合社区内场地、设备、人力等各类资源,通过建立资源共享平台,实现高效调配。例如,协调辖区内学校、企业在非工作时间开放闲置场地，用于社区居民文化活动、体育锻炼，提高资源利用率，满足居民多样化需求。

二是强化队伍建设。鉴于社区工作队伍存在专业能力不足、人员流动性大的问题，提案提出加强人才培养与引进。定期组织社区工作人员参加社区治理、社会工作、政策法规等专业培训，提升业务能力。制定优惠政策，吸引高校相关专业毕业生、有经验的社会工作者加入社区工作队伍，充实人才力量，为社区发展提供人力保障。

三是激发社区活力。为解决社区文化活动形式单一、参与度不高的问题，创新文化活动形式与内容。结合社区特色与居民兴趣，举办各类主题文化活动，如"中轴文化节"，设置中轴文化展览、民俗表演、传统手工艺体验等环节，增强居民对本土文化的认同感与归属感，吸引更多居民参与，营造积极向上的社区文化氛围，激发社区活力。

四是提升治理效能。针对社区治理中信息沟通不畅、决策效率低的情况，提案建议搭建信息化治理平台，利用大数据、云计算等技术，实现社区事务信息化管理。建立社区居民与治理主体实时沟通渠道，如开发社区专属App，居民可通过App反馈问题、参与决策投票，提高信息传递效率与决策科学性，提升社区治理效能。

五是深化共驻共建。由于社区与辖区单位合作不够紧密，共建机制有待完善，要完善共驻共建机制，加强与辖区单位沟通协作。定期召开社区党建工作协调委员会会议，与辖区单位共同商讨社区发展规划、解决重难点问题。建立项目合作机制，鼓励辖区单位与社区共同开展民生服务、环境整治等项目，实现资源共享、优势互补，共同推动社区发展。

六是增强服务能力。针对社区服务内容不够精准、服务质量有待提高的问题，根据居民需求精准定位服务内容。通过开展问卷调查、居民座谈会等方式，深入了解居民尤其是老年人、儿童、残疾人等特殊群体的需求。在此基础上，提供个性化、专业化服务，如为老年人提供居家养老服务、为儿童提供课外辅导与兴趣培养课程，切实增强社区服务能力，提升居民的满意度与幸福感。

三 未来与展望：文化新质生产力

安定门街道国旺社区将持之以恒坚持党建引领，坚持"两个结合"与推进中国式现代化，合力打造"美丽中国旺"党建品牌，创新运营文化新质生产力创新实验室，将文化软实力转化为现实生产力，构建一个创新共荣、平等开放的生态体系，推动产业发展和文化保护，有序融入安定门街道"一街九巷专项提升"行动，助力区域高质量发展。

东城区是首都功能保障核心区，中轴线遗产保护和红色文物活化利用与城市更新是相辅相成、相互促进的。安定门街道国旺社区在社会工作"第二个结合"方面，持续深化马克思主义基本原理与中华优秀传统文化的融合实践，进一步挖掘中华优秀传统文化在社区治理各领域的价值，结合实施城市更新行动，探索跨界协同融合发展的新路径，激活社区治理合伙人的运营能力。未来将在社区公共空间中融入传统建筑美学元素，引导咨询、测绘、投融资、建设、数字化以及相关协会等各类型机构、企业共同参与基层治理。在社区活动组织中增加二十四节气等传统民俗节庆活动，对社区治理的经验进行总结提炼，形成可推广、可复制的模式，推动社区治理体系和治理能力现代化。

"融合聚力 笃行向新。"地处北京中轴线"龙尾之要"的国旺社区，深刻认识带头落实"看北京首先要从政治上看"的要求，以"正阳先锋"为指引深入开展"社区党建+志愿服务"工作机制，把党的政治优势、组织优势、密切联系群众优势转化为社区治理、志愿服务的工作优势、发展优势，依据社区党建工作协调委员会1446工作法，找准志愿服务的着力点、切入点，持续深化各类治理举措，有序发展文化新质生产力赋能基层，重点推进"央地共建"、"两企三新"、属地单位、高校联盟四类党组织常态化开展联学共建，探索性开展数字艺术、公共服务、科技创新、文化传承等领域与基层治理的未来场景，为中国式现代化贡献"东城社工"力量，让"美丽中国旺"品牌更加熠熠生辉。

参考文献

谭日辉:《北京社区治理机制研究》,中国社会科学出版社,2018。

张森:《寓文于治:文化治理视域下创新社会治理的文化路径》,《学习与探索》2023年第8期。

李世敏、吴理财:《社区治理的文化转向:一种新的理论视角》,《理论与改革》2015年第1期。

社区养老

B.14 北京市居家社区养老服务发展研究[*]

马晓燕[**]

摘 要： 完善的政策措施有助于化解日趋严重的老龄化带来的挑战和社会风险。针对北京市养老服务面临的人口规模大、特殊群体养老服务难题多等特征，结合老龄人口对养老服务的实际需求，北京市加强居家社区养老服务模式创新，通过完善就近精准的养老服务体系，强化资源配置，全面提升养老服务供给能力，为养老服务高质量发展提供支撑和保障。

关键词： 老龄化 养老服务 居家养老 社区养老

老龄化问题是经济社会高质量发展的重要影响因素，对超大城市日趋严

---

[*] 本文是北京市社会科学院2025年度一般课题"北京超大城市韧性社区建设的实践模式和优化路径研究"（项目编号：KY2025C0295）的阶段性成果。

[**] 马晓燕，社会学博士，北京市社会科学院综合治理研究所副研究员，主要研究方向为城市社会学与社区研究。

重的老龄化问题蕴含的社会风险需要作出预判和超前应对。党的二十届三中全会提出，要"积极应对人口老龄化，完善发展养老事业和养老产业政策机制"①。2024年11月，《求是》杂志发表习近平总书记重要文章《以人口高质量发展支撑中国式现代化》，文章明确指出："实施积极应对人口老龄化国家战略，努力实现老有所养、老有所为、老有所乐。要推进基本养老服务体系建设。"② 在人口老龄化日趋严重的背景下，"老有所养"是政府基本公共服务的重要内容。党的二十届三中全会强调，要"优化基本养老服务供给，培育社区养老服务机构，健全公办养老机构运营机制，鼓励和引导企业等社会力量积极参与，推进互助性养老服务，促进医养结合"③。精准的政策制定和制度完善有助于高度老龄化背景下民生福祉的保障和社会运行的和谐稳定。

一 北京市人口老龄化发展趋势

依据世界卫生组织（WHO）的标准，当一个国家或地区60岁以上人口占全部人口的比重达到10%，这个国家或地区即进入老龄化社会；当60岁以上人口占全部人口比重为20%～30%，该国或地区进入中度老龄化社会；当60岁以上人口占全部人口比重超过30%时，该国或地区进入重度老龄化社会④。2023年末，中国60岁及以上老年人口达到29697万人，占全国总人口的21.1%；65岁及以上老年人口达21676万人，占全国总人口的15.4%⑤。我国进入中度老龄化社会。

---

① 《中共中央关于进一步全面深化改革　推进中国式现代化的决定》，https：//www.gov.cn/zhengce/202407/content_6963770.htm?sid_for_share=80113_2。
② 习近平：《以人口高质量发展支撑中国式现代化》，《求是》2024年第22期。
③ 《中共中央关于进一步全面深化改革　推进中国式现代化的决定》，https：//www.gov.cn/zhengce/202407/content_6963770.htm?sid_for_share=80113_2。
④ 《关于老龄化和健康的全球报告》，世界卫生组织，https：//iris.who.int/bitstream/handle/10665/186463/9789245565048_chi.pdf?sequence=9，2016。
⑤ 《中华人民共和国2023年国民经济和社会发展统计公报》。

人口老龄化是我国在未来十多年高质量发展进程中必须解决好的重大问题。按照当前不同年龄段人口数据计算，从2025年开始，中国进入老龄化加速期，并将在2035年前后迎来重度老龄化社会。

北京市作为国家的首都、全国超大型城市，人口老龄化进程开始较早，老龄化程度呈现加速上升趋势。依据老龄人口的增长规律，预测五年后，北京市将开启由中度老龄化社会向重度老龄化社会的转变。

人口因素是高质量发展的基础性变量。重度老龄化隐含的社会风险如疾病扩张风险积聚、经济生产活力弱化、公共财政收支失衡、居民养老福祉保障不足以及社会不平等问题需要高度关注[1]。北京市是全国人口老龄化最严重的城市之一，老龄化问题存在的压力和挑战较为明确，相关的政策和措施在逐步制定部署完成，北京市进入突破解决人口老龄化重点难点问题的重要阶段。

二 北京市老龄人口特征及对养老服务的挑战

习近平总书记指出："满足数量庞大的老年群众多方面需求、妥善解决人口老龄化带来的社会问题，事关国家发展全局，事关百姓福祉，需要我们下大气力来应对。"[2] 构建具有首都特色的养老服务体系，需要在明确北京市老龄人口特征的条件下，分析全市养老服务面临的形势及存在的突出问题，探索养老服务新模式，持续不断地提升养老服务能力与水平。从老龄人口的结构特征来看，北京市养老服务存在如下挑战。

一是老龄人口总量大、增长快。对《北京统计年鉴》2021~2024年发布的数据进行分析，能够发现，伴随着全市常住人口总量的稳中有降，北京市60岁及以上常住老年人口的数量和比重持续上升，数量分别约为429万人、442万人、465.1万人和494.8万人，占全市常住人口的比重分别为

---

[1] 陆杰华、林嘉琪：《重度老龄化社会的人口特征、风险识别与战略应对》，《中国特色社会主义研究》2023年第1期。

[2] 习近平：《以人口高质量发展支撑中国式现代化》，《求是》2024年第22期。

19.6%、20.2%、21.3%和22.6%[①]。

二是高龄人口数量多，"老老人"养老压力大。2023年，北京市80岁及以上户籍人口为64.8万人，占全部户籍人口的4.5%，相较2014年增加了13.2万人，增长率为25.6%。同时，从2014年至2023年，北京市90岁及以上户籍人口由3.6万人增加至10.7万人，增加了7.1万人，增长近2倍。截至2023年底，北京市户籍人口中，百岁老年人共计1328人，近五年增加282人[②]。高龄人口的增加增强了对基本养老服务的依赖度，不仅对其家庭成员产生更多日常生活照料、精神安抚陪伴的需求，部分"一人失能、全家失衡"的状况也给其家庭成员带来时间、精力、工作、生活的极大压力。解决高龄老人养老难题，需要政府动员社会力量，统筹各种资源，增加对高龄老人养老服务特殊需求的供给。

三是特殊困难老年人口养老难题突出。与高龄化现象伴随的养老问题多样复杂，例如疾病特别是慢性病发病率提升、丧偶率增加、贫困问题加剧等，由此，高龄化对医疗健康和日常生活照料的需求大大增加。同时，高龄老年人口中有数量较多的独居老人、空巢老人，部分老人失能、失智，还有少量重疾重残人口，以及一些收入水平偏低的生活困难人员和处于最低生活保障线边缘的老年人。2024年北京市共有69.8万名80岁及以上高龄老年人，其中，高龄失能老人16.36万人，占比23.44%；高龄自理老年人53.44万人，占比76.56%。同时，还有80岁以下失能失智老年人15.7万人[③]。特殊困难老龄人口给保基本的养老服务保障政策的精准落实带来难度。随着人口老龄化的进一步加剧，老年人的需求结构更加个性化、多元化，需要有更加多元的服务方式满足老年人不断增加的服务需求，给全市养老工作带来挑战和压力。

---

① 《北京统计年鉴》（2021、2022、2023、2024），https：//tjj.beijing.gov.cn/tjsj_31433/。
② 《北京老龄事业发展报告（2023）》，https：//mzj.beijing.gov.cn/attach/0/e579da4186d440e7890d97711cc87d91。
③ 《关于加强"老老人"服务保障的若干措施》政策解读，https：//mzj.beijing.gov.cn/art/2024/9/30/art_10690_1586.html，2024年9月30日。

三 北京市居家社区养老服务模式创新

结合99%的老龄人口倾向居家养老的现实，北京市在全市范围试点推广居家社区养老的服务模式。在系统总结试点探索和推广工作经验的基础上，北京市设计制定出以居家社区养老为重点的首都养老服务体系。通过居家养老网络、养老助餐、人才队伍、失能失智照护、为老服务平台、适老化改造等一系列工作内容，全面完善首都养老服务体系，努力让老龄人口特别是"老老人"获得家门口的养老服务。

（一）构建"三级三边"养老服务体系

依托区域养老服务综合体，北京市构建了"区级、街乡、社区"和老年人"周边、身边、床边"的"三级三边"居家社区养老服务体系。北京市整合辖区养老机构、社区养老服务驿站和助浴陪诊、家政维修、康复护理等各类专业养老服务商，形成以区级养老服务指导中心为统筹，街道（乡镇）养老服务中心为枢纽，养老机构、社区养老服务驿站为实体网点，加盟专业服务商为虚拟网点，覆盖区、街道（乡镇）、社区全域的养老服务三级网络。三级网络中，区级层面主要负责统筹规划和资源整合，提供政策支持和资金保障。街道和乡镇层面是服务的中转站，负责协调社区和区级资源，确保服务的高效运行。社区层面直接面向老年人，提供具体的服务内容，如养老助餐、日间照料等。这一模式通过整合不同层级的服务资源，形成了一个全方位、多层次的养老服务网络。"三级三边"模式强调服务的便捷性和可及性，确保老年人能够在"周边"获得基本服务，在"身边"获得个性化服务，在"床边"获得紧急服务。

（二）打造智慧化的养老服务平台

提升养老服务的智慧化水平，是养老服务高质量发展的重要体现。北京市探索智慧养老服务模式，以线下综合养老服务供给资源整合为支撑，在线上实现"养老服务'一网通查',服务信息'一网展现',政务服务'一网通办',服务诉求'一网通答',帮助老年人便捷找服务、找机构、找政策,助力养老服务市场主体高效找资源、找人才、谋发展,充分利用数字化、信息化手段解决养老服务供需精准对接难题"[1]。线下资源整合以街道综合养老服务中心为区域养老服务枢纽,整合辖区各类涉老服务市场主体,搭建具备供需对接、服务商管理、服务调度和质量控制等功能的综合运营管理信息平台,提高养老服务供给的智慧化、组织化、信息化程度。2024年平台开始运营前,已经整合引进了574家备案养老机构、1469家养老服务驿站、1476家养老助餐点和11.3万张养老床位[2]。线上应用以移动端养老服务网平台和微信小程序为主,向全市有养老需求的老年人提供智慧化的服务菜单。通过智慧化服务平台,老年人可以通过电话预约、网络下单、到店预订、入户开单等方式,获得个性化的养老服务。依据居家养老等不同菜单,老年人可以选择包括日间、夜间、全天等不同时段的居家照护服务,如理发、沐浴等个人清洁服务,或助医、助洁、助餐等生活辅助服务。各种服务依据老年人的需求水平设置了精细化的选择项目,以助餐服务为例,可通过人均价格、就餐方式、饮食特点选择适合个人的餐食。智慧化的养老服务平台以便捷、智能的方式为老年人及其家属提供家门口的养老服务。

(三)推进养老助餐服务模式创新

老年助餐服务是完善居家社区养老服务的重要内容。为解决老年人用餐不便的问题,北京市探索将社区餐厅作为养老助餐的主渠道,为周边老年人提供一日三餐的堂食和送餐服务。《北京市加快养老助餐服务发展的工作方案》结合本地老龄人口数量和实际的用餐服务需求,联合养老服务机构、社会餐饮企业和企事业单位内部食堂等,充分利用不同区域内公共服务设施和社区综合服务设施,在方便可及的服务半径内配套建设老年食

---

[1] 《北京市综合为老服务平台建设工作方案》,https://mzj.beijing.gov.cn/art/2023/11/2/art_10688_1486.html,2023年11月2日。
[2] 郭汉桥:《科技创新 智慧赋能 助推北京养老服务提质增效》,《中国民政》2023年第18期。

堂或老年餐桌。为满足高龄失能、行动不便的老年人用餐需求，北京市依托养老服务网设计了养老助餐服务平台，老年人通过服务平台或微信小程序在家点餐，助餐服务通过服务平台集成供餐、传统网点辐射供餐、社会餐饮企业分散供餐、集体用餐配送单位连锁供餐、老年餐桌补充供餐、"中央厨房+社区配送"等多样化的供餐模式运营，整合社区物业人员、志愿者、社区工作人员、快递外卖等相关力量开展送餐服务。截至2024年，共建成养老助餐点1700多家，覆盖全市4988个城乡社区，为老年人提供经济实惠、安全可口的餐食服务。养老助餐服务模式的创新之处在于，为老年人提供多样化的菜品选择，满足不同老年人的口味需求；具备较强的便捷性，通过在线点餐和送餐服务，确保行动不便的老年人在家也能获得营养丰富的餐食；通过集中采购和配送，实现了运营成本的控制，提高了助餐服务的可持续性。

（四）尝试"物业服务+养老服务"模式

2022年，北京市民政局等部门联合印发《关于开展"物业服务+养老服务"试点工作的通知》，鼓励物业服务企业积极参与社区居家养老服务。"物业服务+养老服务"模式通过整合社区、物业和养老服务资源，形成一个综合性的服务网络，更好地满足社区老年人个性化、多样化的养老服务需求。在具体做法上，政府鼓励具备条件的物业企业充分利用社区闲置资源建设养老驿站，驿站经过试点运行后符合标准的，依据物业企业提供的服务项目、服务对象、服务时长等信息记录，由政府按照政策标准给予运营补贴、人员培训、税收减免等待遇。在服务内容上，引导物业公司为有需求的社区老年人提供巡视探访、保洁、协助出行和医疗、跑腿代购、维修服务等。"物业服务+养老服务"模式的创新之处在于：一是通过整合社区和物业服务企业的资源，形成协同服务机制，提高了养老服务的供给能力；二是充分利用了物业服务企业的现有设施和服务网络，降低了社区养老服务的运营成本。

四 提升北京市高质量养老服务水平的实践路径

北京市居家社区养老服务在取得显著进展的同时，仍面临一些亟待解决的问题，这些问题不仅影响了养老服务的质量和效率，也制约了养老服务的可持续发展。因此，北京市需要进一步优化养老服务供给，加强养老服务设施配置，推进社会力量参与，培养养老服务人员队伍，创新智慧养老服务方式，提升服务质量，以更好地满足老年人的多样化需求，推动养老服务事业高质量发展。

（一）持续优化居家社区养老服务设施配置

经过持续的努力，北京市已经逐步建立起配套基本完整的街道养老服务中心和社区养老服务驿站，全市已建成运营街道（乡镇）养老照料中心301家，专门承担辖区养老服务调度监管、供需对接、老年食堂等基本功能；建成运营社区养老服务驿站1498个，并制定发布了社区养老服务驿站消防安全管理地方标准。社区养老服务驿站能够就近就便为老年人提供巡视探访、助餐服务、协助就医、助浴助洁等服务项目。但是，居家社区养老服务基础设施依然存在供给规模小、服务内容不足、标准化程度不高的情况。做法上，在系统摸底和数据分析的基础上，北京市依据不同区域老龄人口数量和结构特征、服务需求意向，精准配置养老服务设施。一方面，严格要求新建社区按照标准配套建设养老设施。另一方面，结合城市更新行动、老旧小区改造项目，充分利用社区更新和改造中腾退的闲置房产和空间等建设养老设施等公共服务设施。同时，对社区内不同性质的现有设施进行改造利用，最大化补齐居家社区养老服务的设施供给短板。

（二）不断提升养老服务供给与需求的匹配精准度

当前，北京市居家社区养老服务在内容和形式上较为单一，难以满足不同老年人群体的多样化需求。对此，首先，要加强对老年人实际需求的调研分析，完善需求评估机制，根据老年人的健康状况、经济状况和生活需求，优化服务供给，提供个性化的服务方案，满足老年人多样化的服务需求。其次，要完善特殊老年人养老服务需求主动发现机制，健全完善特殊困难老年人基本情况动态更新基础信息台账。依托街道（乡镇）区域养老服务中心、社区居委会、村民委员会等，面向丧偶空巢、失能失智、重疾重残、计划生育特殊家庭等老年人提供上门看望、电话问候等服务，加强特殊困难老年人探访服务和关爱服务。切实做好特殊困难老年人的供养服务工作，包括维护其基本权益，确保特困老人的医疗保障和疾病救治等服务。再次，应加强对残疾、失能老年人的照护服务，着力增加护理型床位供给，引导养老机构积极收住失能老年人。最后，为方便老年人就医，应强化医疗卫生服务与养老服务在政策体系、服务制度、业务流程等方面的有机结合，畅通双向转接绿色通道，简化转诊就医程序。

（三）全面拓展社会力量参与养老服务的领域

养老服务一方面属于政府提供的基本公共服务，另一方面又具有一定的市场化特征。构建完善的养老服务供给体系，需要政府、市场、社会和家庭等多方面力量共同参与。然而，目前在北京市养老服务体系建设中，社会力量的参与度仍不足。例如，社会组织、志愿者团队等在养老服务中的作用尚未充分发挥，公众的参与意识与支持力度明显不足，社会支持体系不够完善。提升养老服务社会参与水平，一是需要政府推动，形成由党委和政府领导，企事业单位、社会组织、社会工作者、志愿者等力量参与的社会支持养老服务格局。二是要优化社会参与养老服务的机制，通过政府购买服务等方式，大力培育养老服务社会组织、基层老年人组织，发展助老志愿服务。三是要激活市场活力，推动银发经济发展，加强老年用品研发和推广，丰富养老服务场景，释放养老消费潜力。同时，强化金融支持，通过地方政府专项债券等资金渠道，支持符合条件的养老服务基础设施建设，积极满足养老服务机构信贷融资需求。

（四）大力加强养老服务人才队伍建设

2024年，北京市共有养老护理人员约4.2万人，其中养老机构内养老护理员约1.1万人、养老服务驿站内养老护理员约0.4万人、家庭照护人员约2.2万人、储备人才约0.5万人[1]。和北京市数量庞大且人数持续增加的老年人口服务需求相比，全市养老服务人才明显不足。养老企业、养老驿站、救助康复服务机构及其他社会服务机构从业人员总体规模不大，社会工作者、志愿者数量不足。另外，养老服务领域从业人员专业化程度低，心理咨询师、康复师、医护人员等专业人才供给不足，现有人员专业化程度难以满足日益多元的养老服务需求。为进一步提升北京市养老服务水平，需大力加强养老服务人才队伍建设。一是需要强化对养老服务人才队伍的政策支持，切实落实养老服务人才积分落户政策，为符合条件的养老服务高技能人才加分，以优质的待遇吸引、留住人才。二是要和各层级专业院校联合，加强养老护理员、专业康养师等养老服务人才的职业技能培训，为北京市养老服务水平的全面提升形成人才支撑。三是要加强和规范养老服务从业人员培养培训、等级认定、评价管理，提升从业人员的专业化水平，逐步形成一支专业素养良好、发展稳定、管理规范的养老服务人才队伍。

（五）加快推进智慧养老服务场景应用

智慧养老服务是应对人口老龄化社会挑战的重要手段。智能技术和信息技术的应用，能够为老年人提供更加便捷、高效、个性化的服务，有效提升老年人的生活质量，构建智慧、温馨、美好的养老新模式。目前，智能技术在养老服务领域的应用尚处于起步阶段，未来随着科技的进步，智慧养老服务的应用前景广阔。结合北京市老龄人口中高龄老人、失能失智老人、空巢失伴老人和重疾重残老人较多的现状，研发、优化适老化智慧设备设施，借

---

[1] 《北京老龄事业发展报告（2023）》，https：//mzj.beijing.gov.cn/attach/0/e579da4186d440e7890d97711cc87d91。

助视听可穿戴设备，对老年人日常生活状态、行动轨迹和健康状况进行实时监测，实现对老年人的智能化健康监测、日常生活监护、远程医疗协助、虚拟交流陪伴等功能。以远程医疗服务为例，利用智能化设备为老年人提供挂号取号、就医陪同、代取药品、代办缴费等助医服务；通过视频通话、线上诊疗及远程问诊等方式，打破空间限制，为老年人提供便捷的医疗就诊服务支持。加强机器人等个性化智能陪护设备的研发，以满足老年人多样化的需求，如智能药盒提醒按时用药服务，语音助手提供生活记事服务，智能机器人提供简单的日常交流、游戏娱乐等功能，减少老年人日常生活中的不便，增强他们的独立生活能力，提升老年人生活的安全性与舒适度。

参考文献

陆杰华、林嘉琪：《重度老龄化社会的人口特征、风险识别与战略应对》，《中国特色社会主义研究》2023年第1期。

郭汉桥：《科技创新　智慧赋能　助推北京养老服务提质增效》，《中国民政》2023年第18期。

B.15
老年助餐服务发展经验及启示
——以北京、上海、青岛、福州为例[*]

曲嘉瑶[**]

摘　要： 老年助餐服务是老年人需求较为迫切的养老服务项目，也是民生工作的重要内容之一。本文介绍了老年助餐服务发展的背景，并从布局均衡的助餐服务网络、多元化的"老年助餐+"服务模式、因地制宜做好农村助餐服务、助餐补贴政策落实落细以及精细化、个性化的老年餐品五个方面梳理各地发展老年助餐服务的优秀经验，建议扩大老年助餐服务供给、拓宽老年助餐设施服务范围、推动农村老年助餐服务发展、完善助餐机构补贴政策及提供精细化、个性化的特色老年餐品，以推动老年助餐服务高质量发展。

关键词： 老年助餐服务　市场化运营　高质量发展

一　老年助餐服务发展的背景

发展老年助餐服务，让老年人在家门口就近就便得到助餐服务，是我国社区居家养老服务供给的重要内容。第五次中国城乡老年人生活状况抽样调查基本数据表明，我国老年人需求比例最高的社区（村）养老服务中，助餐服务（22.1%）位列第二，其中，城镇老年人对老年助餐服务的需求比

---

[*] 本文为北京市社会科学院2025年一般课题"北京市养老产业发展研究"（项目编号：KY2025C0387）的阶段性成果。
[**] 曲嘉瑶，北京市社会科学院城市问题研究所副研究员，主要研究方向为老龄社会学、老年友好环境。

例为 23.2%，农村老年人的需求比例为 27.0%，农村老年人对于老年助餐服务的需求更为迫切。

为推动老年助餐服务发展、完善服务网络，我国不断完善顶层设计。2023 年，《全面推进城市一刻钟便民生活圈建设三年行动计划（2023—2025）》要求"探索发展社区食堂，建立老年人助餐服务网络"。同年，为了更好地推动老年助餐服务的发展，民政部等 11 个部门联合印发《积极发展老年助餐服务行动方案》，指出"发展老年助餐服务是实施积极应对人口老龄化国家战略的重要内容，是支持居家社区养老、增进老年人福祉的重要举措"，并确立了发展目标："到 2025 年底，已在全区域实施老年助餐服务政策的省份，进一步向城乡社区延伸服务，提质增效取得新进展；尚在局部区域实施老年助餐服务政策的省份，服务扩面增量实现新突破"。

为深入贯彻落实国家《积极发展老年助餐服务行动方案》，推动老年助餐服务高质量发展，各地积极制定、完善老年助餐服务的指导性文件。在一系列政策的推动下，各地在老年助餐服务的实践中积累了较丰富的发展经验。本文期望通过梳理典型地区发展老年助餐服务的优秀做法和经验，为进一步完善老年助餐服务网络、提高助餐服务质量提供借鉴。

二 主要城市老年助餐服务的发展经验

近年来，我国城乡社区老年助餐服务覆盖率进一步提升，服务网络更加完善，老年人就餐便利度、满意度明显提升，政府、社区和市场力量相结合的老年助餐服务多元供给格局基本形成。本文以北京、上海、青岛、福州等地为例，梳理并总结老年助餐服务的优秀经验。

（一）布局均衡的助餐服务网络

1. 北京经验

北京市通过政策设计、平台建设等方式不断完善老年助餐服务网络。2023 年，北京市民政局等部门印发《北京市加快养老助餐服务发展的工作方案》，从搭建全市统一养老助餐供需对接平台、建设街道（乡镇）养老助餐服务网络、加强农村地区养老助餐服务、构建多元化养老助餐服务模式、规范养老助餐点运营管理等5个方面提出了11项措施。优化调整养老助餐点布局，完善居家老年人配餐送餐服务等老年助餐相关内容已连续四年被纳入北京市重要民生实事项目。2023年6月以来，北京市依托北京养老服务网，搭建全市统一的老年助餐供需对接平台。截至2024年，已累计建成运营养老助餐点2410家，未来将构建以区域养老服务中心为主体、社区养老服务驿站为延伸的市场化助餐服务供给网络[1]。

西城区为提高老年助餐服务辨识度，创建并打造"父母食堂+（家）"品牌，整合各类服务资源，融入"课堂、养生堂、育幼堂、五点钟校堂"等服务，实现"食有餐、乐有享、学有课"，不断满足老年人的精神文化需求。华天、华方、翔达、和合谷等知名餐饮企业入驻"父母食堂"老年助餐点。在长安商场建成全市最大养老配餐中心，提供堂食、便民主食外卖、熟食制品外卖、预制菜售卖等服务，满足老年人的多样化用餐需求。

作为全市首个全域智慧城市场景开放试点单位，亦庄经济技术开发区运行"经开区数字化老年助餐服务平台"，覆盖1.7万常住老年人，各助餐点累计服务300万人次。荣华街道正式运行"经开区数字化老年助餐服务平台"，截至2023年底，助餐点建设25家，覆盖1.7万常住老年人，各助餐点累计服务300万人次。

东城区北新桥街道创新"可移动式空间服务"，依托养老服务机构，扩大餐桌空间，打造数字化老年助餐服务餐厅——北新桥街道三和老年餐桌——方便老年人在家门口就餐。此外，北新桥街道借助"四个帮手"，整合各方资源。一是便民菜站"拉把手"，天泽祥便民综合体"直通"老年餐桌后厨，实现优质食材"点对点""半小时即时达"，减少流通环节，降低采购成本。二是簋街餐饮"伸把手"，深入挖掘商会资源，聘请餐饮企业的

---

[1] 北京市政协委员、市民政局局长佟立志：《按需照护 老老人有所养》，千龙网，2025年1月17日。

专业厨师来老年餐桌烹制特色菜品，联合胡大、兰溪小馆等饭店推出"助老食事"计划，老年人到店可享"绿色通道"。三是志愿服务"搭把手"，通过"乐龄帮扶队"为高龄、困难老年人送餐上门，恶劣天气时则由社区工作者送餐上门。四是辖区单位"帮把手"，引导辖区商务楼宇、社会单位、学校等利用食堂资源，开设"老年送餐窗口"；联合辖区企业推出助老"流动餐车"，打造以社区养老服务机构助餐点为基础、以社会餐饮企业为支撑、以社会单位内部食堂为补充的养老助餐服务。

2. 上海经验

2024年，上海市民政局等三部门印发《关于推进本市老年助餐服务高质量发展的实施意见》，推动老年助餐服务供给网络更加充分均衡。2025年，上海市民政局印发《关于推进运用市场化平台机制优化老年送餐上门服务的实施意见（试行）》，要求完善互联网送餐平台，优化老年送餐上门服务，将"新增30个社区长者食堂"列入2025年上海市为民办实事项目，持续推动老年助餐服务网络建设。

上海黄浦区依托区属企业、各街道及社会组织、社会企业的力量，逐步建立起区级老年助餐运作架构，不断完善老年助餐服务运作模式，为老年人提供丰富、多样、优质的助餐服务。一方面，优化设施布点，完善助餐服务网络。黄浦区现有1家区级配餐中心、11家社区长者食堂、44个助餐点、53家长者餐厅等共109处四种形态的服务场所。黄浦区"中央厨房统一配餐+社区长者食堂+长者餐厅"的"三位一体"为老助餐模式得到进一步发展，平均每日供客数9000余人。为了解决餐品配送过早、老人订餐不便、送餐成本太高、安全风险难控等问题，2024年7月开始，黄浦区通过老年配餐中心与顺丰同城上海分公司合作的方式，为老人提供高效的送餐到家服务。顺丰同城配送在确保助老餐准时送达的同时，还对用餐老人开展每日探访关爱活动[①]。

---

① 《黄浦助餐：老字号云集、点对点送达，有滋又有味》，https://mzj.sh.gov.cn/jicxx/20241127/db0b1ab39e444b278e7c5c3683212d95.html。

另一方面，整合社会力量，丰富助餐服务形式。黄浦区通过政府购买服务、合作共建等方式，充分整合社会餐饮企业资源，积极扶持各类市场主体运营老年助餐设施、开展送餐服务，鼓励社会餐饮企业和企事业单位食堂参与，为老年人提供更优质的餐品和服务。淮海中路街道创新引进罗森便利店，利用其24小时冷链配送的特色，除工作日午餐之外，还覆盖晚餐及周末餐服务，定期推出新套餐。南京东路街道与社区企业德兴面馆签订共建合作协议，制定了低于市场价的老年人特供菜单。半淞园路街道通过"云上养老"智慧养老综合应用平台打造了数字化智慧治理模式，积极扩大为老助餐服务的容量，已有多家社会化餐饮企业、社区单位食堂加盟成为社区助餐点，平台成功将零散的项目融合起来。

上海市松江区支持社会餐饮企业提供老年餐，鼓励各街镇开展老年助餐场所建设，明确每个街镇需建设1~2个供餐能力在150人每餐以上的社区长者食堂，由政府举办和建设，建成后交由第三方专业机构运营。同时，大力推进养老机构与社区居家养老服务融合发展，鼓励养老机构发挥溢出效应，向周边社区的老年人开放食堂，并提供上门送餐服务。

（二）多元化的"老年助餐+"服务模式

上海市利用助餐场所，延伸多元化养老服务功能。在满足老年人用餐需求之外，为居民提供"记忆家园"老年认知障碍支持及多功能社区活动场地。例如，闵行区示范型、标杆型社区长者食堂——莘庄镇莘松社区长者食堂，不仅聚焦助餐服务，更致力于家庭照护及老年认知障碍友好社区建设，成为集老年助餐、社区自治、社会公益、养老服务能力支撑等功能于一体的综合性平台。

又如，浦东新区将老年食堂打造成为社区综合服务平台，丰富15分钟生活服务圈内容。高东镇邻里中心（社区长者食堂）面向全社会开放，除了满足老人助餐需求，还承担了一系列社区服务功能，推出下午茶、烘焙、福利团购、家庭烘焙课堂等，做到便民惠民。与此同时，食堂还发挥区域化党建的作用，联合职能部门、社区、企业等力量，组织开展公益服务和公益活动，包括养老顾问咨询、健康自检、亲子互动、慈善公益等，使食堂升级为居民家门口的会客厅，促进社区居民间的交流互动。

北京市东城区东华门街道的"爸妈食堂"采用了公益助餐服务模式，为辖区内城乡特困、低保低收入、持有残疾证等60岁及以上老人和80岁及以上高龄老人提供午餐助餐服务。餐费采取老人（10元/餐）与公益基金（12元/餐）共同承担的形式，减轻特定群体的经济压力[①]。在这里用餐的老年人不但结识了更多朋友，还定期参加节假日举办的各种活动，丰富了精神文化生活。

山东省青岛市老年助餐服务由优质养老机构连锁化、品牌化、规模化运营，推动服务下沉。例如，中康集团依托其自营的农产品基地和加工生产线，发展从"田间到餐桌"的老年助餐服务，连锁运营助餐机构，实现保本微利。根据青岛市民政局的统计，截至2024年10月底，青岛市采取市场化运营的助餐机构有1161家，市场化率达到83.2%。全市65岁以上健康活力老年人的助餐自主消费和政府补贴已基本持平，较好地实现了保障改善民生和激发内需潜力的有机统一。

福建省福州市在长者食堂的基础上灵活开办各类学堂，围绕老年人多样化的养老需求，开设了防范诈骗、用电安全、智能手机使用等课程，举办了义诊、书画展、插花教学等丰富多彩的活动。截至2023年2月，福州市食堂融合"学堂"的比例已达82%[②]。

（三）因地制宜做好农村助餐服务

党建引领助餐服务高质量发展。青岛市胶州市铺集镇的"孝老幸福食堂"全部由村党支部牵头领办，全镇20个新村建设了20家助老食堂，直接服务1500余名老年人，食堂运转良好，收支平衡。其发展经验如下。一是坚持市场化运营，各食堂由镇共富公司统一采购配送物资，并联动镇内农业

[①] 《"爸妈食堂"让老人有了"饭搭子"》，《中国青年报》2023年10月23日。
[②] 《福州全力打造有特色的老年人助餐服务体系》，https://zx.fuzhou.gov.cn/zz/csfz/tpxw/202302/t20230228_4544398.htm。

园区，精选当地当季新鲜菜品，按时足额做好配送。经测算，通过蔬菜、米面油等物资的大批量集中就地采购，成本较各村自行采购降低20%以上，推动运营降本增效。二是在食堂周边设立绿色菜园，实现部分食材自给自足，并购买冷藏设备，有效应对季节性蔬菜短缺等问题。三是安排公益性厨师、服务岗位，解决用工难题，实现可持续运营发展。

以发展老年助餐服务为抓手，有效提升基层社会治理水平。青岛市胶州市胶东街道爱国新村的社区干部定期在老年食堂陪餐，密切党群关系，有效化解邻里纠纷和信访矛盾，解开了积压多年的群众工作难题。该社区有的老人因邻里纠纷很多年不来往，通过一桌吃饭谈心交心，冰释前嫌。此外，该社区还通过老年食堂开展传统文化、健康宣教、志愿服务等多项活动。

因地制宜，探索老年助餐可持续运营路径。首先，青岛市莱西市优化设施布局，深入镇街实地走访，发放千余份调查问卷开展调查摸排，通过用地保障、补贴发放、消费引导等优惠政策，推动形成了与常住老年人口密度、用餐需求、服务半径挂钩的设施网络体系。其次，丰富多元食材供给，充分发挥莱西广大农村的资源优势，开办农村"生态农业专业合作社"。村服务站依托农村闲置土地资源打造"蔬菜基地""种植园""畜牧棚"，自产自用，降低成本，老年人最低消费1元即可享受一餐热饭，满足农村老年人"好吃不贵"的吃饭需求，目前拉动助餐消费200余万元。再次，注重优化营商环境，出台25项补贴办法，缩短助餐补贴发放周期，缓解服务站资金流转压力，政府发放助餐补贴资金约766万元。最后，推动"自我造血"，加强招商引资，推动开办养老实业发展公司，以生产、加工、销售特色农副产品为核心，将盈利收入全部注入养老事业，实现养老服务"盈利返哺"。

（四）区县街助餐补贴政策落实落细

上海市坚持政府政策支持下市场化运营的发展理念，在供给侧制定阶梯式奖补政策，鼓励助餐机构提能升级。一方面，实施差异化补贴模式。黄浦区对社区长者食堂，由市、区两级按其供餐能力给予一次性建设补贴：800客及以上的，给予一次性建设补贴50万元；500~800客（不含800客）

的，补贴30万元；150~500客（不含500客）的，补贴10万元。区财政按1∶1比例配套，促进街道增建社区食堂。对区内助餐场点，按其规模给予运营补贴：日客数超过450客的，每年补贴16万元；日客数在351~450客（含450客）的，每年补贴14万元；日客数在350客（含350客）以下的，每年补贴12万元。黄浦区还出台了更具激励性的政策支持，在配餐场所房租减免及更换一次性饭盒补贴（10万元/年）的基础上，推出合理化的老年助餐服务补贴标准，包括设备更新及扩容补贴、运营补贴等，实现助餐配餐互利共赢[①]。闵行区也按照实际供餐量给予分档补贴。对于经区民政局审批同意设立的社区食堂、助餐点，供餐量为150~500客、500~800客、800客以上的，分别给予每年不低于3万元、5万元、10万元运营保障；对老年助餐点给予每年不低于3000元的运营保障。所需经费由镇（街道）承担[②]。

另一方面，实行街道特色补贴措施。在市、区两级补贴的基础上，黄浦区各街道结合自身实际情况，为辖区内老人提供多样化的特色补贴。例如，外滩街道社区食堂为辖区内60岁及以上老人提供办卡八五折优惠；打浦桥街道通过政府购买服务和补贴的形式，组织社区内老字号和知名餐饮企业形成"老年餐饮联盟"；瑞金街道为街道户籍的纳保、低保和低收入老人提供餐费补贴，基本满足社区老人多层次、多样化用餐需求。

（五）精细化、个性化的老年餐品

上海市在老年餐品的精细化供给方面积累了经验。一方面，设置分级套餐。黄浦区在需求调研的基础上做细做实老年助餐服务，推行分级套餐：小绍兴提供8元、12元、15元3种套餐规格，光明邨提供8元、12元2种套

[①]《上海市黄浦区民政局对区三届人大一次会议第0023号代表建议的答复》，https://www.shhuangpu.gov.cn/uploadfile/a0e3dc3c-67fa-47a9-9a29-0b15f a5693a4/%E9%BB%84%E6%B0%91%E5%8F%91%E3%80%902022%E3%80%9110%E5%8F%B7%E7%BA%A2%E5%A4%B4.pdf。

[②]《闵行区老龄事业发展中心关于0702161号政协提案办理信息公开》，https://zwgk.shmh.gov.cn/mh-xxgk-cms/website/mh_ xxgk/jyta_ qbj_ jybl/content/7eebccd3-5a72-4bf4-9213-f8f423321866.htm。

餐规格；老西门街道助餐点在提供套餐的基础上，还推出 2~10 元等不同价位的单点菜品，满足老年人的餐食需求①。

另一方面，提供个性化餐品。黄浦区卫健委开展针对性营养配膳技术指导，鼓励老年食堂和老年助餐点根据老年人习惯和身体状态，主动合理配膳。各街道充分发挥主观能动性，根据老年人的饮食习惯、普遍存在的健康问题等，推出不同种类的功能餐品。例如，五里桥街道社区食堂推出"半例份"及针对高血压、高血糖老人的特色窗口；老西门街道推出营养均衡、糖油可控的餐品系列，如高血压餐、高血糖餐；打浦桥街道老年食堂推出针对高血压的低钠饮食、针对糖尿病的低糖粗粮餐、针对痛风老人的低嘌呤餐等；半淞园路街道依托大富贵酒楼，推出低糖、少盐的套餐品种。此外，江苏省苏州养老服务机构联动疾控中心打造营养健康食堂，供应高血脂、糖尿病老人的营养餐；部分康养机构按照当地时令饮食风俗制定了苏帮菜菜单，在传统节日提供各色卤菜，更好地满足老年人对助餐服务品质化的需求。

三 加快老年助餐服务发展的启示

为深入贯彻党中央、国务院关于发展老年助餐服务的部署要求，应继续坚持政府政策支持下市场化运营的发展理念，促进政府、市场、社会和家庭的分工合作，重点依托市场化方式完善助餐服务体系，提升可持续发展能力，不断提高老年助餐服务质量和水平。

（一）扩大老年助餐服务供给

当前，我国部分地区尚存在老年助餐服务覆盖面有限、服务机构数量不足等问题。部分社区（村）老年助餐服务设施分布较为稀疏，有些老旧社

---

① 《上海市黄浦区民政局对区三届人大一次会议第 0023 号代表建议的答复》，https://www.shhuangpu.gov.cn/uploadfile/a0e3dc3c-67fa-47a9-9a29-0b15fa5693a4/%E9%BB%84%E6%B0%91%E5%8F%91%E3%80%902022%E3%80%9110%E5%8F%B7%E7%BA%A2E5%A4%B4.pdf。

区缺乏老年助餐服务设施,远远不能满足居民对于便利化就餐服务的需求。

对此,应充分发挥党建引领作用,整合各方资源,推动老年助餐服务连锁化、规模化、集约化运营,积极引导社会餐饮企业参与养老助餐服务,逐步实现助餐机构自我造血、微利运营。一方面,盘活存量空间,支持更多有条件的地区改造低效空间并开设老年助餐机构,增加老年助餐设施供给。另一方面,吸引更多社会力量参与老年助餐服务,增加社会餐饮企业加入老年助餐供给体系,鼓励单位内部食堂、辖区宾馆等单位参与老年助餐服务,形成多元化老年餐供给模式。

(二)拓宽老年助餐设施服务范围

由于部分社区的供餐体量较小,老年助餐服务设施难以形成规模化经营,造血能力较差,难以实现可持续发展。实际上,老年助餐服务设施不应该仅仅是老年群体才能享有的福利设施。在完整社区建设的背景下,应在优先满足基本养老服务对象就餐需求的基础上,面向社会提供市场化的便民服务。

一是扩宽经营范围,转变为全体居民共同享有的社区食堂,为各年龄群体提供家门口的餐饮服务,增加供餐体量,形成规模效应。二是在非就餐时段,充分利用老年助餐设施解决好紧急救援、日间照料等老年人"急难愁盼"问题,并根据周围社区居民需要,灵活开设社区咖啡厅或托育点,更好地满足休闲娱乐、托育、托管及儿童接送等多样化的民生需求,增强老年助餐设施的可持续发展能力。三是让老年助餐设施成为社区居民的"会客厅",主动发现归集老年人及其他居民需求,有效链接政府政策与市场服务,成为居民面对面交流的多功能服务空间。

(三)推动农村老年助餐服务发展

我国农村老年人对助餐服务的需求比例更高,但收入及消费水平较低;与此同时,农村地区的公共基础设施和公共服务尚不完善,老年助餐服务设施更为欠缺。因此,农村老年人的助餐服务应以兜底保障及普惠养老为主。农村地区应参照青岛经验,在坚持党对老年助餐服务工作全面领导的基础

上，充分发挥农村基层党组织和基层群众性自治组织作用，因地制宜整合多方资源，在保障老年助餐机构可持续运营的同时，降低助餐服务收费。重点聚焦高龄、失能失智、农村留守等特殊困难老年人群体用餐刚性需求，稳妥有序推进老年助餐服务发展。

（四）完善助餐机构补贴政策

部分社区老年助餐机构面临建设成本高、资金短缺、运营管理成本高等资金难题，制约了良性发展。对此，应制定分级、灵活的助餐补贴政策，调整补贴额度及补贴周期。参照上海经验，对于不同供餐能力的老年助餐机构，分档给予不同的建设补贴、运营补贴、房租减免等优惠。同时，缩短补贴时间，可采用季度补贴的方式，及时将补贴发放给助餐机构，缓解助餐机构的资金压力，进一步提升社会力量参与老年助餐服务的获得感。

（五）打造精细化、个性化的特色老年餐品

开展各类老年助餐服务刚性需求人群的摸底调查，并据此制定个性化的老年餐品。一是打造不同价位的老年餐，方便不同消费能力的老年人购买。二是针对不同健康状况的老年人，助餐机构可提供精细化的营养膳食评估，并为患有"三高"等慢性疾病的老人提供相应的营养餐及代餐食品。三是根据助餐机构的实际情况，提供个性化的周末餐、假日餐等，鼓励助餐机构提供多层次、多元化的老年餐品，满足老年人多样化的用餐需求。

参考文献

《第五次中国城乡老年人生活状况抽样调查基本数据公报》，https：//www.mca.gov.cn/n152/n165/c1662004999980001877/part/19971.pdf。

《北京市老龄事业发展报告（2023）》，https：//mzj.beijing.gov.cn/attach/0/e579da4186d440e7890d97711cc87d91.pdf。

吴韬主编《上海市养老服务体系评价报告（2022）》，社会科学文献出版社，2022。

B.16 社区养老中老年人幸福感的提升策略研究

——以长沙市天心区云塘社区为例

何建华 唐珠云 何佳慧*

摘　要： 随着人口老龄化程度的不断加深，社区养老服务已经成为应对养老问题的重要方式。本文通过对社区养老服务中老年人参与度与满意度的调查，分析影响老年人参与社区养老服务的因素，为提高社区养老服务质量和老年人生活质量提供参考依据。研究采用问卷调查和访谈相结合的方法，对长沙市天心区云塘社区的老年人幸福感进行了调查。调查结果显示，老年人对社区养老服务的参与度和满意度整体有待提高，多种因素影响他们的幸福感水平。文章对如何有效提升老年人幸福感进行了深入探讨，从个体和家庭层面提出提升老年人幸福感的策略。在社区养老模式下，提升老年人幸福感需从自身、家庭、社会和经济四个层面协同发力。老年人可通过自助养老、锻炼身体、参与社交活动、树立正确生死观和培养兴趣爱好等方式提升幸福感；家庭需承担赡养责任，提供物质和精神支持；社会应完善保障体系、优化设施、弘扬敬老美德；经济层面则需整合资源、提高收入，共同推动积极老龄化进程。

关键词： 老年人　幸福感提升　社区养老　老龄化

人口老龄化是当今世界面临的重大社会问题之一。在我国，随着老年人

---

* 何建华，湖南软件职业技术大学建筑工程学院教师；唐珠云，长沙市天心区社会福利中心工作人员；何佳慧，西南民族大学中国语言文学学院学生。

口的快速增长，养老服务需求日益多样化和个性化。社区养老服务作为一种融合家庭养老和机构养老优势的养老模式，既能让老年人在熟悉的社区环境中生活，又能使其获得专业的养老服务支持，受到了广泛关注。然而，目前社区养老服务的发展仍面临诸多挑战，其中，老年人幸福感指数不高是一个关键问题。

一 幸福感的定义

幸福感是一个复杂且多维度的概念，在心理学、社会学和经济学等多个学科领域都备受关注。从广义上讲，幸福感是个体对自身生活状态的一种综合评价，涵盖了情感体验和认知判断两个主要方面。

在情感体验层面，幸福感是积极情感（如快乐、满足、愉悦等）和消极情感（如悲伤、焦虑、痛苦等）的平衡。积极情感丰富且消极情感较少的个体，往往具有较高的幸福感。例如，当个体在日常生活中频繁经历令人愉悦的社交互动、达成个人目标时，会产生积极情感，进而提升幸福感。而长期处于压力环境，频繁体验到焦虑等消极情感，则会降低幸福感。

在认知判断层面，幸福感体现为个体对生活满意度的主观判断。这涉及个体将自身生活现状与内心设定的标准进行对比。生活满意度高的人，会认为自己的生活符合或超出预期，从而获得较高的幸福感。比如，一个人认为稳定的家庭、充足的收入和健康的身体是幸福生活的关键要素，当他拥有这些时，便会对生活感到满意，进而产生幸福感。

对于老年人而言，幸福感的定义更为独特。

首先，健康状况在老年人幸福感中占据核心地位。随着年龄增长，身体机能逐渐衰退，各种慢性疾病的出现会显著影响老年人的生活质量和幸福感。身体健康意味着老年人能够保持日常生活的自理能力，自由地参与社交和休闲活动。例如，健康的老人可以经常与老友相聚、参加社区活动，而身体欠佳的老人则可能因行动不便而被困家中，导致幸福感降低。

其次，社会支持网络对老年人幸福感至关重要。良好的家庭关系是社支持的重要来源,子女的关心、陪伴与尊重,能让老年人感受到被爱和被需要,从而提升幸福感。此外,社区中的邻里关系、老年活动团体等也为老年人提供了社交平台,丰富他们的精神生活。比如,经常参加社区组织的老年合唱团、书法班等活动的老人,往往拥有更广泛的社交圈子,其幸福感也更高。

最后,稳定的经济收入能够保障老年人的基本生活需求,还能让他们有能力参与一些休闲活动,如旅游、文化娱乐等,提升生活品质,进而提升幸福感。

为应对社会人口老龄化,提升老年人生活质量和幸福感,提出积极老龄化策略,从积极的角度关注老年人的健康、生活和对社会的贡献,笔者走访了长沙市天心区云塘社区,深入了解老年人在社区养老服务中的参与现状及影响因素。

二 长沙市天心区云塘社区老年人幸福感现状调查

长沙市天心区云塘社区成立于2011年7月,是一个集居住、商业与公共服务于一体的综合性社区。社区占地面积达6平方公里,拥有现代化的住宅建筑群,绿化覆盖率高,营造了舒适宜人的居住环境。

社区配套设施较为完善,拥有多家便利店、超市,可满足居民日常生活购物需求;还设有社区卫生服务中心,为老年居民提供基础医疗保障服务。此外,云塘社区积极推动文化建设,打造了文化活动中心,经常举办各类文艺演出、书画展览等活动,丰富老年人的精神文化生活。在交通方面,社区周边有多条公交线路经过,靠近城市主干道,居民出行较为便利。

截至2025年2月,社区常住人口约4.8万人,其中60岁及以上老年人口约1万人,占总人口比重达到21.1%。按照国际通用标准,云塘社区人口结构已进入中度老龄化阶段。本次调查旨在深入了解云塘社区老年人幸福感状况,采用分层抽样方法,选取了750名60岁及以上老年人作为调查对象,运用问卷调查与访谈相结合的方式收集数据。受访者中男性占45%,女性

占55%；60~65岁占45%，66~70岁占25%，71~75岁占25%，76~80岁占5%。受访老年人中，有55人退休前任职于政府部门，51人为个体工商户，644人为普通社区居民。问卷内容涵盖健康状况、经济状况、社会关系、社区服务满意度等多个维度。

问卷调查采用克朗巴赫α系数检验问卷内部一致性，借助SPSS对714份有效问卷进行分析。结果显示，整体问卷克朗巴赫α系数达0.89，超过0.8的标准。各维度α系数为0.7~0.9，表明问卷题项切合老年人幸福感主题，内部一致性佳，结构设计合理。

首次调查一个月后，从原样本中随机抽取350人重测。皮尔逊相关系数分析显示，总体幸福感得分重测相关系数达到0.75，在P<0.01水平显著相关，说明问卷测量结果稳定，受时间影响小，重测信度良好。

问卷设计时，笔者广泛查阅文献构建初稿。邀请5位老年学、心理学、社会学专家评审，根据意见进行修改调整。正式调查前开展预调查，收集42位老年人反馈，进一步优化内容，确保问卷能全面测量老年人幸福感，保障内容效度。

本问卷调查采用验证性因子分析（CFA）检验结构效度，借助AMOS构建理论模型。模型拟合度指标显示，卡方自由度比（χ^2/df）为1.89，处于1~3区间，CFI、TLI均大于0.9，RMSEA小于0.08，模型拟合性好，问卷实际结构与理论相符，结构效度良好。

本次问卷调查完成有效调查问卷714份，有效调查率为95.2%。其中，女性409人（57.3%）、男性305人（42.7%）；小学及以下文化程度占58.4%；生活费来自子女的占34.7%；54.5%的老人没有兴趣爱好；48.5%的老人不参加体育锻炼；老人认为与家庭成员的关系好或很好者占69.5%；认为子女孝顺的占76%。老年人的总体幸福感得分为82.25分。

在健康状况方面，调查结果显示，46.2%的老年人表示患有至少一种慢性疾病，如高血压、糖尿病等，这对他们的日常生活和幸福感产生了一定影响。仅有15.8%的老年人认为自己身体健康状况良好，无须担心健康问题。身体健康状况不佳的老年人日常活动能力受限，参与社交与休闲活动的机会减少。

在经济状况方面,大部分老年人主要经济来源为养老金(占比为75.8%),少部分依靠子女赡养或个人储蓄。82.4%的老年人认为经济状况基本能够满足日常生活需求,但仍有17.6%的老年人表示经济较为紧张,在医疗费用、生活品质提升等方面存在压力。

在社会关系层面,与子女关系密切、经常互动交流的老年人,幸福感普遍较高。调查中有84.6%的老年人表示与子女相处融洽,在遇到困难时能得到子女的及时帮助与支持。同时,社区社交活动也为老年人提供了社交平台,参与社区活动的老年人在社交中获得了归属感与认同感,其幸福感高于很少参与活动的老年人。

在社区服务满意度方面,72.8%的老年人对于社区卫生服务中心提供的服务表示基本满意,但也提出希望增加医疗设备与专业医护人员。在社区文化娱乐设施方面,68.2%的老年人认为设施种类较为丰富,但在开放时间和管理上有待改进。对社区服务满意度高的老年人,其幸福感明显高于满意度低的群体。

三 社区养老中老年人幸福感影响因素分析

老年人的幸福感是多种因素交织作用的结果。个体因素是基础,健康的体魄、积极乐观的心态,让老年人有精力与热情拥抱生活。家庭因素则是支柱,家人的关爱陪伴、和谐的家庭氛围,给予他们情感寄托。政策因素如同坚实后盾,养老保障、医疗补贴等政策,从制度层面为晚年生活保驾护航。经济因素至关重要,稳定的收入、充足的积蓄,让老人衣食无忧,有能力追求更高品质的生活。这四者相互关联、相互影响,共同构建起老年人幸福生活的大厦。

(一)个体因素是老年人幸福感的基础

身体健康是老年人幸福感的物质前提。步入老年,身体机能逐渐衰退,各类疾病隐患增多。健康的体魄不仅是日常生活自理的保障，更是参与社交、追求兴趣的基石。当老人能够自由出行，享受散步、跳舞等活动时，身体的活力会激发心理上的愉悦，使其感受到生活的美好。相反，疾病缠身会限制老人的行动，增加痛苦，削弱其对生活的积极体验，幸福感也随之降低。例如，坚持锻炼、合理饮食的老人，往往在晚年拥有更好的身体状态，更易从日常点滴中获得满足与快乐。

心理调适能力是老年人应对生活变化、保持幸福感的关键。老年人在生活中面临退休、亲友离世等诸多变动，强大的心理调适能力能帮助他们平稳过渡。乐观豁达的心态，让他们把退休视为新生活的开始，有更多时间投入爱好；面对亲友离去，能正视生死，从回忆中汲取温暖力量。而心理脆弱、难以调适的老人，易陷入孤独、焦虑情绪，难以体验生活乐趣。积极的心理暗示与情绪管理，能让老人在困境中找到希望，维持内心的平和与幸福。

生活态度和价值观深刻影响老年人对幸福的感知。持有积极生活态度的老人，总能在平凡日子里发现美好，珍视与家人相处的时光，感恩生活的馈赠。他们把老年生活当作人生智慧沉淀的阶段，以开放心态接受新事物，不断丰富精神世界。相反，消极的生活态度会让老人抱怨生活、忽略身边幸福。比如，热衷于参加社区文化活动、学习新知识的老人，能在精神层面获得满足，感受到幸福的充实内涵。

个体因素作为老年人幸福感的基础，其内部又相互关联、协同作用。健康的身体为心理调适提供生理支持，积极的心理状态又促进身体健康；而正确的生活态度和价值观则贯穿其中，引导老人以乐观视角看待生活，在身体与心理的良性互动中，构建起属于自己的幸福晚年生活。

（二）家庭因素是老年人幸福感的支柱

在老年人漫长人生的后半程，家庭因素宛如中流砥柱，为他们的幸福感提供不可或缺的支撑。家庭从情感慰藉、经济支持、生活照料等多个维度，深深嵌入老年人的生活，成为他们幸福感知的核心来源。

经济支持是家庭保障老年人生活质量与幸福感的关键要素。尽管老年人有养老金等收入来源，但家庭的经济支持仍至关重要。稳定的家庭经济后盾，能让老人在医疗保健、日常消费上没有后顾之忧，安心享受晚年生活。无论是定期体检、购买保健品，还是满足一些日常小爱好，经济上的保障让老人生活更从容，不必为钱发愁，从而提升幸福感。

在生活照料方面，家庭的关怀让老年人的生活更加舒适安心。随着年龄增长，老年人身体机能下降，日常生活需要更多帮助。家人的悉心照料，如为老人准备营养均衡的饭菜、协助处理家务、陪伴就医等，能让老人生活更便捷、健康。家庭熟悉老人的生活习惯与需求，给予的照料细致入微，这是社会养老机构难以完全替代的。在家人的照顾下，老人能保持良好的生活状态，感受到家的温暖，幸福感油然而生。

家庭因素在情感、经济和生活照料等方面，全方位地影响老年人的幸福感。和谐的家庭关系、有力的经济支持、贴心的生活照料，如同稳固的三脚架，共同撑起了老年人幸福的晚年生活。

（三）政策因素是老年人幸福感的保障

在构建老年人幸福生活的宏大体系中，政策因素犹如坚固的基石，为其提供全方位、多层次的保障，从根本上提升老年人的生活质量与幸福指数。

政策保障老年人的经济基础，让他们生活无忧。养老金政策的不断完善，确保老年人拥有稳定的收入来源。定期的养老金上调，使其能跟上物价上涨步伐，维持体面生活。以企业职工养老金为例，持续多年的上涨，让退休老人有足够资金满足日常开销，支付医疗费用，不必为基本生活发愁。此外，针对经济困难老人的救助补贴政策，保障他们的生存底线，使每一位老人都能在经济上获得安全感，这是幸福感的物质根基。

医疗保障政策是老年人健康与幸福的关键防线。医保政策的普及与优化，极大地减轻了老人的医疗负担。门诊报销范围扩大、住院报销比例提高，让老人不再对高额医疗费用望而却步。大病救助政策更是为身患重病的老人打开希望之门，像癌症等重大疾病的治疗费用，医保报销后个人负担大幅降低，保障老人及时就医、安心治疗。

养老服务政策为老年人的晚年生活提供多样化选择与专业支持。社区养老服务设施建设政策，让老人在家门口就能享受日间照料、康复护理等服务，既方便又能满足个性化需求。鼓励社会力量参与养老服务的政策，催生了丰富的养老模式，如高端养老社区，为有条件的老人提供高品质的生活环境。这些政策整合社会资源，提升养老服务水平，让老人能够根据自身情况选择合适的养老方式，提升生活幸福感。

政策因素从经济、医疗、养老服务等核心领域，全方位保障老年人生活。持续完善的政策体系，为老年人幸福生活保驾护航，让他们在人生暮年能安享岁月、感受幸福。

（四）经济因素是老年人幸福感的关键

在全球人口老龄化进程不断加速的大背景下，老年人的生活质量与幸福感日益成为社会各界广泛关注的焦点。诸多研究从社会关系、健康状况、心理状态等多元维度剖析影响老年人幸福感的因素。然而，通过对大量实证数据的深入分析以及跨学科理论的综合考量，不难发现，经济因素在这一复杂体系中占据极为关键的地位。越来越多的研究表明，经济因素是老年人幸福感的关键，它不仅为老年人维持基本生活提供物质保障，更影响他们的生活选择、社会参与度以及心理健康状态，对其晚年生活的幸福体验有着深远且不可忽视的影响。

首先，经济是保障老年人生活品质的基础。稳定的经济收入能确保老年人满足食物、住房、水电等基本生活需求，保证生活的稳定性和安全感。有足够的资金购买营养丰富的食品、维持舒适的居住环境，是享受晚年生活的基础。良好的经济状况使老年人有能力追求更高品质的生活，如购买健身器材、参加旅游等活动，丰富精神文化生活，提升生活的乐趣和幸福感。

其次，经济宽裕能提升老年人医疗保健水平。随着年龄增长，老年人易患各种疾病，充足的经济条件可让他们及时就医，使用先进的医疗技术和药品，提高康复概率，减轻身体痛苦；可让老人定期体检，购买保健品、辅助医疗器械等，进行日常保健，预防疾病，保持身体健康，为幸福生活提供保障。

再次，经济宽裕能帮助老年人增强应对风险的能力。当面临意外事故、家庭成员重大疾病等突发事件时，储蓄能帮助老年人家庭减轻负担，避免因经济困难而陷入困境，维持生活的正常秩序，减少焦虑和担忧。足够的经济积累可使老人选择更好的养老方式，如入住条件优越的养老院、购买长期护理保险等，为未来的养老生活提供保障，应对可能出现的养老风险，让老人心里更踏实。

最后，足够的经济能力可以提升老年人的心理满足感。经济上的独立和稳定能让老年人在家庭和社会中更有尊严，减少因经济依赖他人而产生的心理压力，增强自信心和自我认同感，在与家人和朋友交往中更从容。一定的经济基础能让老人有机会支持子女创业、帮助孙辈学业等，感觉自己对家庭仍有贡献，实现自我价值，获得精神上的满足和幸福。

从多维视角来看，社会关系、健康状况、心理状态等因素虽对老年人幸福感影响显著，但经济因素作为其中的核心驱动力，其重要性不容小觑。经济基础不仅是老年人日常生活的物质保障，更贯穿他们生活的方方面面，从提升生活品质、强化医疗保健，到增强风险应对能力以及满足心理需求，全方位、深层次地影响老年人的幸福感。深入剖析经济因素在老年人幸福生活构建中的关键作用，对于制定更具针对性、实效性的养老政策，提升老年人生活质量，推动社会和谐发展具有深远意义。

四　社区养老中老年人幸福感提升策略

随着人口老龄化的深度发展，养老模式的探索与优化成为社会的关注焦点。社区养老作为一种融合家庭与社会养老优势的模式，近年来备受青睐。众多研究表明，社区养老不仅能满足老年人对熟悉环境的情感需求，还能整合社区资源，提供便捷的养老服务。然而，如何在社区养老模式下切实提升老年人的幸福感，仍是一个亟待深入探讨的课题。这需要综合考量老年人的生理、心理、社会交往等多方面需求，从服务供给、设施建设、社区氛围营造等维度出发，探索切实可行的策略，为提高老年人生活质量、实现积极老龄化提供有力支撑。

（一）自身层面

1. 自助养老，提升自我服务能力

在老龄化社会背景下，自助养老是提升老年人幸福感的重要一环。老年人应主动投身于生活技能的学习中，例如熟练掌握智能家居设备的使用方法。如今，智能音箱、智能门锁、智能健康监测设备等已逐渐走入寻常百姓家。通过社区组织的培训课程或者子女的耐心教导，老人能够轻松学会用智能音箱播放喜欢的戏曲、评书，用智能门锁便捷出入家门，借助智能健康监测设备随时了解自己的身体指标。这些智能设备不仅方便了日常生活，还能让老人紧跟时代步伐，不再因技术发展而感到被边缘化。同时，积极参加养老知识讲座也十分关键。在讲座中，老人们可以系统地学习老年护理知识，了解常见疾病的预防与初步应对方法，掌握火灾、地震等紧急情况的处理技巧。当面对突发状况时，老人凭借所学知识冷静应对，成功化解危机，会极大地增强他们对生活的掌控感，让他们在晚年生活中充满自信，幸福感也会油然而生。

2. 积极锻炼，提升健康水平

健康的体魄是老年人享受幸福生活的基石，而积极锻炼则是保持健康的有效途径。老年人可依据自身的身体状况，挑选适合自己的运动项目。对于大多数老人来说，散步是一项简单易行且效果显著的运动。每天清晨或傍晚，在公园、小区的林荫道上，迈着轻快的步伐，呼吸着新鲜空气，既能锻炼身体，又能欣赏自然美景。太极拳和八段锦也是备受老年人喜爱的运动，它们动作缓慢、柔和，注重身心的协调统一。练习太极拳和八段锦不仅可以增强身体的柔韧性、平衡力，还能调节呼吸、缓解压力，达到强身健体、修身养性的目的。为了确保锻炼效果，老人应养成每日定时锻炼的习惯，制订合理的锻炼计划，循序渐进地增加运动强度。长期坚持锻炼，能有效促进血液循环，增强心肺功能，提高身体免疫力，降低患病风险。当老人拥有健康的身体，便能更有精力参与各种社交活动、兴趣爱好，尽情享受生活的乐趣，幸福感自然会不断提升。

3. 积极参加社会交往活动

人是社会性动物，对于老年人来说，丰富的社会交往活动是消除孤独、提升幸福感的关键。首先，鼓励老人积极加入各类老年社团，比如，充满艺术氛围的书法社，老人们可以在这里挥毫泼墨，交流书法技巧，共同感受中华传统文化的魅力；又如，活力四射的合唱团，大家一起引吭高歌，用美妙的歌声抒发情感，释放活力。在社团中，老人们可结识志同道合的朋友，彼此分享生活中的喜怒哀乐，建立深厚的友谊。其次，参与社区志愿服务也是非常有意义的社交活动。老人可以发挥自己的经验和特长，参与社区环境维护、关爱留守儿童等志愿服务项目。在帮助他人的过程中，老人不仅能获得他人的认可和尊重，还能感受到自己对社会的价值，内心充满成就感。丰富的社交生活让老人的晚年不再孤独，情感得到充分的满足，幸福感也在人际交往中不断提升。

4. 树立正确的生死观

生死是人生的必经阶段，对于老年人来说，树立正确的生死观至关重要。随着年龄的增长，对死亡的思考和恐惧常常困扰着老人，而这种负面情绪会严重影响他们的生活质量和幸福感。通过阅读哲学书籍，如《论语》《庄子》等经典著作，老人可以从古人的智慧中汲取力量，领悟生命的真谛。书中对生死的深刻阐述，能帮助老人以更加豁达的心态看待生死。同时，参加生命教育课程也是很好的方式。在专业老师的引导下，老人可以系统地了解生命的起源、发展和终结，不再被负面情绪所影响。他们能够更加珍惜当下的生活，用心去感受生活中的每一个美好瞬间，以平和、坦然的心态享受晚年时光，幸福感也会因此得到极大的提升。

5. 积极培养多元化兴趣爱好

丰富的兴趣爱好是老年人精神世界的重要支撑，能够为他们的晚年生活增添无尽的乐趣。老年人应积极挖掘自己的兴趣点，尝试不同的活动。

如果老人对绘画感兴趣，可以参加绘画兴趣班，在专业老师的指导下，学习素描、水彩、国画等绘画技巧，用画笔描绘心中的美好世界；热爱摄影的老人，可以拿起相机，记录生活中的精彩瞬间，捕捉大自然的美丽景色，通过镜头发现生活中的别样之美；钟情于园艺的老人，则可以在自家阳台或小院里种植花草树木，精心照料它们，看着植物茁壮成长，感受生命的奇迹和大自然的魅力。为了更好地培养兴趣爱好，社会和家庭应提供相应的支持，如社区开设各类兴趣班，子女为老人购买相关的学习资料和工具。当老人沉浸在自己的兴趣爱好中时，他们能够忘却生活中的烦恼，充实自己的精神世界，获得满满的成就感和幸福感，让晚年生活变得更加丰富多彩。

（二）家庭层面

1. 宣传鼓励子女承担赡养老年人的责任

在当今社会，宣传鼓励子女承担赡养责任是提升老年人幸福感的关键一环。我们可以充分借助各类媒体平台，全面且深入地开展相关宣传工作。在电视上，精心制作并投放一系列感人至深的公益广告，这些广告可以真实故事为蓝本，生动展现子女悉心照料老人的温馨场景，让观众在情感共鸣中深刻领悟赡养老人的重要意义。在社交媒体上，定期发布富含教育意义的推文，结合法律条款和实际案例，详细解读子女在赡养老人方面的法律责任和义务，使广大群众清晰认识到赡养不仅是道德要求，更是法律规定。同时，在社区的宣传栏张贴精美的海报，海报内容涵盖赡养老人的正面典型和反面警示，时刻提醒居民关注老人赡养问题。

社区还可以定期组织"孝亲敬老"主题活动，邀请法律专家举办讲座，深入解读相关法律法规，让子女们清楚了解自己应尽的责任和义务。此外，对在赡养老人方面表现突出的子女进行公开表彰，邀请他们分享自己的经验和心得，发挥榜样的示范引领作用，激发更多子女的责任感。

在日常生活中，子女们应切实关心老人的生活起居。不仅要按时为老人提供充足的生活费用，确保老人衣食无忧，满足他们的物质需求，还要定期带老人前往医院进行全面体检，时刻关注老人的健康状况，做到早发现、早治疗，让老人病有所医。只有从物质层面给予老人充分保障，才能为他们的幸福晚年奠定坚实基础。

2. 加强家庭对老年人的精神慰藉

家庭对老年人的精神慰藉在提升老年人幸福感方面起着不可替代的作用。家人要充分认识到与老人进行情感交流的重要性，每日专门安排一段固定的时间，耐心倾听老人回忆过往的点点滴滴，分享日常生活中的琐事。在这个过程中，家人要做到不打断、不敷衍，用专注的眼神和积极的回应让老人感受到被尊重和关爱。

逢年过节，更是家人表达对老人关爱的重要时刻。要精心筹备家庭聚会，提前了解老人的喜好，准备丰盛的美食和温馨的礼物。在聚会中，组织各种有趣的活动，如家庭游戏、才艺表演等，让老人尽情享受团聚的欢乐氛围，感受家庭的温暖和亲情的浓厚。

在日常生活中，家人要时刻关注老人的心理状态，敏锐察觉老人情绪低落的迹象。一旦发现老人心情不佳，要及时陪伴在他们身边，给予温暖的拥抱和鼓励的话语，耐心倾听他们的烦恼和困惑，帮助他们排忧解难。通过这些细致入微的关怀，让老人在家庭中获得充分的情感滋养，内心始终充满温暖与幸福。

3. 鼓励家庭支持，弘扬敬老养老美德

弘扬敬老养老美德是营造良好社会风尚、提升老年人幸福感的重要举措。学校作为培养下一代的重要阵地，应将敬老养老纳入品德教育课程体系。开展主题班会，让学生们围绕敬老养老的话题展开讨论，分享自己身边的敬老故事，引导他们树立正确的价值观。举办演讲比赛，鼓励学生们用激昂的文字和真挚的情感表达对敬老养老的理解和感悟，激发他们的道德情感。组织学生参与志愿服务活动，走进社区、养老院，为老人提供帮助和关爱，让他们在实践中亲身体验敬老养老的意义。

社区也应积极发挥作用，组织丰富多彩的文化活动。例如举办老年人文艺汇演，为老人提供展示才艺的舞台，让他们在表演中收获自信和快乐，感

受到社会对他们的认可和尊重。举办邻里互助节,鼓励邻里之间相互关爱、相互帮助,营造温馨和谐的社区氛围,让老人在社区中感受到家的温暖。

企业作为社会的重要组成部分,也应积极参与弘扬敬老养老美德的行动。组织员工走进养老院,开展关爱老人公益活动,为老人打扫房间、陪他们聊天、为他们表演节目,给老人带去物质上的帮助和精神上的慰藉,向社会传递温暖和正能量。通过全社会的共同努力,营造尊重、关爱老人的良好氛围,提升老人的社会认同感和幸福感。

4. 强化朋辈支持照顾的网络

强化朋辈支持照顾网络能够为老年人提供更加贴近生活、富有情感的支持,有效提升他们的幸福感。社区应积极发挥牵头作用,建立老年互助小组。根据老人的兴趣爱好、居住区域等因素进行合理分组,让有共同兴趣和相近生活环境的老人聚集在一起。例如,成立书法绘画小组、舞蹈健身小组、园艺种植小组等,让老人在共同的兴趣活动中增进交流和互动。

定期组织小组活动,为老人提供相聚的机会。可以安排公园散步活动,让老人在欣赏自然风光的同时,畅谈生活感悟;开展手工制作活动,激发老人的创造力和动手能力,丰富他们的精神生活;举办读书分享会,鼓励老人分享自己读过的好书和心得体会,共同提升文化素养。通过这些活动,增进老人之间的感情,让他们在朋辈群体中找到归属感。

同时,倡导老人之间互帮互助,形成紧密的支持网络。当小组中的某位老人身体不适时,其他成员可主动帮忙购买生活用品、照顾日常生活起居,让老人在遇到困难时及时得到帮助。这种朋辈之间的相互支持和照顾,不仅能够解决老人生活中的实际问题,还能让他们感受到友情的珍贵和温暖,提升他们的晚年幸福感。

(三)社会层面

1. 完善社会保障体系

政府应持续优化养老金制度,科学合理地调整养老金水平,使其与物价上涨、社会经济发展相适应,确保老年人有稳定的经济来源维持生活。加大对医保体系的投入，扩大医保报销范围，提高报销比例，尤其是针对老年人常见的慢性病、重大疾病，降低他们的医疗负担，让老人看病无忧。

2. 加强公共服务设施建设

在社区、公园等公共场所，大量增设适合老年人使用的健身器材、休息长椅、无障碍通道等设施。建设更多老年活动中心，配备棋牌室、阅览室、康复室等功能区域，为老年人提供休闲娱乐和交流的空间，丰富他们的日常活动。

3. 弘扬敬老养老社会美德

借助电视、网络、报纸等媒体，广泛宣传尊老敬老的典型事迹，播放弘扬孝道文化的公益广告、纪录片，在全社会营造尊重和关爱老年人的浓厚氛围。学校应将敬老教育纳入德育课程，通过主题班会、社会实践等形式，培养青少年的敬老意识，让尊老爱老成为社会风尚。

4. 开办老年大学

政府和社会力量共同出资，在各地开办更多老年大学，丰富课程设置，涵盖书法、绘画、音乐、舞蹈、养生保健、计算机技术等多个领域，满足老年人不同的兴趣爱好和学习需求。提供线上线下相结合的教学模式，方便老年人灵活学习，提升他们的知识水平和精神文化素养。

5. 优化社交活动环境

社区定期组织各类社交活动，如文艺会演、趣味运动会、手工制作比赛等，鼓励老年人积极参与，为他们搭建交流互动的平台。在社区活动场所设置温馨舒适的交流空间，配备饮水机、电视等设施，让老年人在舒适的环境中结交朋友，分享生活点滴。

6. 推进志愿者进社区服务老年人

完善志愿者招募、培训和管理机制，吸引更多热心人士加入为老服务志愿者队伍。志愿者定期上门看望独居老人，帮助他们打扫卫生、购买生活用品和陪伴就医；在社区开展义务维修、法律咨询等服务活动，解决老年人生活中的实际问题。

7. 举办心理讲座，促进老年人心理健康

邀请专业心理咨询师深入社区、老年活动中心，定期举办心理健康讲座，内容包括情绪管理、压力应对、老年期心理变化等，帮助老年人正确认识和应对心理问题。设立心理咨询热线和服务点，为有需要的老年人提供一对一的心理咨询和辅导服务，缓解他们孤独、焦虑等负面情绪。

8. 积极普及现代科技知识，提升老年人数字素养

社区、老年大学、公益组织联合开展数字素养培训课程，针对老年人特点，采用简单易懂的教学方法，教授智能手机、电脑的基本操作方法，以及线上购物、移动支付、视频通话等常用功能，帮助老年人跨越数字鸿沟，更好地融入现代社会，享受科技带来的便利。

（四）经济层面

1. 链接各种社会资源助力老年人幸福感提升

整合医疗资源：搭建医疗服务平台，与各大医院、社区卫生服务中心合作，为老年人开通就医绿色通道，提供优先挂号、就诊、检查等服务。定期邀请专家到社区开展义诊和健康讲座，普及老年常见疾病的预防和治疗知识。为老年人建立健康档案，实时跟踪健康状况，提供个性化的健康指导。

融合教育资源：联合高校、职业院校等教育机构，开展老年教育合作项目。利用学校的师资力量和教学设施，开设丰富多样的老年课程，涵盖文化艺术、科学技术、生活技能等领域，如摄影、书法、智能手机应用等。鼓励大学生志愿者参与老年教育，为老年人提供一对一的学习辅导，帮助他们更好地掌握新知识和新技能。

引入文化资源：与博物馆、图书馆、文化馆等文化场馆合作，为老年人提供免费或优惠的参观、借阅、活动参与机会。定期组织文化活动进社区，如戏曲表演、书画展览、文化讲座等，丰富老年人的精神文化生活。鼓励文化场馆为老年人举办专场活动，如老年艺术展览、老年文化节等，为老年人提供展示才华的平台。

利用社区资源：充分发挥社区的桥梁作用，组织邻里互助活动，鼓励社区居民关心关爱老年人。建立社区老年服务中心，整合社区内的各类服务资源，为老年人提供日间照料、餐饮配送、康复护理、法律援助等一站式服务。同时，发动社区内的商家、企业为老年人提供优惠服务，如购物折扣、家政服务优惠等。

2. 采取多种方式提高老年人收入

推动老年就业：政府出台相关政策，鼓励企业开发适合老年人的工作岗位，如门卫、保洁、绿化养护、图书管理员等。加强对老年就业市场的规范管理，保障老年人的合法权益。同时，为有就业意愿和能力的老年人提供就业培训，提升他们的就业竞争力。例如，开办手工制作、园艺技术等培训课程，帮助老年人掌握新技能，拓宽就业渠道。

鼓励创业扶持：设立老年创业扶持基金，为有创业意愿的老年人提供资金支持和创业指导。简化创业审批流程，为老年人创业提供便利。针对老年人创业项目，给予税收优惠、场地租赁补贴等政策扶持。例如，对于开设小型便利店、手工艺品店等创业项目的老年人，给予一定期限的税收减免和租金补贴。

盘活资产收益：加强对老年人金融知识的普及教育，帮助他们合理规划资产，提高资产收益。鼓励金融机构开发适合老年人的理财产品，如低风险的定期存款、国债、养老理财产品等。同时，引导老年人合理利用房产资源，如开办房屋出租、以房养老等业务，增加其财产性收入。

在人口老龄化程度持续加深、社区养老模式备受关注的当下，提升老年人幸福感成为关键命题。从老年人自身层面来看，可通过多方面举措达成。学会自助养老，掌握生活技能与养老知识，能增强生活掌控感与自信；积极锻炼，选择适宜运动并养成定时锻炼习惯，为幸福生活筑牢健康根基；踊跃参与社会交往活动，加入老年社团、投身社区志愿服务，可消除孤独，收获成就感与社交满足感；树立正确生死观，阅读哲学书籍、参加生命教育课程，放下对死亡的恐惧，珍惜当下；积极培养多元化兴趣爱好，在绘画、摄影、园艺等活动中丰富精神世界。多方努力协同，有助于老年人在社区养老模式下提升幸福感，享受高质量的晚年生活，推动社会积极老龄化进程。

参考文献

张瑞、李晓虹、支航钰：《老年人主观幸福感现状及其影响因素研究》，《健康教育与健康促进》2021年第5期。

周弋力、柴塬松、孙晨颖、王晓媛：《健康老龄化理念下老年人幸福感的影响因素及其实现途径——基于CHARLS数据的实证分析》，《黑龙江科学》2023年第23期。

池丽萍、辛自强：《幸福感：认知与情感成分的不同影响因素》，《心理发展与教育》2002年第2期。

杨姣、任玉嘉、李亚敏、唐四元：《体育锻炼对老年人精神幸福感的影响：心理弹性的中介作用》，《中国临床心理学杂志》2021年第1期。

封铁英、刘蓉、高鑫：《人际关系、活动参与与老年人主观幸福感——基于陕西省养老机构调查实例的分析》，《中州学刊》2020年第3期。

贺建平、黄肖肖：《城市老年人的微信使用与主观幸福感：以社会资本为中介》，《新闻界》2020年第8期。

贺建平、黄肖肖：《城市老年人的智能手机使用与实现幸福感：基于代际支持理论和技术接受模型》，《国际新闻界》2020年第3期。

张振亭：《城市老年人微信使用与主观幸福感的关系研究——以N市为例》，《西南民族大学学报》（人文社科版）2019年第11期。

苗国强：《家庭代际团结对城市老年人主观幸福感的影响研究——基于河南省的调查》，《中国软科学》2020年第1期。

冷晨昕、陈前恒：《子女数量与老年人幸福感关系研究——基于CGSS2013的实证分析》，《大连理工大学学报》（社会科学版）2019年第5期。

王金水、许琪：《居住安排、代际支持与老年人的主观福祉》，《社会发展研究》2020年第3期。

李月娥、卢珊：《辽宁省城市老年人主观幸福感影响因素研究——基于结构方程模型的分析》，《西南交通大学学报》（社会科学版）2018年第1期。

李峰、唐颖等：《家庭因素和健康状况对老年人幸福感的影响》，《中国健康教育》2017年第10期。

张伟、胡仲明、李红娟：《城市老年人主观幸福感的影响因素分析》，《人口与发展》2014年第6期。

附录

社区老年人幸福感现状调查问卷

尊敬的受访者：

您好！为了解社区老年人的幸福度现状，更好地提升老年人的幸福感，我们特开展此次问卷调查。本问卷采用匿名方式，所有信息仅用于统计分析，请您放心填写。感谢您的支持与配合！

一、基本信息

1. 您的性别：

□男　　□女

2. 您的年龄范围：

□60~70岁　　□71~80岁　　□81岁以上

3. 您的婚姻状况：

□已婚　　□丧偶　　□离婚　　□未婚

4. 您的文化程度：

□文盲或半文盲

□小学及以下

□初中

□高中/中专/技校

□大专及以上

5. 您目前居住地：

□城市　　□农村

二、经济状况

6. 您目前的收入来源：

□退休金

□子女赡养

□自己劳动收入

□其他（请说明_____）

7. 您家庭人均月收入：

□1000元以下

□1000~2000元

□2000~3000元

□3000元以上

8. 您认为家庭经济状况：

□很富裕

□较富裕

□一般

□较贫困

□很贫困

三、生活条件

9. 您的家庭住房面积：

□30平方米以下

□30~50平方米

□51~70平方米

□70平方米以上

10. 您的居住环境：

□舒适

□较舒适

□一般

□较差

□很差

11. 您的日常生活：

□完全自理

□基本自理，需要他人协助

□需要他人照顾

四、家庭关系

12. 您与子女的关系：

☐非常融洽

☐较融洽

☐一般

☐不融洽

13. 您与孙辈的关系：

☐非常融洽

☐较融洽

☐一般

☐不融洽

14. 您与邻居的关系：

☐非常融洽

☐较融洽

☐一般

☐不融洽

五、精神文化需求

15. 您是否参加社区文化活动？

☐经常参加

☐偶尔参加

☐很少参加

☐不参加

16. 您希望社区为老年人提供哪些文化活动？

☐健身活动

☐学习交流

☐文艺表演

☐其他（请说明_____）

17. 您是否愿意参加志愿服务活动？

□非常愿意

□较愿意

□一般

□不愿意

六、幸福度评价

18. 您对自己的生活满意度：

□非常满意

□较满意

□一般

□较不满意

□非常不满意

19. 您认为自己的幸福感：

□非常高（90分以上）

□较高（81~90分）

□一般（61~80分）

□较低（40~60分）

□非常低（40分以下）

感谢您的参与！祝您生活愉快！

B.17 "时间银行"赋能社区养老：互助养老模式发展研究

刘姝 王黎[*]

摘　要： 伴随着人口老龄化问题日益严重，传统的养老模式面临严峻挑战。"时间银行"是社区养老中关于互助养老模式的补充，利用时间资源为老年人提供生活照料、情感支持等，为社区养老的发展注入了新的生机与活力。本文通过梳理"时间银行"的理念与发展脉络，对"时间银行"实施现状与问题进行分析，发现"时间银行"在发展过程中面临的一些机遇与挑战，如管理不够规范化、社会参与度不高、服务内容不够多样化等；为"时间银行"在社区互助养老模式的应用及发展前景提出合理化建议，如通过政府支持、社会组织参与、信息技术融入等，推动"时间银行"互助养老模式在中国的发展，为社区养老事业注入新的活力与动力。

关键词： "时间银行"　互助养老模式　社区养老

一　引言

2021年《第七次全国人口普查公报》显示：我国60岁及以上人口为26402万，占比较上年上升5.44个百分点，除西藏外的30个省份65岁及以上老年人口占比均超过7%，其中12个省份超过14%。在老年人口数攀升、

---

[*] 刘姝，民政职业大学副教授，主要研究方向为社区养老、社区护理；王黎，北京中医药大学护理学院博士研究生，主要研究方向为老年护理。

少子化现象严重、养老模式从传统的家庭养老过渡到社区养老后，较为突出的问题是老年人的需求往往得不到及时满足，而"时间银行"赋能社区养老恰好为这一社会问题提供了新的解决路径。"时间银行"在20世纪90年代后开始逐渐应用于社会养老方面。2018年国务院《政府工作报告》中提出要"发展居家、社区和互助式养老"；2019年，民政部明确将"时间银行"纳入全国居家社区养老服务改革试点范围；同年，中共中央、国务院印发《国家积极应对人口老龄化中长期规划》，指出健全多层次养老服务体系，以"学分"和"时间银行"等方式进行互助式养老；2021年《中共中央、国务院关于加强新时代老龄工作的意见》明确了多元主体责任共担，人人参与老龄事业；2022年《"十四五"健康老龄化规划》提出发展普惠型养老服务和互助性养老模式，尝试调动社会各方力量释放社区养老的活力；2023年《关于推进基本养老服务体系建设的意见》强调养老服务体系建设要依托基层管理。国家政策的导向是顺应不同时期国家发展和社会需求，对缓解我国养老服务难题有一定的积极意义。本研究尝试梳理"时间银行"互助养老模式的相关理念与发展阶段，深入探究"时间银行"运行的内在逻辑，为"时间银行"互助养老模式的健康发展提供对策建议。

二 "时间银行"互助养老模式的起源与发展

（一）"时间银行"的起源

"时间银行"是一种基于时间的互惠互助模式，通过用户彼此之间以时间为单位进行交换，实现资源共享和互助。"时间银行"最早起源于日本的"自愿义工网络"，而后，美国经济学家埃德加·卡恩致力于建立一个社区共享的时间经济系统，旨在促进社区成员之间的互相帮助和支持。"时间银行"的核心概念是时间等价交换，即每个参与者的时间都被视为具有相同的价值，无论是提供帮助还是获得帮助，都可以通过"时间银行"进行平等交换，实现"时间兑现"的目的。"时间银行"是为了补充政府提供社会服务的不足而正式提出并付诸实践的概念①。20 世纪 90 代以后,"时间银行"逐渐应用在社会养老方面。

(二)"时间银行"的内涵

"时间银行"在互助养老领域的应用,是一种创新的养老服务模式。"时间银行"指以时间币的方式对志愿者的服务时长进行记录和储蓄,志愿者服务 1 个小时可以获得 1 个时间币,最小的存储单位是 0.5 个时间币,实际服务时间将计入志愿者个人的总服务时长。它将时间这一无形资产转化为可交易的资源。

在"时间银行"平台,人们可以将自己的时间、技能、知识等转化为时间币,通过时间纽带进行互助交换,实现个人与个人、个人与集体之间的价值互换。"时间银行"的内涵也体现在以下几个方面。第一,"时间银行"促进了社会资源的优化配置。在传统的社会互助模式中,资源的流动往往受到地域、时间、能力的限制,而"时间银行"则打破了这些限制,通过时间币最大限度地调动社会各界力量,使得资源利用率最大化。第二,"时间银行"有助于构建和谐的社会关系。在借助"时间银行"提供为老服务的过程中,人们建立起彼此信任和尊重的关系,这种关系没有阶层与利益的束缚。社会成员之间的联系更加紧密,也更有利于推动良好的互助模式。第三,"时间银行"对于推动社会价值观的转型具有重要意义。在"时间银行"中,人们注重的是社会责任,而非物质财富的积累,这种价值观的转变有助于推动社会向更加公平、和谐的方向发展。通过"时间银行"载体,社区老年人可以互相帮助,共同应对养老难题,提高整个社区的养老服务质量和幸福感。因此,"时间银行"带来的不仅仅是物质上的支持,更重要的是建立了社区成员之间更加紧密的联系和互信关系,增强了社区的凝聚力,促进了共同体意识的建立。

---

① 李明、曹海军:《老龄化背景下国外时间银行的发展及其对我国互助养老的启示》,《国外社会科学》2019 年第 1 期。

（三）"时间银行"的发展历程

"时间银行"通过建立公平、可持续的社会价值交换机制，将个人闲暇时间转化为社会财富。在我国，"时间银行"最早起源于1998年，上海市虹口区提篮桥街道以"时间储蓄式为老服务"拉开了我国"时间银行"在为老服务领域的序幕。据此，本文将我国"时间银行"互助养老模式的发展分为三个阶段，分别为萌芽期、探索期和快速发展期。

第一阶段：萌芽期（1998~2009年）

1998年，在上海市老龄委的支持下，虹口区提篮桥街道首次将"时间银行"运用于养老服务中，由居委会组织和社区居民发起，同时成立了"上海老年生活互助会"，并出台章程和管理办法来助力"时间银行"的发展。互助会倡导居民为高龄老年人提供服务以存储时间币，强调低龄老人为高龄老人提供服务以存储时间，等自己以后有需要时再来支取的一种良性循环[1]。这次萌芽阶段的尝试引发社会各界关注，也掀起了互助养老的小浪潮，多个城市上门学习效仿，并纷纷进行试点及本土化创新，如北京、天津、南京、广州等地均进行尝试。不过由于缺乏顶层设计与相关政策扶持引导、管理体系不规范、发展经验不足，上海试点最终因时间储蓄无法支取而难以为继。

第二阶段：探索期（2010~2018年）

据北京大学人口研究所"时间银行"研究团队的阶段性研究成果[2]，2010年关于"时间银行"的政策显著增多（见图1）。虽然萌芽期进展缓慢，但经过省级的制度设计和市、区的实践探索，2010~2018年"时间银行"的数量与日俱增，规模也不断扩大，从沿海地区发达城市进一步拓展到中西部

---

[1] 陈功、黄国桂：《时间银行的本土化发展、实践与创新——兼论积极应对中国人口老龄化之新思路》，《北京大学学报》（哲学社会科学版）2017年第6期。
[2] 依托基金包括研究阐释党的二十大精神国家社科基金重大项目"以时间银行创新推动实施积极应对人口老龄化国家战略的理论和应用研究"（项目编号：23ZDA101）；国家社会科学基金青年项目"'时间银行'嵌入长期照护服务体系的机制、效果及优化路径研究"（项目编号：24CRK005）。

地区，如浙江省的"百万志愿者助老工程"、内蒙古的"银龄互助"等。从形式上来看，各地开始探索发展不同模式的"时间银行"，开办主体增多，一些社会组织、企业也加入行列，如 2013 年，广东省广州市南沙区的"时间银行"互助养老模式是以政府公开招标的方式引入企业进行管理的；2015 年，湖北省武汉市各企业联合出资，由弘文尚德机构负责开办管理"芳龄"时间银行①。

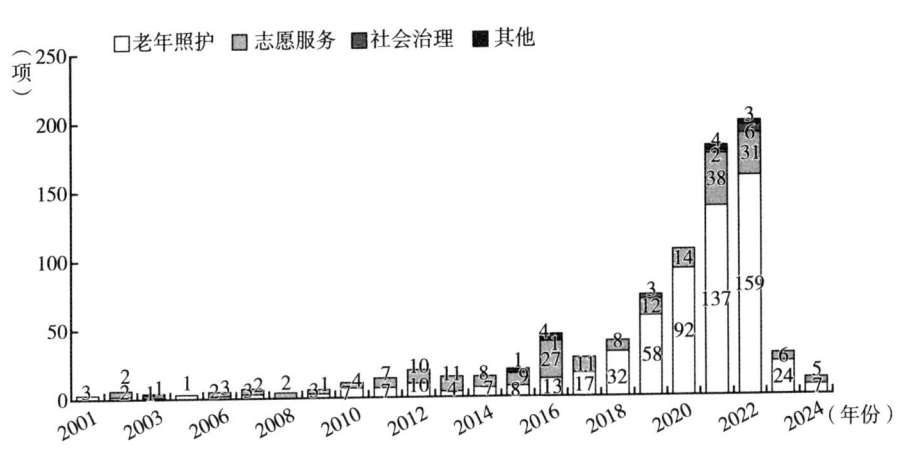

图 1　2001~2024 年"时间银行"相关政策数（不包括"时间银行"专项政策）

说明：2004 年未出台相关政策。

第三阶段：快速发展期（2019~2024 年）

2019 年 4 月，国务院在《关于推进养老服务发展的意见》中明确指出，要支持和推动社区养老服务的发展，如上门为居家老人、失能老人提供服务，建立志愿服务积分制度，积极探索"时间银行"养老服务模式的发展。同年，民政部明确将"时间银行"纳入全国居家社区养老服务改革试点范围。基于国家政策大力支持，"时间银行"互助养老模式进入了快速发展的新时期。在此过程中，各地区凭借前期积累的经验，通过政府立法和政策引

---

① 夏辛萍：《中国互助养老"时间银行"本土化发展历程及经验反思》，《中国老年学杂志》2017 年第 22 期。

导，为"时间银行"的发展提供了制度保障，市场化运作模式的尝试也使"时间银行"逐渐走上专业化、规范化的发展轨道。

三 "时间银行"互助养老模式面临的挑战

"时间银行"互助养老模式的实践，也暴露出一些问题和挑战，主要体现在以下几个方面。

（一）政策支持力度不足，监管机制不完善

政策支持力度不足是影响"时间银行"互助养老模式发展的关键因素。目前，我国在政策制定和实施层面上对"时间银行"的支持仍显不足，许多地方政府尚未出台明确支持"时间银行"发展的地方性政策，因此政策环境不够友好。在财政支持方面，尽管部分地区尝试引入财政资金支持"时间银行"项目，但整体投入仍显不足，未能满足"时间银行"发展的实际需求，直接影响了"时间银行"的可持续发展。此外，受政策影响，"时间银行"运营及管理的人才缺乏，高校及职业培训虽对此有所介入，但课程设置与实际运营脱节，很难匹配到专业对口的人才；政策还会影响公众的知晓程度与参与度，这些都在一定程度上限制了"时间银行"互助养老模式的发展。

政策和监管机制不够完善。相关政策的制定虽有一定前瞻性，但在实施过程中缺乏系统性，具体执行标准模糊，地方政府和服务机构在具体操作中容易出现偏差。根据调查，超过60%的"时间银行"未接受定期检查，主体责任不清晰，缺乏明确的责任划分，导致部分组织在服务质量、资金安全等方面出现问题，直接影响了参与者的权益和信任度。

（二）社会资源不均衡，时间价值计量与兑换标准不统一

资源分配不均衡是"时间银行"互助养老模式发展中一个重要的问题。在社区养老服务中，由于资源分配不均衡，一些社区可能会面临养老服务资

源匮乏的情况,导致部分老年人无法获得应有的服务。此外,"时间银行"互助养老模式的服务质量也参差不齐。当前大多数"时间银行"多依赖志愿者实施服务,而志愿者素质和专业能力不一,服务水平参差不齐,又缺乏有效的培训机制和评价标准,老年人群体难以获得连续而高质量的服务,影响了双方参与的积极性。

由于资源分布不均衡,服务质量参差不齐,时间价值计量与兑换标准不统一是"时间银行"互助养老模式面临的又一个重要挑战。各地"时间银行"在运营过程中,对于服务时间的计量方式和价值认定标准缺乏统一性,导致同一时段内,服务于不同参与者的时间价值有明显差异。例如,有些地区将1小时的志愿服务价值设定为1个时间币,而另一些地区则可能设定为1.5~2个时间币,从而影响参与者的时间账户余额。时间价值的兑换标准同样存在不一致的现象,一些"时间银行"在兑换服务时,可能将志愿服务以更高的价值回报参与者,而另一些"时间银行"则因缺乏充足的资金支持或会员体系,兑付能力较弱,以致参与者对于时间的贡献和获得存在较大心理落差,削弱了整个互助养老模式的可持续性。

(三)公众参与度不高,参与群体单一

我国"时间银行"互助养老模式的推广存在民众知晓度与参与意愿不高的情况。一方面,信息传播渠道的单一性与局限性,致使"时间银行"相关信息未能有效传达广大民众。尤其是针对老年群体的宣传方式较为欠缺,缺少直观、易懂的宣传材料,导致他们对"时间银行"的价值和操作模式缺乏共识。另一方面,现有政策支持力度不足,未能形成有效的激励措施促使人们参与。

当前,我国"时间银行"互助养老模式中的参与人群结构呈现明显的单一性,老年人和女性比例过高。这种结构使得"时间银行"的互助活动难以吸引多样化的参与者,影响了服务的广泛性与有效性。这种参与群体结构的单一化限制了中青年人群的参与意愿,造成互助服务的资源供求失衡。老年参与者常因身体及心理因素而影响服务的持续性和参

与度，导致服务质量不稳定；高比例的女性参与者也使得互助内容出现性别化倾向，无法满足不同性别及年龄阶段的需求，进一步削弱了服务的多样性和适应性。

四 "时间银行"互助养老模式发展路径

（一）加大政策扶持力度，形成政策制定—实施—监管的闭环

政策支持是推动"时间银行"互助养老模式发展的重要保障之一。而对于政策支持力度不足的问题，建议政府部门出台专项政策，给予"时间银行"适度的财政补贴、税收优惠和社会融资支持，鼓励社会力量参与"时间银行"的建设。此外，推动地方政府结合实际情况，制定具有地方特色的"时间银行"发展政策，形成多元化的政策实施样板。全面加大政策支持力度，在各级政府的主导下，整合资源，形成合力，为老年人提供更为丰富的养老服务。

在我国"时间银行"互助养老模式的实施中，不但要进行标准化的管理，还应增强政策的适应性与灵活性。制定"时间银行"运行的管理规范，包括成员申请、积分记录、服务项目和服务质量等标准。应完善政策体系、加大财政投入、搭建人才培养机制及强化宣传推广等，制定多元化的政策框架，适应不同地区、不同人群的实际需求，推动"时间银行"互助养老模式健康发展。

同时，在制定具体的实施细则和标准后，应确保各地能够迅速落实。需在政策中引入动态评估机制，以监测政策实施效果。建议引入第三方评估机制，定期对"时间银行"的运营进行专业评估，确保透明度和公信力，如每半年进行一次政策效果评估，及时调整不适的政策，确保服务与需求的对接。此外，推动信息公开，保障参与者的知情权和选择权，以提高市场信任度，促进"时间银行"的良性发展，有效提升"时间银行"互助养老模式的政策执行力与监督效果，确保政策惠及更多的老年人群体。

（二）优化资源配置，建立标准化服务规范

一是建立资源共享机制，通过建立"时间银行"互助养老平台，在资源充裕的社区与资源匮乏的社区之间建立合作关系，实现资源共享，让社区老年人能够享受到更均衡的养老服务。二是加强政府的统筹规划，通过政府引导和支持，如结对子等形式，确保各个社区养老服务资源的合理配置，避免资源过度集中或过度分散的情况发生，保障老年人的养老需求得到满足。三是加强社区参与和社会组织的力量，鼓励社区居民、志愿者等多方参与养老服务，共同为老年人提供更多更好的服务，促进资源在社区内部的均衡分配，实现社区养老服务的可持续发展。

建立标准化服务规范，确保服务质量和流程透明化。每项服务需明确时间消耗、服务范围及反馈机制，定期进行用户满意度调查，以便及时调整和优化服务内容，确保服务质量的有效性。此外，可定期进行培训与交流，提升管理人员和服务提供者的业务能力和服务意识。通过线上线下培训，形成良性的互动支持体系。

（三）提高民众对"时间银行"互助养老模式的认知度

截至 2023 年，全国已有超过 500 家"时间银行"，会员总量超过 30 万人，但参与的老年人仅占目标群体的 25%，"时间银行"在吸引目标用户方面，缺乏有效的宣传和推广渠道。因此，提高民众对"时间银行"的认知度是推动"时间银行"互助养老模式发展的关键环节。目前，"时间银行"的普及程度相对较低，主要原因在于信息传播不足和认知障碍。因此，需采取多元化的宣传和教育策略，以提高公众的认知水平。

一是可以建立多渠道的宣传平台，利用社交媒体、社区公告栏以及地方新闻媒体，定期发布关于"时间银行"运作机制、成功案例及使用指导等信息。社区、居委会制作宣传手册、视频短片，并开展线上线下结合的推广活动，扩大覆盖面。二是开展"时间银行"相关的培训和公益讲座，通过专家解读以及志愿者分享，增强民众的参与感和信任感。三是"时间银行"

可以与地方政府、社会组织合作，共同举办沙龙、展览等互动性强的活动，引入真实案例，模拟"时间银行"的实际交易，增强理论与实践结合，让居民在实际操作中加深对"时间银行"的理解，从而激发其参与意愿。四是推动与学校的合作，将"时间银行"的理念融入课程中，培养年轻一代的互助意识和社会责任感，增强青少年对"时间银行"的认知，同时也为"时间银行"的未来发展培养潜在的用户。综合运用多渠道宣传、精准培训、社会互动、教育引导及政策支持等措施，有效提高民众对"时间银行"的认知度，为其后续发展奠定坚实基础。

（四）扩大互助养老模式参与人群，激发志愿者活力

我国互助养老模式的参与人群主要集中在老年人及其家庭成员，因此，拓展这一领域的潜在参与人群至关重要。应针对中青年群体开展宣传教育，强调互助养老的可行性与长远利益，可以通过社会网络和线上平台进行信息传播，提高年轻群体的参与度，形成新的参与模式。同时可以利用社区文化活动，增强中青年的参与热情，例如组织志愿者活动，鼓励他们在活动中积累服务时间，促进交流合作。还可以吸引留学生和外来务工人员，针对这部分人群的特殊需求，应设计多样化、灵活的参与方式，如开展语言文化交流活动，帮助他们了解本土互助养老的运作机制。同时，利用社交媒体等现代传播途径，强化他们与社区的连接感，以提升互助养老模式的吸引力。政府可以为参与互助养老的机构提供补助，并通过减免税收激励更多企业和个人加入，也可以设计参与者的认定机制，通过积分奖励等方式，激发志愿者活力。

解决互助参与人群结构单一的问题，不仅需要加强对年轻及中年人群体的动员，更应注重项目的多样化、激励措施的创新及现代技术的运用，以实现更加广泛的社会参与和更高效的服务提供。在实施层面，可以设立开放型平台，供不同年龄、不同背景的群体互通有无。实施跨地区、跨行业的协作机制，鼓励社区之间的连接与资源整合，实现养老服务的相互补给和共享，最终推动各类人士融入互助养老的生态圈。这种整合与协作的方式，不仅将

扩大互助养老的参与人群，还能形成良好的社会氛围，提升互助养老的影响力和可持续性。

（五）引入现代信息技术提高服务效率，搭建并优化"时间银行"养老互助平台

在信息化时代，为提升"时间银行"互助养老服务的效率及规范化管理水平，需要引入信息技术。构建智能化信息平台，通过整合数据库，实时更新用户信息，确保服务的精准匹配。平台应支持在线预约、实时沟通和服务反馈功能，优化"时间银行"用户体验。通过大数据技术分析用户需求，提供个性化服务，提高用户的参与度和满意度，引入人工智能（AI）助手，实现预约管理、信息推送和智能推荐，降低人工成本与错误率。同时，也可以开展移动端应用的开发，推出智能手机应用，让用户能够随时随地获取服务信息、进行积分兑换、查看服务评价等。这一移动化的服务方式，会极大地方便用户，提升服务的响应速度与灵活性，结合社交媒体平台进行宣传和社区互动，可增强用户之间的联系与信任。

在引入信息化建设的基础上，还应健全运作机制，明确管理职责和流程。平台应具备用户注册、服务发布、时间交易及数据分析等功能，通过系统化的数据管理，实时掌握用户需求和服务供给动态，不断优化"时间银行"养老互助平台。

五　总结与展望

"时间银行"作为一种非传统的社交资源交换平台，可以有效地促进老年人的社交活动。"时间银行"激发了老年人的社会参与意识，让他们感到自己仍然有价值和贡献。通过参与"时间银行"的志愿服务和互助活动，老年人可以发挥自己的特长和技能，为社区和他人提供帮助，增强自尊和社会认同感。同时，"时间银行"还为老年人提供结识新朋友、建立新的社交网络的机会。通过参与"时间银行"的活动，老年人可以与志同道合的人

交流互动，分享经验和知识，从而拓展自己的社交圈子，保持活力和社交联结。

"时间银行"互助养老模式在社区养老发展中的潜力是巨大的。通过"时间银行"互助养老模式，社区居民可以更好地参与社区事务，建立更加紧密的社区网络，增强社区凝聚力和共同体意识。这种互帮互助的模式可以促进社区内部资源的共享和优化利用，提高社区的整体服务水平和居民生活质量，还可以有效地发挥居民自愿参与和自主管理的积极性，让老年人在享受服务的同时也能够有所贡献，增强他们的自尊心和社会认同感。通过互助养老模式，老年人可以更好地保持社会参与感和自我认同感，避免出现孤独和失落感，提高生活质量和幸福感。

此外，互助养老模式还有利于提高社区的资源利用效率和促进服务的可持续性发展。居民之间的互相帮助和资源共享，可以减少浪费和重复投入，提高社区资源的综合利用效率。这种模式既可以帮助社区建立起长期稳定的社区支持网络，还能提高社区的养老服务能力及其可持续性。

未来应该进一步加强对互助养老模式的研究和实践，推动其在社区养老服务中广泛应用，为构建更加和谐、包容和可持续的社会做出贡献。

参考文献

李明、曹海军：《老龄化背景下国外时间银行的发展及其对我国互助养老的启示》，《国外社会科学》2019年第1期。

陈功、黄国桂：《时间银行的本土化发展、实践与创新——兼论积极应对中国人口老龄化之新思路》，《北京大学学报》（哲学社会科学版）2017年第6期。

夏辛萍：《中国互助养老"时间银行"本土化发展历程及经验反思》，《中国老年学杂志》2017年第22期。

社区更新

B.18 新质生产力赋能北京社区生态更新治理研究[*]

赵 清[**]

摘　要： 城市生态更新已成为应对全球气候变化与促进城市可持续发展这一中国新型城镇化建设的核心议题，社区生态更新是其中的关键基础。本文总结了新质生产力和社区生态更新治理的内涵与特征，以北京为例，分析总结了新质生产力助力北京社区生态更新治理的现状。北京市围绕新质生产力赋能社区生态更新治理，已构建了"政府统筹、市场运作、社会参与"的协同治理框架。研究认为，未来需进一步强化技术普惠性、数据共享性、政策协同性、投资多元性与社会包容性，为新质生产力深度赋能社区生态更新治理提供可持续动力。

---

[*] 基金项目：北京市社会科学院2025年院一般课题"新质生产力赋能北京社区生态更新研究"（项目编号：KY2025C0318）。
[**] 赵清，北京市社会科学院城市问题研究所助理研究员，主要研究方向为生态城市与生态社区。

关键词： 新质生产力　社区更新　生态治理　北京

在全球气候变化与城市可持续发展的双重挑战下，城市生态更新已成为中国新型城镇化建设的核心议题，社区生态更新是其中的关键基础。2023年《支持城市更新的规划与土地政策指引（2023版）》提出"生态优先、绿色发展"导向，强调土地规划融合城市更新应通过技术赋能实现全过程、多主体协同治理。2024年《中共中央、国务院关于全面推进美丽中国建设的意见》进一步要求"推动城镇空间内涵式集约化发展"，将社区作为绿色转型的基础单元。北京市作为国家战略实施的先行区，于2022年颁布《北京市城市更新条例》，明确以"绿色发展"、"多元参与"和"共建共享"等原则构建政府、市场、社会多元协同治理体系。社区生态更新治理是社区生态更新可持续发展的关键。新质生产力以数据要素、智能技术和绿色创新为核心，为破解社区生态更新中的治理碎片化、资源错配和可持续性管理等难题提供了全新路径。新质生产力赋能下的社区生态更新的绿色治理创新，有助于城市实现绿色发展与共建共享，对于建设宜居、韧性、智慧城市，推动北京城市绿色转型具有关键性意义。

一　新质生产力与社区生态更新治理的内涵与特点

（一）新质生产力的概念和特征

习近平总书记指出，"新质生产力是创新起主导作用，摆脱传统经济增长方式、生产力发展路径，具有高科技、高效能、高质量特征，符合新发展理念的先进生产力质态"[1]。新质生产力是以劳动者、劳动资料和劳动对象的优化组合为内核驱动，以数字科技和绿色科技为技术支撑，以人与自然

---

[1] 习近平：《高质量发展需要新的生产力理论来指导》，《旗帜》2024年3月20日。

的和谐共生为价值目标,以创新发展体系生态性为内生特点的具有创新、绿色、高效、融合特征的新型生产力形态。

(二)社区生态更新治理的概念和特点

社区生态更新是指在城市居民生活的多层次复合社区内,以生态化多维综合目标为导向,依托社区相关利益方良性互动和共同参与社区治理所开展的,重在重建社区低碳微循环,循序渐进式的、功能修复性的生态化改造过程。社区生态治理是指在居民生活的多层次复合社区内,社区利益相关方形成的良性互动的协同治理主体共同参与社区生态文明建设,实现社区社会事务管理和公共服务的过程。王承慧认为"社区微更新本质上就是社区治理,即社区不同利益得以调和并采取联合行动推进社区发展的持续过程"。可以认为社区生态更新的实践路径在于社区生态治理。因此社区生态更新治理可以被认为是在居民生活的多层次复合社区内,社区利益相关方形成的良性互动的协同治理主体共同参与社区生态更新改造,实现社区生态更新事务管理和公共服务的过程,具有绿色、多元、协同的特点。

新质生产力以创新、绿色、高效、融合为核心特征,通过技术革新与治理模式重构,可以为社区生态更新治理提供创新性系统解决方案。

二 新质生产力助力北京社区生态更新治理的现状

北京市通过新质生产力政策引导与技术赋能,围绕社区生态更新治理已构建了"政府统筹、市场运作、社会参与"的协同治理框架。

第一,在治理体制上,北京市社区生态更新治理体制已实现从"政府主导"到"多元共治"创新体制的转变。首先,北京市政府从社区更新的"直接实施者"转向"规则制定者"与"资源协调者"。《北京市城市更新条例》规定政府需通过"城市更新专项规划"明确权责边界,并建立更新项目库动态管理机制。其次,鼓励社会资本通过政府和社会资本合作模式(PPP模式)参与更新项目,例如朝阳区劲松北社区引入愿景集团,采用

"投资—改造—运营"一体化的社区更新模式，实现了社会资本在改造资金中占比达70%[1]。最后，通过智能化数字平台赋能，营造绿色文化氛围，培育社区低碳共识。例如西城区金融街社区联合"自然之友"组织，通过App数字平台开展垃圾分类知识普及和垃圾分类积分兑换活动，取得了良好的效果[2]。

第二，在治理机制上，新质生产力技术赋能助力实现了社区生态更新治理的智能化应用。通过数字孪生技术优化社区更新决策，例如海淀区"城市大脑"数字平台整合社区的地理信息、人口结构、环境质量等数据，构建了海绵社区三维改造模型。清河街道在社区海绵化改造中，通过平台模拟暴雨场景下的排水能力，优化了社区透水铺装与雨水花园布局，使社区内涝发生率下降60%[3]。通过绿色技术赋能社区低碳微循环治理，例如丰台区南苑街道试点生物质热电联产项目，年减排二氧化碳1.2万吨，能源自给率达40%[4]。通过区块链技术提高社区治理透明度，例如通州区潞城镇试点"社区更新资金监管链"，将政府补贴、企业投资、居民众筹信息上链存证，实现资金流向全流程可追溯；建立"文明潞城"App，通过对平台上抓取的群众参与数据进行深入分析，精准掌握群众的兴趣爱好与需求导向，为活动的持续优化提供科学依据[5]。通过AI算法优化社区资源配置，提高社区服务水平。例如东城区积极运用"互联网+智能"技术，开发了社区养老需求预测系统，通过分析老年人口健康数据与活动轨迹，优化助餐点与医疗站布局，精准匹配老年人口与公共服务设施布局，实现"赡养人+养老管家+东城社工+邻里志愿者"四方联动的7×24小时信息化协同联动工作模

---

[1] 《劲松街道 | 打造党建引领多元共治的"劲松模式"，精细化推进老旧小区有机更新》，http://www.bjchy.gov.cn/dynamic/news/8a24fe837455fc0f017456a17c890036.html。
[2] 《金融街街道 | 绿色引领，共筑美好家园》，http://www.cbjjw.gov.cn/sawq/wcka3XSU.html。
[3] 海淀区水务局：《海淀区海绵城市建设项目技术报告》，2024。
[4] 丰台区生态环境局：《生物质能供暖试点效益评估》，2023。
[5] 《潞城镇：潮头高歌发展曲 治理并进谱新篇》，《北京日报》2025年1月4日。

式[①]。通过数字平台整合闲置空间打造共享经济平台，例如西城区金融街社区合理布局社区服务空间，加强资源整合与共享，增加高质量社区服务供给，以"五社联动"机制为保障，联合街道级公益服务联盟、社会资源等多元主体协同参与，探索了嵌入式协同治理的新路径[②]。

第三，在政策保障上，北京市已初步建立数字经济发展的激励机制与标准体系。首先是财政激励，《北京市促进数字经济创新发展行动纲要（2020—2022年）》规定"对采用智能建造技术的社区更新项目给予最高20%的补贴"[③]。《2025年北京市高精尖产业发展项目资金和支持中小企业发展资金实施指南（第一批）的通知》提到"光热、热泵、光伏等项目最高补贴3000万元"[④]。例如，石景山区某"光储直柔"项目因安装光伏屋顶与储能系统，已获得财政补贴[⑤]。其次是实现技术标准统一化。《北京市老旧小区综合整治标准与技术导则》提出"有条件的小区应充分应用现代信息技术整合小区资源，按照前瞻性、可操作性、可扩展性的原则建设智慧小区"[⑥]。2022年《北京市老旧小区绿化改造提升工作指引》提出"用好居民议事协商平台，引导居民积极参与绿化改造方案确定"[⑦]。2024年，北京市住房和城乡建设委员会发布的《老旧低效楼宇更新技术导则（试行）》提出"在技术经济合理的条件下，倡导进行绿色化改造，倡导超低能耗建

[①]《7×24小时信息化协同联动，东城居家养老安全保障越来越智能》，https://www.bjdch.gov.cn/ywdt/dcyw/202502/t20250210_4007306.html。

[②]《实践案例｜金融街街道："融治惠民"社区嵌入式服务新模式，开创基层治理新样态》，https://mp.weixin.qq.com/s?__biz=Mzg3Nzk4MjU3OA==&mid=2247485187&idx=1&sn=fe784729560aff7f5cbf5b662dcb34d5&scene=0。

[③]《北京市促进数字经济创新发展行动纲要（2020—2022年）》，https://www.beijing.gov.cn/zhengce/zhengcefagui/202009/t20200924_2089591.html。

[④]《光热、热泵、光伏等项目最高补贴3000万元》，https://m.sohu.com/a/851572816_120093798/。

[⑤]《石景山光伏分布式光伏发电项目众多与其他项目结合的光伏应用》，https://maimai.cn/article/detail?efid=kZwMejxKIs1V3LWcFTuQ7w&fid=1861585410。

[⑥]《北京市老旧小区综合整治标准与技术导则》，https://zjw.beijing.gov.cn/bjjs/xxgk/zcwj2024/qtzcwj/xxyx13/5433 45075/index.shtml。

[⑦]《北京市老旧小区绿化改造提升工作指引》，https://yllhj.beijing.gov.cn/zwgk/2024nzcwj/2024nqtwj/202406/t20240627_3730171.shtml。

筑、近零能耗建筑"，"基于数字资产构建运营维护平台，重点实现对项目更新后的管理"①。通过建立"社区生态指数"考核体系，建立碳排放强度、绿地率、居民满意度等指标，实现考核评价动态化。例如，2023年海淀区城市环境建设考核的前三名分别是花园路街道、中关村街道和海淀街道②。

北京经验表明，新质生产力不仅是技术工具，更是治理范式变革的催化剂，但仍存在诸多现实困境，比如数字化技术应用的广度和深度还有待进一步拓展；智能化改造的技术应用成本偏高，资金来源单一，而一般老旧小区资金筹措困难；部门间数据标准不一，跨平台协同效率低，数据壁垒未破除；社区老年群体对数字化工具接受度不足，居民参与不均衡，导致"治理鸿沟"；等等。

三 新质生产力赋能北京社区生态更新治理的发展建议

新质生产力通过技术赋能、协同增效、数据驱动、价值融合，可以破解传统社区生态更新中技术滞后、主体割裂、运维短效、人文缺位等痛点，推动治理模式向绿色化、智慧化、人本化跃升。通过技术革新与治理模式重构，新质生产力以创新、绿色、高效、融合为核心特征，可以为北京社区生态更新治理提供更为系统性的解决方案，具体可从以下五个方面予以进一步推动。

第一，进一步拓展技术融合的深度和广度。技术创新驱动低碳循环，可以重塑社区生态基底，推动社区治理决策科学化。新质生产力以数字科技（如AI、区块链）与绿色科技（如清洁能源、资源循环）为支撑，可以推动社区生态更新从"末端治理"转向"源头防控"。具体包括：通过数字孪

---

① 《北京市住房和城乡建设委员会关于印发〈老旧低效楼宇更新技术导则（试行）〉的通知》，https://zjw.beijing.gov.cn/bjjs/fwgl/tzgg/436387541/index.shtml。
② 《2023年8月份海淀区城市环境建设管理考核结果》，https://m.163.com/dy/article/IIASRB2B0552UKTJ.html。

生技术构建三维模型，模拟社区生态更新改造方案，动态评估不同社区更新改造方案的环境与经济影响（如碳足迹、资源消耗和改造成本等），优化社区空间设计，为社区生态更新治理提供创新方案；绿色技术赋能低碳微循环，进一步推广光伏发电、生物质能供暖等技术，构建社区能源自平衡系统，实现社区生态更新的节能系统化治理；还可以深度探索AI与元宇宙在社区规划中的沉浸式协同设计。

第二，进一步提升数据平台共享程度。数据共享可以破解社区利益壁垒，激活多元主体动能，实现社区生态更新协同治理。新质生产力可以通过数据共享与流程再造，简化多元主体沟通流程，有效推动社区生态更新多元主体（政府—市场—社会）的协同治理。建议由市级部门牵头建立城市更新数据中台，统一社区数据接口标准。

第三，创新数字化生态更新成本分摊机制。可以积极探索社区生态更新"政府补贴+碳交易收益+企业让利"的多元筹资模式，拓宽社区更新资金筹措渠道。

第四，进一步实现数据驱动提升长效精准运维效能。建议进一步推广物联网（IoT）实时监测社区能耗与设施状态以支持预防性维护、AI算法优化资源配置等技术方案，构建全周期智慧治理体系，推动社区生态更新从"短期工程"转向"长效服务"。

第五，进一步提升社会参与温度。以"人与自然和谐共生"为价值目标的新质生产力可以有效推动社区生态更新构建"技术工具+人文关怀"的双轮驱动模式，具体包括：通过共享经济激活社区闲置资源；构建绿色数字文化体系培育社区低碳共识；借助区块链技术实现居民投票和资金流向透明化和民主化；通过数据平台公布生态环境政策和生态更新治理方案与成效，实现社区公众对生态更新治理的有效监督；推广包容性技术，开设社区数字技能培训课程，开发适老化交互界面以提高社区居民的参与度；培育绿色生态共享空间，推动社区生态更新与居民福祉深度融合，形成新质生产力赋能社区生态更新治理的合力。

四　结论与展望

新质生产力是以人与自然和谐共生为价值目标的具有创新、绿色、高效、融合特征的新型生产力形态，其通过技术革新与治理模式重构，可以为社区生态更新治理提供创新性系统解决方案。北京市通过新质生产力政策引导与技术赋能，围绕社区生态更新治理已构建了政府统筹、市场运作、社会参与的协同治理框架，未来还需进一步强化技术普惠性、数据共享性、投资多元性、政策协同性与社会包容性，为新质生产力深度赋能社区生态治理提供可持续动力。

参考文献

化婵婵：《新质生产力赋能社区治理》，《张江科技评论》2024年第4期。

黄友均：《新质生产力赋能人与自然和谐共生现代化的理论内涵、现实困境和实践路径》，《重庆科技大学学报》（社会科学版）2024年第12期。

孔德进、任福兵：《"数据要素×"赋能生态治理：作用机理与创新路径，特区实践与理论》2024年第6期。

李新仓、郎美琪：《新质生产力推进城乡生态治理共同体构建研究》，《克拉玛依学刊》2024年第6期。

李永胜、许夏琳：《论发展新质生产力的生态意蕴》，《当代经济研究》2024年第12期。

王承慧：《走向善治的社区微更新机制》，《规划师》2018年第2期。

文丰安：《新质生产力赋能基层治理现代化的路径探析》，《理论学刊》2024年第3期。

吴志强、严娟、徐浩文：《城乡规划学科发展年度十大关键议题（2024-2025）》，《城市规划学刊》2024年第6期。

赵清：《城市社区生态化有机更新策略研究》，《城市发展研究》2022年第6期。

周文、许凌云：《论新质生产力：内涵特征与重要着力点》，《改革》2023年第10期。

B.19
流动人口聚居区社区更新研究

袁 蕾*

摘 要： 流动人口聚居区面临基础设施落后、社会管理薄弱等诸多问题，是社区更新的重要领域。传统更新方式以物质改造为主，忽视社会网络和本地文化；以政府主导为主，忽视流动人口权益；以经济导向为主，重建设轻管理；采用标准化的更新政策，未考虑聚居区的特殊性。因此，本文提出新的更新模式必须以人为本，注重居民的需求和利益；多方参与，政府、市场和社会共同参与更新过程；创新空间更新方式；完善利益分配机制；强化有针对性的公共服务；加强长效治理和动态评估，实现流动人口聚居区的可持续发展。

关键词： 流动人口 社区更新 可持续发展

实施社区更新，通过改善物质环境、提升公共服务质量以及促进不同群体之间的和谐共处，可达成社区长期稳定发展的目标。针对流动人口聚居社区开展此类更新活动，其意义除了促进物质空间的变化，更涉及社会关系网络的重建与资源分配模式的调整，这对于提高外来务工人员的生活品质至关重要，构成了城市可持续发展不可或缺的一环。

一 流动人口聚居区的现状分析

随着城市化的快速推进，大量农村居民到城市就业生活，新市民收入较

---

* 袁蕾，北京市社会科学院城市问题研究所副研究员，主要研究方向为城市发展战略、城乡统筹发展。

低难以融入正式住房体系,大多选择在租金低廉的城中村等区域落脚,形成了流动人口聚居区。这些区域通常位于城市的边缘地带或较为陈旧的市区内,交通条件较差,基础设施相对落后,自建房屋密度高,房屋质量普遍较差,缺乏必要的公共服务和绿化区域,社区内部道路狭窄,环境卫生问题突出,存在较大的安全隐患,成为城市发展的"牛皮癣"。

流动人口居住区的人口结构和经济社会关系呈现多元复杂的特征。就其人口构成而言,该区域主要由外来务工人员组成,这些居民教育水平相对较低,并且主要从事对技能要求不高、薪酬较低的劳动密集型职业,收入偏低,承受较大的生活压力,生存环境和社会保障不足。在社会关系方面,居住区内形成了以地缘和血缘为基础的社会网络,邻里间存在较多的相互帮助与支持行为。流动人口集中居住区域遭遇的核心挑战主要包括基础设施相对落后,公共服务供给不足,这使得居民的基本生活需求难以得到有效满足;环境卫生条件较差,对公共健康构成了潜在威胁;社会管理体系较为薄弱,治安问题频发,降低了居民的安全感。此外,该类社区与城市主流社会之间存在明显的融合障碍。上述状况不仅削弱了居民的生活品质,也阻碍了这些地区的持续发展和社会更新进程。

二 流动人口聚居区传统更新方式的问题

社区更新活动旨在通过改进基础设施、增强公共服务能力以及促进社会和谐来推动社区的长期稳定发展。在过去数十年间,针对流动人口居住区的传统改造策略得到了广泛实施,这类做法主要依赖于政府领导下的空间结构优化以及以经济增长为目标的升级模式。然而,随着城市化水平的不断提高和社会管理理念的进步,这些传统方法逐渐暴露出一系列问题。

(一)以物质改造为主,忽视社会网络与文化认同

传统的城市更新以"拆旧建新"为主导思想,侧重于物质环境的升

级（例如拓宽街道、建设高层住宅以及完善基础设施等），却往往忽略了对流动人口社会网络及其文化归属感的维护与重建。这种做法容易导致社会联系断裂以及文化认同感的丧失。在流动人口聚居区中，通常存在基于地域关系、血缘或职业纽带形成的互助体系，这些非正式的社会连接对于居民的生活与发展起到了至关重要的作用。然而，在采用大规模拆迁手段的传统改造过程中，居民被迫迁移到不同地方，从而破坏了原有的社会支持网络。比如北京唐家岭和深圳白石洲等地在城中村改造之后，许多外来务工人员由于难以承受新建社区较高的租金而选择离开，这不仅切断了他们原先的邻里联系，还进一步加剧了他们的孤立状态。此外，流动人口居住区常常保留着原籍地的文化传统（如方言交流、节日庆祝方式、饮食偏好等），形成了一个具有特色的"异乡文化空间"。但是，传统的改造项目倾向于推行标准化、现代化的空间规划模式，很少考虑到保护文化多样性。从广州一些经过改造的城中村案例中可以看到，原本充满活力的街巷文化被大型购物中心所取代，对当地居民的文化认同产生了冲击。

（二）以政府主导为主，忽视流动人口需求

流动人口聚居区的改造通常采取自上而下的方式推进，政府在政策制定与执行过程中较少关注到流动人口作为主体的权利。此类决策过程较为封闭，改造计划将流动人口定位为被动接受的一方，忽视了他们对于低租金住房、非正式就业机会以及子女教育等实际需求的考量。由此导致的结果是，在改造后利益分配中出现了不平等现象：空间价值的增长主要惠及开发商和地方政府，而原居住于此的流动人口成为被迫迁移的对象。新建设的住宅项目往往为商品房或长期租赁公寓，价格远高于大多数流动人口能够承担的范围，迫使他们不得不搬往更加偏远的城市边缘地带，从而形成了新的社会边缘群体聚集区域。此外，由于户籍制度的存在，这部分人群难以平等地享受到诸如保障性住房、社区医疗服务等公共服务资源，造成了"空间更新"与"权利更新"之间的脱节。

（三）以经济导向为主，重建设轻管理

传统改造方法过度依赖市场机制，将流动人口居住区视为"待开发的土地资源"。在这种模式下，以盈利为目的的房地产开发商往往忽略了对流动人口居住与就业需求的关注，导致这部分人群被迫迁移。此外，这些区域中存在大量非正规经济活动（如路边摊贩、小型手工作坊及二手商品交易场所），它们为低收入群体尤其是外来务工人员提供了重要的谋生手段。然而，在常规的城市更新过程中，这类空间通常会被直接拆除，从而使得受影响者失去了主要的收入来源。另外，此类项目往往重视初期建设投入而忽视后期管理维护，比如安全防范、环境卫生以及公共服务等方面的投资不足，结果是改造后的社区由于缺乏有效的物业管理服务，公共设施容易损坏，环境状况迅速恶化。除此之外，政策缺乏连贯性也是一个显著问题，这不仅会造成资源浪费，还会削弱民众对于政府的信任度。

（四）标准化的更新政策未考虑聚居区的特殊性

传统的更新方法往往忽略了人口结构的多样性。不同居住区内的流动人口在职业构成（如建筑工人、服务业者、个体商户）和居住稳定性（短期务工人员与长期定居居民）上表现出显著差异，且土地所有权情况各异。然而，传统更新手段并未依据这些特性制定具体的分类策略，而是采取统一的改造模式，机械地遵循城市规划的一般标准（如容积率、绿化率），这导致改造后的聚居区呈现相似的"现代社区"外观，从而加剧了空间形态上的同质化现象。这种方式往往脱离了地方文化背景，使得原有独特的空间特征逐渐消失。

总体而言，流动人口聚居区传统改造方式存在的根本问题在于其"以物为本"的发展理念与流动群体的实际需求之间存在显著偏差。传统改造方式尽管能够在短期内改善居住环境，却未能有效解决社会融合、权利平等及文化传承等更为深层次的社会问题，有时甚至会加剧空间上的排斥感和社会阶层间的隔阂，从而阻碍社区长期健康发展目标的实现。

三　流动人口聚居区社区更新的路径

遵循"以人为本"的原则,通过系统化的制度设计和一系列的措施,保障所有居民的基本居住权益,提高居民的生活品质,加强社会凝聚力,并实现社区长期可持续的发展。

(一)构建多元主体协同治理机制

流动人口聚居区的改造过程涉及政府、外来居民、当地居民、房地产开发商以及非政府组织等多个利益相关方,有必要建立起一种"多方参与治理、权利与责任相匹配、促进包容性增长"的合作管理模式。

政府角色从主导者向协调者转变。为了促进这一过程,政府应当出台一系列旨在平衡效率与公平的新政策,明晰各参与方的权利与责任范围,并设定明确的更新目标及实现路径。此外,还需要制定详尽且具有实际操作性和针对性的更新计划和政策措施,以确保整个更新进程能够顺利进行。构建涵盖住房建设、民政事务、公共安全以及人力资源和社会保障等多个部门的合作平台至关重要,该平台将负责处理更新过程中涉及的土地所有权归属、公共服务设施配套等跨领域问题,提高不同政府部门间的合作水平与信息交流效率。

赋予居民更多权利,使其从被动接受的角色转变为决策过程中的积极参与者。通过组织社区会议、听取改造方案意见会等形式,鼓励流动人口参与规划过程。广州杨箕村已经做了相关探索,其在更新项目中成立了"村民代表委员会",其中租户代表占到20%的比例,并且参与了租金标准制定及公共区域设计等工作。此外,还应构建一个"更新需求—反馈—调整"机制,使得利益相关方能够制度化地表达自己的诉求。利用数字化工具如微信小程序等,即时收集居民的意见,确保即便是处于弱势地位的人群也能发出自己的声音而不被忽视。

整合市场资源,引入社会资本。鼓励企业采取"微利可持续"的模式参与城市更新。政府则可以提供税收减免、土地供给等激励措施，以此吸引更多的社会资本投入居住区改造项目中，从而构建多元化的投资体系。此外，还应增强社会组织的作用，支持非营利组织开展社区建设活动，比如北京的"打工青年艺术团"就通过举办文化活动和职业培训来加强流动人口对于所在社区的认同感。

（二）创新空间更新模式

制定差异化的更新规范。当前的《城市居住区规划设计标准》主要关注物质层面的指标，未能充分考虑到流动人口聚居区域的独特需求。可以参考日本的《密集市街地整备法》，将"非正规居住区"单独分类，并为其设定更为灵活的日光间距与容积率要求。此外，还应引入社会影响评价体系，确保所有更新计划均包含原居民安置方案及公共服务连续性规划等社会考量要素。上海市在旧城改造过程中实施了"两轮征询"（意愿调查加方案讨论）制度，并将同意门槛由90%下调至85%，不仅提升了项目推进的速度，也扩大了边缘社区成员的实际谈判权。

采用混合开发与逐步更新的方式，以实现空间功能的有效整合。避免大规模拆迁，采取"针灸式"微调策略。例如，上海在田子坊项目中，通过修复局部建筑及更新基础设施，成功保留了原有的社区布局和租户构成；还特别注意保护那些非正式经济活动的空间，比如夜市、便民摊位等，使其能够与新建设施形成良性互动。成都曹家巷通过保留具有地方特色的"苍蝇馆子"街区，构建了既充满生活气息又不失现代商业元素的发展模式。

探索并实施多样化的低价住房供给机制。通过增加保障性租赁住宅的比例来改善现有状况，可以借鉴深圳市对城中村进行综合改造的成功案例。深圳明确要求开发商在项目中配置至少30%的保障性租赁房源。此外，还可参考杭州市关于蓝领公寓的做法，鼓励建设"蓝领公寓""小哥之家"这样的定向租赁住所，保留10%~15%的空间作为低成本过渡住房。苏州工业园区内则实行"集宿区"计划，将商业设施所产生的收益用于补贴物业管理成本，从而使得租金水平稳定在市场价的60%左右，为低收入群体提供必要的生活空间。还可以尝试利用集体土地资源来建造租赁房屋，允许外来务工人员长期租住。引入动态产权管理机制，即由政府保有土地所有权，然后向非营利组织授予为期5~10年的特许经营权，并规定这些机构必须将至少30%的房源提供给经济困难家庭。

加强公共空间建设，维护社会网络和社区文化的连续性。在社区更新过程中，应通过精心设计的公共空间来促进松散联系的建立，比如倡导将废弃的工厂、屋顶等资源转换为低成本的社交场所，如社区工作坊或共享厨房，以促进流动人口聚居区内不同社群之间的交流与互动。

（三）完善利益分配与补偿机制

更多地将社会效益纳入更新规划和评估。在社区更新中，经济效益和社会效益并非二元对立。以深圳水围村的改造为例，该项目政府投入了8000万元用于青年公寓建设，从直接经济效益的角度来看，回报率仅为3%。然而，考虑到治安管理费用的减少、人力资源稳定性的增强等非直接收益后，综合回报率实际上达到了11%。因此，更多地考虑社会效益，通过构建覆盖全生命周期的成本模型，把未来5~10年可能出现的群体性事件处理费用、因劳动力流失而导致的经济损失等因素都计入社区更新成本之内，可以更科学全面地制定更新策略。

构建土地增值收益共享机制，采取由政府、原居民及外来人口共同参与的分配模式。以深圳南头古城为例，其在改造过程中，将部分商业所得注入社区基金，用以补助低收入群体的居住成本，此种实践值得借鉴推广。建议鼓励地产开发商与当地居民订立收益分成协议，比如可以考虑将商铺租赁收入的10%回馈给社区，专门用于支持公共福利事业的发展。

设计差异化的补偿措施。除了直接的货币补偿之外，还应考虑为原居民提供优先租赁商铺机会、物业所有权等长期收益来源。对于流动人口，则可以建立"更新过渡补贴基金"，旨在为因地区改造而暂时失去工作机会的小商贩、家政服务人员等群体提供为期3~6个月的生活支持。

建立有效的冲突调解机制以防控社会风险。建议设立社区更新法律援助站，帮助流动人口解决租赁纠纷、就业歧视等多种问题。此外，应组建一个由专业律师、社会工作者以及社区领导组成的调解团队，以便提前介入并有效缓解潜在的利益冲突。

（四）强化公共服务与权利保障

消除户籍制度障碍，推进公共服务均等化。将外来人口纳入社区医疗和教育等公共服务体系中。苏州工业园推行了"居住证积分入学"政策，允许租户子女依据其父母的社会保险缴纳年限来申请公立学校的学位。针对流动人群的具体需求提供定制化的服务，如设立夜间门诊、周末职业技能培训班等特色项目。构建就业援助机制，支持非正式经济向正规就业转型。将街头小贩整合进"社区商业合作社"，并为他们提供规范化的经营指导及小额贷款服务。在城市更新计划中创造本地就业机会，比如预留部分社区服务岗位（如保洁、保安等）定向提供给原住流动人口。开发智慧社区平台，打造一个集租房信息、就业匹配以及纠纷解决功能于一体的手机应用程序，以此降低外来人口的生活成本。运用数字技术增强社区治理能力，通过对流动人口居住与就业模式变化趋势的大数据分析，灵活调整相关政策措施。

（五）加强更新社区的长效治理

加强社区自我管理能力建设，促进各类社区团体发展。比如鼓励建立"租户委员会"和"商户联盟"等自治组织，并让这些组织参与社区日常管理。以北京皮村为例，"打工者之家"的成立有效推动了当地环境卫生的自我治理。此外，还应积极推选流动人口代表担任社区网格员或楼栋长，以此增加他们在社区事务决策过程中的话语权。引入专业机构采用"公益+商业"的模式将运营社区商业的部分收益用于社区公益事业。为了进一步吸引社会资本长期投入社区更新项目，可以考虑创新金融工具如发行"社区更新REITs"，从而构建可持续的资金支持机制。完善社区管理制度，确保居民的安全感与秩序感得到提升。同时通过举办各种形式的社区活动，增进邻里之间的了解与信任。强化社区内部的社会联系与信任基础，有助于积累更多的社会资本，进而促进整个社区环境更加和谐稳定。还需建立一套动态评估体系及灵活调整机制，从居住成本、社会融合程度以及文化活力等多个方面设定评价标准，并定期发布社区发展状况报告，根据实际效果不断优化相关政策。

流动人口聚集区的城市更新是对城市包容性发展能力的一次检验，这一过程涉及多个层面，是一项复杂的系统工程，要求政府、市场及社会各界共同参与，不仅要在物质环境方面做出改善，还应促进社会关系的优化，并确保所有居民都能参与到这个过程中来，同时保障他们的利益。通过建立多元治理机制、采用混合发展模式、实现增值收益共享以及构建权利保护体系等制度设计，可以达到经济、社会与文化三方面的平衡发展，真正实现社会公正与城市可持续发展的双重愿景。

参考文献

吴晓、吴明伟：《国内外流动人口聚居区之比较》，《规划师》2003年第12期。

刘玉兰、彭华民：《社区抗逆力培育：流动人口聚居区治理的社会工作策略研究》，《人文杂志》2019年第8期。

叶裕民、唐一可、张理政：《论超大特大城市城中村改造目标转型：面向中国式现代化和新二元结构治理》，《规划师》2024年第8期。

张理政、叶裕民：《城中村更新治理40年：学术思想的演进与展望》，《城市规划》2022年第5期。

袁奇峰、钱天乐、郭炎：《重建"社会资本"推动城市更新——联滘地区"三旧"改造中协商型发展联盟的构建》，《城市规划》2015年第9期。

B.20 老旧小区改造中的"五社联动"模式探索

——以北京大望家园社区为例

佟欣 李茂[*]

摘　要： 本文以北京市朝阳区大望家园社区为例，探讨党建引领下的"五社联动"模式在老旧小区改造中的实践与创新。研究发现，"五社联动"模式通过整合社区、社会组织、社会工作者、社区志愿者和社会慈善资源，构建了共建共治共享的社区治理格局，有效提升了社区治理效能，提高了居民参与度，并改善了社区环境。社区党委和街道办事处发挥引导作用，通过联席会议、居民议事会等形式促进居民互动与合作。居民自治组织的建立与运作，为居民提供了参与社区事务的平台，使其从被动接受者转变为主动参与者。志愿服务队的实践通过邻里互助增强了社区社会资本和居民幸福感。社区通过党建引领整合多方资源，构建多元主体协同共治格局，推动居民从"被动接受服务"向"主动参与治理"转变，提升居民主体意识和社区治理可持续性。社区文化建设塑造积极向上的社区文化，增强社区凝聚力和居民归属感。环境治理举措优化社区生态环境，提升居民生活质量。

关键词： 五社联动　社区治理　社区改造

一　引言

随着中国城市化进程的深入推进，老旧小区改造已成为城市更新与社会

---

[*] 佟欣，中国社会科学院大学社会与民族学院硕士研究生；李茂，博士，北京市社会科学院传媒与舆情研究所副研究员，主要研究方向为智慧社区治理。

治理的核心议题之一。近年来，党中央、国务院高度重视老旧小区改造工作。2024年，习近平总书记在视察重庆时指出，"老旧小区改造是城市更新的一个重点，也是一项民生工程，既要保留历史记忆和特色风貌，又要解决居民关切的实际问题"①。中央出台了一系列政策文件，明确提出要"全面提升城镇老旧小区和社区居住环境、设施条件和服务功能"②。习近平总书记的重要指示精神和相关政策的出台，为老旧小区改造提供了强有力的方向指引和政策保障。

然而，老旧小区改造是一项复杂的系统工程，涉及规划设计、资金筹措、居民动员、施工建设、后期管理等多个环节，需要政府、市场、社会等多方力量的协同参与。该类小区普遍存在基础设施老化、社区服务不足等问题，不仅影响居民生活质量和社区治理水平，也对城市整体形象和可持续发展带来挑战。在此背景下，如何通过创新社区治理模式，特别是探索党建引领下的"五社联动"等新型治理机制，激发居民参与活力，构建可持续的社区建设机制，成为学界与实务界共同关注的焦点，也是推动老旧小区改造取得实效的关键所在。

"五社联动"模式作为一种创新的社区治理模式，强调社区、社会组织、社会工作者、社区志愿者和社会慈善资源的协同合作，旨在激发居民参与活力，构建可持续的邻里互助机制，提升社区治理水平。北京市朝阳区大望家园社区作为典型的老旧小区，通过党建引领下的"五社联动"模式，探索出了一条从解决居民"小烦恼"到提升社区"大幸福"的治理路径。该社区通过邻里互助、文化建设和环境治理等多层次实践，展示了"五社联动"模式在解决老旧小区治理难题、提升居民生活质量和社区治理水平方面的有效性，为其他社区提供了可借鉴的治理模式。

---

① 《进一步全面深化改革开放不断谱写中国式现代化重庆篇章》，《人民日报》2024年4月25日。
② 《住房城乡建设部等部门印发〈关于扎实推进2023年城镇老旧小区改造工作的通知〉》，https：//www.gov.cn/lianbo/bumen/202307/content_6892957.htm；《国务院总理李强1月3日主持召开国务院常务会议，研究推进城市更新工作》，https：//www.news.cn/politics/leaders/20250103/6909b81ef3174baf80fe42ce603f04e6/c.html。

二 党建引领下的"五社联动"协同模式

大望家园社区建于20世纪90年代初,原为北郎东社区的一部分,现隶属于北京市朝阳区建外街道,是一个典型的老旧小区。它具有诸多老旧小区的通病:基础设施老化,如屋顶渗水、外墙破损、道路病害等问题;社区服务设施不足,缺乏儿童娱乐和公共活动空间;人口结构以老年人和儿童为主,同时聚居着农民工等多元群体。虽然面临诸多挑战,但得益于其优越的市中心区位,大望家园社区在保留城市记忆和文化价值的同时,通过创新的"五社联动"协同模式,提升了居民生活品质,为老旧小区改造提供了宝贵经验。

(一)社区党委和街道办事处的引导作用

社区党委作为基层治理的核心领导力量,在社区治理中发挥着统筹协调的关键作用。社区的有效运行依赖各子系统的协同合作,而社区党委凭借其组织权威和资源整合能力,成为连接政府、社会组织、居民等多方主体的枢纽,推动社区治理从单一主体主导向多元共治转型。街道办事处作为基层政府的延伸机构,通过政策支持和资源调配,为社区治理提供了制度保障和物质基础。这种"党建引领、政府支持"的模式为社会组织与居民参与提供了制度空间。

在"五社联动"模式下,社区党委和街道办事处整合社区、社会组织、社会工作者、社区志愿者和社会慈善资源,构建了一个多元主体协同参与的治理网络。这一模式不仅回应了多元治理理论中关于治理主体多元化的主张,还通过党建引领确保了治理的方向性和有效性。例如,在垃圾分类工作中,社区党委牵头成立"垃圾分类志愿服务工作协调小组",通过明确各方职责、制定工作流程,整合物业公司、社会组织和居民志愿者等资源,确保了垃圾分类工作的顺利推进。同时,社区党委通过"积分存折"制度,激励居民积极参与垃圾分类,形成了"居民参与—积分奖励—环境改善"的良性循环。

此外，社区党委和街道办事处通过定期召开联席会议、组织居民议事会等形式，促进了居民之间的互动与合作。这种机制不仅提升了治理效率，还通过制度化参与增强了居民的主体意识，推动社区治理从"被动接受"向"主动参与"转变。居民在参与过程中形成的信任与合作关系，为社区治理提供了重要的社会资源，体现了社区参与理论中关于居民主体性的主张。多元主体的协同参与，构建了一个高效、可持续的社区治理体系。

（二）居民自治组织的建立与运作

居民参与不仅是社区治理的手段，更是提升治理效能和居民幸福感的重要途径。居民自治组织，如小院委员会、小区物管会等，为居民提供了参与社区事务的平台，使其从被动的服务接受者转变为主动的治理参与者。

居民自治组织的运作依赖居民之间的信任、互惠和合作网络。其通过协商议事会、楼门微信群等形式，广泛征集居民意见，形成了"居民事、居民议、居民办"的治理模式。这种模式不仅增强了居民之间的互动与合作，还构建了一个以信任为基础的社区网络。根据社会网络理论，这种网络关系为社区治理提供了重要的社会资源，有助于解决集体行动中的搭便车问题。

此外，居民自治组织的建立与运作体现了赋权理论的核心思想。通过赋予居民参与社区事务的权利，居民自治组织提升了居民的主体意识，增强了社区的自我管理能力。这种赋权过程回应了居民的需求，也为可持续性治理提供了保障。

大望家园社区在楼门文化建设中的实践，充分体现了居民自治组织在社区治理中的作用。社区通过多次协商议事会，广泛征集居民意见，确定了楼门装饰方案。这一过程不仅体现了居民的主体性，还通过集体决策增强了社区的凝聚力。在实施过程中，小院委员会通过楼门微信群及时发布进展和征集意见，确保居民的广泛参与。居民通过参与楼门文化建设，促进了自身身心改造，美化了所居社区环境，增强了对社区的归属感和认同感。

从情感治理的视角来看，楼门文化建设不仅是一项环境美化工程，更是一种情感联结的实践。通过居民的共同参与，楼门文化建设成为情感表达的载体，增强了居民之间的情感纽带和社区的凝聚力。

（三）志愿服务队的实践

众望先锋应急抢修志愿服务队由社区党委牵头成立，是社区治理创新与情感治理在基层的具体实践。该志愿服务队整合社区内能人志愿者，构建了一个以信任和合作为基础的社会网络。这种网络不仅为居民提供了及时的服务支持，还通过邻里互助增强了社区的社会资本。

志愿服务队的快速响应机制确保了居民需求的及时解决，提升了居民生活质量。居民通过志愿服务获得帮助，同时志愿者的无私奉献增强了社区凝聚力。志愿服务不仅是生活物资的提供，更是情感支持的表达。志愿者通过实际行动传递关怀与信任，增强了居民之间的情感联结。

在社区中，志愿者利用维修技能免费为居民修理家具、更换电线，成为社区治理的"好帮手"。在一次漏水纠纷中，志愿者主动承担维修工作，避免了邻里矛盾升级。这类事件也展现了情感治理在化解社区矛盾中的作用。志愿者的行为增强了居民之间的信任，构建了以互助为基础的社会网络。

志愿服务队的成立与运作，回应了居民日常生活中的"小烦恼"，通过情感治理的实践增强了社区的凝聚力和居民的幸福感，为社区治理创新提供了可借鉴的经验。

（四）居民参与的多样化形式

居民通过参与垃圾分类、环境美化、楼门文化建设等活动，构建信任与合作关系，能够增强对社区的归属感和认同感。

以大望家园社区在垃圾分类工作中的实践为例，该工作充分体现了居民参与多样化形式在社区治理中的作用。社区通过"积分存折"制度，激励居民积极参与垃圾分类。通过物质奖励激发居民的参与动机，通过制度化的参与机制保障社区治理的可持续性。居民投放厨余垃圾可获得积分，积分可兑换由区域商圈联盟提供的实物和服务，极大地推动了社区无废可持续化发展。在具体实施过程中，社区通过多种形式动员居民参与，例如定期举办垃圾分类宣传活动、发放宣传单、组织讲座，提升居民的环保意识。

大望家园社区改造中的多种实践，充分展现了各主体的角色与职责（见表1），有效发挥了居民参与在推动社区治理、提升居民幸福感中的重要作用，为其他社区的治理创新提供了可借鉴的经验。

表1 "五社联动"模式下各主体角色与职责

主体	主要角色	主要职责
社区	基础平台、统筹协调	整合各方资源、协调相关部门；领导社区自治组织；提供政策指导；为社区提供公共服务。
社会组织	资源链接、创新服务	资源链接、专业服务供给；提供品牌化服务与治理创新。
社会工作者	专业支持、社区赋能	提供专业社会工作服务；协助社区开展活动；培训志愿者；评估社区需求。
社区志愿者	服务提供、邻里互助	志愿服务队提供服务；解决居民日常生活困难；参与社区环境治理、文化建设等；促进邻里互助。
社会慈善资源	资金支持、物资捐赠	提供资金、物资等支持；参与社区公益项目；支持社区发展。

三 大望家园社区改造中的创新治理实践

（一）党建引领与多元共治：社区治理模式的创新与实践

社区治理是社会治理的重要组成部分，直接关系到人民群众的切身利益和社会的和谐稳定。在新时代背景下，社区治理面临诸多挑战，如居民需求多样化、利益诉求多元化和资源分配不均等。为应对这些挑战，大望家园社区在党建引领下，积极探索多元共治的治理模式，并取得了显著成效。

大望家园社区充分发挥党组织的领导核心作用，通过加强党组织建设，提升其凝聚力和战斗力，为社区治理提供坚实保障。党组织积极引导居民参与社区治理，发挥居民的主体作用，形成了共建共治共享的治理格局。这种模式整合了多种主体与资源，突破了传统单一治理模式的局限，实现了社区治理的多元化和协同化。

党建引领下的多元共治模式在社区治理中发挥了重要作用，有效解决了社区治理中的实际问题，提升了治理效率。例如，社区成立了众望先锋应急抢修志愿服务队，解决居民的"小烦恼"，如老旧座椅加固、翻新粉刷等，增强了社区凝聚力和居民归属感。此外，该模式促进了社区治理的可持续发展。通过"五社联动"机制，社区引入专业社会组织，打造了朝阳区首家"无废空间"公益性平台，推动垃圾分类从源头减量，提高了居民生活质量。

党建引领下的多元共治模式为社区治理提供了新思路和方法。它提升了社区治理的民主性、参与性和有效性，使居民从被动接受服务转变为积极参与治理，体现了居民主体性的提升。这种模式通过多元主体协同参与、居民主体性提升和社区社会资本积累，为社区治理提供动力。

（二）居民参与和社区自治：主体性的提升与可持续发展

居民参与社区治理是提升社区治理民主性、透明度和有效性的关键途径。在大望家园社区的实践中，社区通过建立多样化的居民自治组织，如业主委员会、社区议事会等，为居民提供了直接参与社区事务决策和管理的平台。这些组织不仅保障了居民的知情权和参与权，还使社区治理过程更加民主和透明。同时，社区积极开展各类活动，如社区志愿服务、文化活动等，有效激发了居民的参与热情，增强了社区的凝聚力和居民的归属感。此外，社区为居民提供参与社区治理的机会和培训，提升了居民的治理能力和素质。

居民通过参与社区事务的决策和管理，使社区事务的决策更加科学、民主，居民的知情权和参与权得到了充分保障，社区的凝聚力和居民的归属感显著增强。居民积极参与社区事务，不仅增进了邻里关系，还使社区氛围更加和谐，居民对社区的认同感和归属感显著提升，社区治理的可持续性得到增强。通过赋权增能，居民的治理能力和素质得到提升，社区治理的内生动力得到激发，为社区的长期发展提供了有力支持。

大望家园社区的实践为其他社区提供了宝贵经验。首先，社区应建立健全居民自治组织，让居民能够参与社区事务的决策和管理，从而提升社区治理的民主性和透明度。其次，社区应通过开展多样化的活动，激发居民的参与热情，增强社区的凝聚力和居民的归属感。最后，社区可以通过提供参与平台和培训，提升居民的治理能力和素质，保障社区治理的可持续性。

（三）文化建设与社区凝聚力：构建和谐的社区共同体

社区文化建设是满足居民精神文化需求、增强社区凝聚力和居民归属感的重要途径，对促进社区和谐发展具有关键作用。文化认同是社区凝聚力的重要来源，在文化认同的基础上居民能够形成共享的价值观和行为规范，从而保障社区的和谐稳定。

在大望家园社区的治理实践中，文化建设在提升社区凝聚力方面发挥了作用。社区通过开展多样化的文化活动，如"睦邻之家"社区文化展示"、"光辉里的宠物秀"以及"无废空间"走进校园等，记录和展示社区特色文化，宣传垃圾分类、文明养犬等文明行为方式，满足了居民日益增长的精神文化需求。这些活动丰富了居民的精神生活，通过文化的力量将居民紧密联系在一起，增强了社区的凝聚力，这主要体现在以下三个方面。

第一，促进互动交流，构建社会关系网络。社区通过组织丰富多样的文化活动，如"睦邻之家"社区文化展示、宠物秀等，为居民搭建了互动交流的平台。这些活动不仅增进了居民之间的了解和信任，形成了紧密的社会关系网络，还有效消除了邻里隔阂，提升了社区整体的凝聚力。

第二，增强认同归属，激发参与治理热情。当居民亲身参与到社区文化活动中，感受到社区独特的文化氛围时，更容易对社区产生认同感和归属感。这种情感上的联结，进一步激发了居民参与社区治理的积极性和主动性，提高了社区治理的参与度和有效性。

第三，塑造共同价值，提供行为规范指引。社区文化建设的核心在于塑造积极向上的社区文化，传递互帮互助、文明和谐的价值观。这些价值观为

居民提供了行为准则和道德指引，促进了社区成员之间的文化认同，进一步巩固了社区的凝聚力和向心力。

综上所述，社区文化建设不仅是满足居民精神文化需求的重要手段，更是增强社区凝聚力和居民归属感的关键途径。通过文化活动，大望家园社区将居民紧密联系在一起，形成和谐、互助的社区环境。

（四）环境治理与宜居社区：提升居民生活质量的实践

宜居的社区需要良好的生态环境和舒适的生活空间。环境治理的有效性直接关系到社区的生态健康和社会福祉，是社区治理的重要组成部分。大望家园社区通过一系列创新的环境治理活动，显著改善了社区环境，提升了居民的生活质量。

"无废空间"建设是大望家园社区环境治理的核心内容之一。社区将闲置空间改造为多功能的"无废空间"，集宣传教育、实践操作和社区互动于一体。这一举措显著提升了居民垃圾分类的覆盖率、知晓率、参与率和正确率。"无废空间"内设置了垃圾分类体验区、环保知识宣传栏和资源回收展示区，通过互动式教育增强了居民的环保意识和参与热情，将环保理念融入居民的日常生活。此外，社区引入专业社会组织设立的"积分存折"制度，不仅提高了居民的环保意识，还通过激励机制推动了社区无废可持续化发展。

花园种植活动是大望家园社区环境治理的又一亮点。社区举办"她的100种生活"花园建设种植行动，吸引了近40位社区居民踊跃参与。花园种植行动不仅提升了社区的生态美感，还增强了居民的参与感和归属感，进一步强化了居民与社区之间的纽带。通过生态美化的实践，社区成功地将居民的日常活动与社区环境治理相结合，形成了一个良性循环。通过上述环境治理活动，大望家园社区环境变得更加整洁、美观，居民生活质量得到了提升。

大望家园社区的改造实践，充分体现了"五社联动"模式在老旧小区更新中的创新应用。社区不仅注重发挥党组织的领导核心作用，还积极探索居民参与的新途径、新方法，如"积分存折"制度、楼门文化建设等，有效激发了居民的参与热情和主人翁意识。图1是对大望家园社区"五社联动"模式运作机制的直观呈现,不仅展示了各参与主体的角色定位,更揭示了其创新实践背后的协同逻辑。

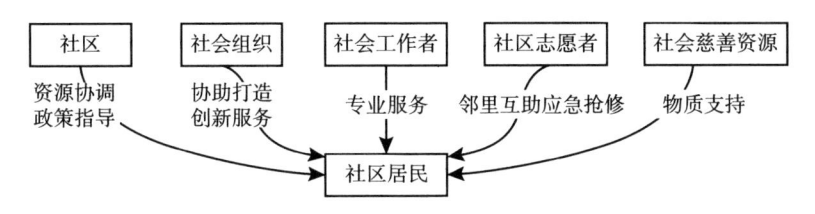

```
   社区          社会组织        社会工作者      社区志愿者      社会慈善资源
资源协调       协助打造                        邻里互助
政策指导       创新服务        专业服务        应急抢修        物质支持
                           ↓   ↓   ↓
                              社区居民
```

图1　大望家园社区"五社联动"模式运作示意图

四　大望家园社区治理的经验与启示

(一)单一转向多元,协同治理新模式

大望家园社区通过积极践行"五社联动"模式,成功构建了党引领下的多元主体协同治理格局,突破了传统社区治理中政府单一主体主导的局限性。社区党委充分发挥核心引领和统筹协调作用,通过建立常态化的联席会议机制、明确各方职责分工以及搭建资源共享平台,有效促进了各方力量的紧密协作与优势互补。这种多元主体协同治理架构不仅提升了社区治理的精细化水平,还激发了社区治理的内生动力和创新活力,推动社区治理从传统的行政管理向共建共治共享的现代化治理模式转变。

在此基础上,社区可以进一步畅通和规范群众诉求表达与利益保障渠道,确保居民在日常生活中有广泛且持续深入参与的意愿和权利。同时,社区注重搭建和完善各类治理平台,整合外部资源,促进社区与外部环境的有机衔接和供需匹配,全面提升社区治理效能,增强社区凝聚力,实现互助同行的美好愿景。

(二)被动变为主动,居民参与新格局

大望家园社区通过系统性地建立和完善居民自治组织,为居民深度参与

社区事务提供了多元化的平台与机制。这一举措有效推动了居民从传统的被动接受服务向积极的主动参与治理转变。这种转变不仅显著提升了居民的主体意识，使其在社区治理中发挥更积极的作用，更重要的是，它通过增强居民对社区的认同感和归属感，为社区治理注入了可持续发展的内生动力。居民在参与过程中形成了紧密的社会关系网络，为社区的长期稳定与和谐发展奠定了坚实基础。

为持续优化治理，建议进一步深化居民自治组织建设，通过定期培训和能力建设活动，提升居民自治组织的专业性和有效性，同时鼓励更多年轻居民和新居民参与自治组织，增强组织活力与创新性。社区应拓展居民参与渠道与形式，利用线上平台、社区听证会、居民议事会等多元化方式，扩大居民参与范围，确保每位居民都能找到适合自己的参与途径。建议建立有效的反馈与激励机制，及时回应居民意见，表彰和奖励积极参与社区治理的居民和自治组织，激发更多居民的参与热情。

（三）文化凝心聚力，塑造社区新精神

个体对社区文化的认同是形成集体认同的基础。积极的社区文化传递互帮互助的价值观，为居民提供行为准则，有助于增强社区成员之间的文化认同。大望家园社区通过文化建设，塑造了积极的邻里互助文化，鼓励居民之间的相互帮助和支持，从而提升了社区的凝聚力和居民的归属感。社区通过绿化美化、楼门文化建设等活动，提升了社区环境质量；同时通过邻里聚会、养宠交流等文化活动，促进了居民之间的交流和互动，增强了邻里之间的联系。

社区可以通过开展多样化的文化活动，满足居民的精神文化需求；注重文化活动的参与性和互动性，通过活动设计促进社区成员之间的交流与合作；通过文化建设塑造积极向上的社区文化，强化社区凝聚力和居民归属感。社区根据居民反馈及时调整活动内容和形式，确保文化建设的持续性和有效性。通过这些措施，社区可以进一步提升居民的文化认同感，构建和谐共处的社区共同体。

（四）环境质量提升，民生福祉新高度

环境治理举措优化了社区的生态环境，增强了居民的参与感和归属感，进一步巩固了居民与社区之间的纽带。为推动更多社区实现环境治理与可持续发展，建议社区在环境治理中注重以下几点。首先，将环境治理纳入社区治理的核心议程，明确其在提升居民生活质量中的关键作用；其次，因地制宜地实施多元化的环境治理措施，以满足社区居民的多样化需求；最后，通过环境治理活动，提升居民的参与度和生活质量，推动社区可持续发展。此外，建议社区定期开展环境治理效果评估，及时调整治理策略，确保环境治理措施的科学性和有效性。通过这些措施，社区可以进一步提升环境治理效能，为居民创造更加宜居的生活环境。

（五）数字智慧支撑，社区管理新境界

大望家园社区的实践表明，充分利用现代信息技术，可以有效提升社区治理的智能化和精细化水平。例如，社区可以搭建线上服务平台，整合社区服务资源，实现服务预约、信息发布、意见征集等功能，方便居民办事。通过引入智能安防系统、环境监测系统等，提升社区安全和环境管理水平。充分利用人工智能、大数据分析和云存储技术，可以更精准地了解居民需求，优化资源配置，提升服务质量。

未来社区可探索建立社区数字档案，整合居民信息、房屋信息、服务信息等，形成社区"数字画像"，为精细化管理提供数据支撑。鼓励居民利用线上平台和嵌入式人工智能平台参与社区事务，实现线上线下联动，提升居民参与的便捷性和有效性。通过数据共享和开放，促进社区与政府部门、社会组织之间的信息互通，提升协同治理能力。

五　结语

北京市朝阳区大望家园社区在老旧小区改造中，通过党建引领下的

"五社联动"模式，走出了一条具有创新性和示范性的社区治理之路。这一模式不仅有效整合了社区、社会组织、社工、志愿者和社会慈善资源，形成了多元主体协同共治的良好格局，更通过居民的广泛参与和深度赋权，激发了社区的内生动力和自治活力。从环境治理到文化建设，从解决居民"小烦恼"到提升社区"大幸福"，大望家园的实践充分证明，"五社联动"模式是破解老旧小区改造难题、提升基层治理效能的有效途径。

大望家园的经验并非孤例，它代表着一种更广泛的发展趋势，即在城市更新和社会治理现代化的进程中，社区的角色正在从被动接受服务的对象转变为主动参与治理的主体，社区治理的逻辑正在从自上而下的行政控制转向多元协同的共建共治共享。这不仅需要政府职能的转变和治理方式的创新，更需要每一个社区居民的积极参与和共同努力。展望未来，需要进一步加强理论研究和实践探索，不断完善"五社联动"模式，使其在更广泛的社区类型和治理领域中发挥更大的作用。

参考文献

唐文玉：《何种强势：自由、民主抑或治理——理解城市社区治理中党建引领的居民参与》，《学术界》2024年第10期。

许宝君：《"政党组织参与"：党建引领社区治理何以有效的一种解释框架与路径选择》，《求实》2025年第1期。

刘曼格：《"党建引领"型社区志愿服务创新：必要性与机制》，《湘潭大学学报》（哲学社会科学版）2024年第5期。

许宝君、陈伟东：《"三社联动"到"五社联动"的转换逻辑及实现路径》，《浙江社会科学》2023年第9期。

邱宁、张天洁、盛ının洁等：《基于社会力量的老旧社区改造居民满意度提升机制》，《城市发展研究》2023年第11期。

俞祖成、彭扬：《社区居民参与的本土理论构建与实践发展动向》，《上海行政学院学报》2024年第4期。

徐炜、刘博维：《社区居民参与基层治理的社会动员研究》，《求实》2024年第1期。

蓝宇蕴、谢利发：《社区参与中的资源发掘路径探析——以F街社区互助会为例》，

《华南师范大学学报》（社会科学版）2024年第2期。

党秀云、胡乘铭：《志愿服务嵌入社区的情感治理分析》，《理论探索》2024年第1期。

许宝君：《社区志愿服务常态化及其逻辑——基于L区的案例分析》，《探索》2024年第3期。

刘威、温暖：《"组织化共益"：居民参与构建社区治理共同体何以可为?》，《南开学报》（哲学社会科学版）2024年第6期。

徐炜、刘博维：《中国式现代化城市社区治理：理论逻辑、模式转型与未来走向》，《华东师范大学学报》（哲学社会科学版）2024年第3期。

B.21 基于有机更新理论的老旧胡同改造策略研究

朱子懿*

摘　要： 城市有机更新不仅是一种物理空间上的改造行动，更是一次深刻的社会文化实践。本研究采用人居环境科学的理论框架和方法论，基于规划、实施、管理、创新四个方面对胡同城市更新案例进行系统梳理，发现其改造过程充分改善了空间维度上布局不合理、连通性不足；社会维度上租户流动强、产权更新受阻、社区治理缺位；文化维度上文化商业化与同质化现象严重、文化保护意识淡薄的现状，充分体现了尊重历史、注重人文关怀、鼓励社区参与以及实现可持续发展等有机更新的核心理念。

关键词： 老旧胡同　有机更新　可持续发展　城市更新

一　研究背景

随着生活水平的提高，人民对城市更新也有了更高要求。城市更新背景下历史街区的保护面临一些困境，如保护与开发难以平衡、基础设施改造困难、居民生活改善与保护矛盾、保护资金不足等问题。

有机更新理论自吴良镛先生提出后，在建筑与城市规划领域掀起研究热潮。以有机更新理论为指导，已有研究强调在城市更新中应遵循类似生命体生长的规律，以小规模、渐进式的方式对城市空间进行更新改造，避免大规

---

* 朱子懿，北京城市学院智慧规划系。

模拆除重建带来的破坏，注重历史文化的延续与城市功能的优化。聚焦具体实践，有机更新理论在城中村改造过程中遵循整体性、延续性更新的原则，强调形态改造与制度改造并重，在面向社会低收入阶层、延续城中村原有经济社会功能的基础上实现更新。在老旧胡同改造研究方面，众多学者聚焦胡同面临的问题与改造策略。研究普遍指出，老旧胡同存在基础设施老化、居住空间局促、功能布局不合理等问题。针对不同问题，学者们提出多元改造策略，涵盖基础设施完善、空间优化利用、文化保护传承等方面。北京市西城区大院胡同 28 号更新实践融入传统北京复合性城市结构的空间基础，认识并运用其结构可延伸、加密的特征，通过空间叙事，将日常诗意与都市胜景的体验带入"理想居所"。

以上研究和实践成果为深入探究基于有机更新理论的菊儿胡同改造策略奠定了坚实基础，也为进一步拓展和深化相关研究提供了方向。本文在针对胡同改造个案、城市更新单一主题的基础上，建立起胡同改造与人居环境之间的有机联系，旨在为城市更新寻找普遍性的解决方案。在保护城市历史记忆与在地性文化传承的前提下，实现社会价值、经济价值、生态意义的平衡；在维系原居民社区网络的基础上，通过低碳可持续改造路径，激活胡同空间潜力。

二 老旧胡同现状与问题诊断

（一）空间维度

老旧胡同历史悠久，当时建设标准低，随着时间推移，设施老化严重，如地下管网现在难以满足排水、排污等需求。同时胡同普遍狭窄，施工空间有限，材料运输也不方便，增加了施工难度。而且胡同内房屋产权多样，传统四合院被切割，有公房、私房等，改造时协调难度大，部分居民的改造意愿和诉求不同，影响改造进度。不仅如此，改造基础设施需要大量资金，完全依靠政府财政有压力，且因房屋价值和使用性质等问题，吸引社会资本投

入也较困难。城市发展规划重点通常不在老旧胡同，对其基础设施更新缺乏系统规划和指导，导致改造缺乏前瞻性和整体性。胡同内居住人口多，基础设施改造时，临时安置居民困难，还可能影响居民日常生活，增加改造阻力。

就空间布局而言，老旧胡同的建筑布局紧凑且杂乱。由于历史原因，胡同内建筑多为四合院形式，但随着时间的推移，居民为了满足自身生活需求，在院内随意搭建房屋，进一步压缩了公共空间。这些私搭乱建的房屋缺乏统一规划，不仅破坏了胡同原有的建筑风貌，还使得胡同内的空间布局更加混乱，增加了改造的难度。在内部的功能分区上，其不合理性也显而易见。早期的建筑设计以居住功能为主，随着时代的发展，居民对生活品质的要求不断提高，对商业、休闲、文化等功能的需求也日益增加。但老旧胡同现有的空间结构难以满足这些多元化的功能需求。从空间尺度方面来分析，老旧胡同街巷狭窄，不仅影响了居民的出行便利性，也限制了公共服务设施的建设，使得居民享受公共服务的成本增加，生活质量受到影响。此外，老旧胡同内的空间连通性也成为更新过程中的考虑要点之一。由于建筑布局混乱和私搭乱建现象的存在，胡同内的空间被分割成一个个孤立的区域，居民在胡同内的通行需要绕路，浪费了大量时间和精力。这种空间连通性的不足不仅影响了居民的日常生活，也不利于胡同内的商业活动和社区交流，限制了胡同的发展活力。

（二）社会维度

随着城市发展，大量年轻人因胡同居住条件差、就业机会少等因素外迁，胡同吸引了一些外来务工人员租住。这使得胡同内人口结构从相对单一、稳定变得复杂、多元。不同背景居民需求差异大，给公共服务和基础设施的适配带来挑战。例如，原有的社区服务设施可能主要针对本地居民传统生活方式，难以满足新居民的需求。胡同内年轻人外流，导致老年人口比例逐渐升高。老年人对居住环境的安全性、便利性要求高，如上下水设施、无障碍通道等。但老旧胡同基础设施老化，难以满足这些需求，增加了老年人生活风险和不便。同时，老龄化也使得社区活力下降，公共事务参与度降低，影响社区发展。可以从以下几个方面归纳社会维度下城市更新的堵点。

一是租户流动强。老旧胡同房租相对较低，吸引了大量租户。租户流动性强，对社区缺乏归属感和认同感，较少参与社区事务和建设。例如，社区组织的活动租户参与度低，且租户频繁更迭，导致社区难以形成稳定的社区文化和凝聚力。同时，租户对房屋使用和维护相对不重视，加速了房屋和设施损坏。

二是产权碎片化导致更新受阻。老旧胡同房屋产权形式多样，包括公房、私房等，且产权关系复杂，存在一屋多主等情况。这种产权碎片化使得在进行基础设施更新、房屋修缮时，难以达成统一意见，协调成本高。例如，改造过程涉及费用分摊、方案制定等问题，因产权人意见不一，改造项目推进缓慢甚至停滞。

三是社区治理缺位。一方面，老旧胡同社区治理主体不明确，政府、社区组织、居民等在社区治理中责权划分不清。另一方面，由于人口结构变化、租户流动性大等因素，居民参与社区治理的意愿和能力不足。再加上缺乏有效的沟通和协调机制，社区治理难以有效开展，诸如环境卫生、安全隐患等问题得不到及时解决。

（三）文化维度

老旧胡同基础设施落后，生活条件较差，使得一些与传统生活紧密相关的非物质文化遗产失去了生存土壤。过去胡同里常见的传统婚丧嫁娶习俗、邻里互助的生活方式等，随着胡同环境的变化逐渐被淡化或遗忘。非物质文化遗产多依赖口传心授、家族传承等传统方式，但这种相对封闭的传承模式又难以适应快速发展的时代需求。例如一些传统美食制作技艺，由于缺乏系统的宣传推广和创新发展，仅在小范围内传承，面临失传的风险。此外，在现代社会快节奏的生活和多元文化的冲击下，非物质文化遗产对年轻人的吸引力越来越小。

文化商业化与同质化现象严重，也是老旧胡同改造在文化层面的突出问题。随着旅游开发的推进,许多老旧胡同为了迎合游客需求,过度商业化。大量千篇一律的旅游纪念品商店、小吃摊充斥其中,原本具有特色的胡同文化被商业利益所掩盖。南锣鼓巷便是典型代表,许多传统的胡同店铺被外来的商业品牌取代,失去了原有的文化特色。这种同质化的商业开发不仅破坏了胡同的文化生态,也让游客难以真正体验到胡同的独特魅力。

文化保护意识淡薄成为制约老旧胡同文化传承与改造的又一因素。无论是居民还是部分开发者,对胡同文化价值的认识不足。居民在日常生活中,为了满足自身的生活需求,随意改变房屋结构,破坏了胡同的历史风貌。开发者在改造过程中,过于注重经济效益,忽视了对文化遗产的保护,导致许多具有历史价值的建筑和文化遗迹遭到破坏。

三 践行"有机更新"理念

为顺应经济发展的趋势,并确保有限土地资源的保护与合理开发,我们必须实施一系列有效策略,以提升土地使用效率,并保障土地资源的可持续性。我们应当重视土地资源的长远规划,确保在满足现今需求的同时,不损害未来世代的权益。因此,吴良镛先生早先提出的"有机更新"理念,已成为我们的首选策略。针对中国传统建筑与城市现代化相融合的挑战,有机更新理念采取了具体问题具体分析的策略,为解决该矛盾提供了指导思想,即从宏观到微观,将城市视为一个有机体,按照其内在结构运行的秩序,顺应城市的肌理,采用适当的规模、合理的尺度,依据改造的内容和要求,妥善处理关系,在可持续发展的基础上探求城市的更新发展,不断提高城市规划的质量,使得城市改造区的环境与城市整体环境相一致。

(一)规划层面

1. "针灸式"更新,激活节点空间

激活节点空间,提升空间品质。节点空间是人流汇聚和活动集中的地方。激活节点空间,如将废弃建筑改造成创意工作室、咖啡馆等,能吸引更

多人驻足、停留，带动周边商业发展，激发整个区域的经济活力和发展潜力。老旧胡同的节点空间如公共厕所、闲置空地等，常存在设施陈旧、环境脏乱等问题。激活这些空间，对公共厕所进行升级改造，将闲置地变为口袋公园，不仅能改善整体环境，提升空间品质，还能为居民提供更多实用的公共空间，如口袋公园可成为居民休闲、健身、社交的好去处，让居民在胡同内就能享受亲近自然和邻里交流的乐趣，增强居民的幸福感和归属感。同时，节点空间可成为展示和传承当地文化的重要载体。在口袋公园设置文化雕塑、在公共建筑外墙上绘制民俗壁画等，能让人们更直观地感受和了解胡同的历史文化，促进文化的传承与发展。

节点空间的激活是一种小规模、渐进式的更新方式，可作为老旧胡同有机更新的切入点和突破口。可通过一个个节点空间的改造和激活，逐步带动周边区域的更新，实现整体的有机更新和可持续发展。

2.建立分级保护制度

建立分级保护制度对于老旧胡同、历史建筑等的保护和发展具有重要意义，主要体现在以下几个方面。一是能够精准分配资源。老旧胡同内建筑和设施情况复杂，保护需求各异。建立分级保护制度能根据不同保护等级，精准分配人力、物力和财力资源。对具有极高历史文化价值的一级保护建筑，投入更多资源进行精细维护；对于一般性建筑，合理安排资源，避免资源浪费或不足，提高保护效率。将稀缺、具有关键历史文化意义的建筑或区域列入高等级保护，集中力量确保其完整性和真实性，避免在保护过程中平均用力，使真正重要的历史文化遗产得到充分重视和有效保护。二是能够适应多样化需求。老旧胡同的保护涉及文化传承、居民生活改善、旅游开发等多方面需求。分级保护制度能够根据不同等级制定相应策略，满足多样化需求。如高等级保护区域侧重于文化传承和展示，低等级区域可兼顾居民生活设施的更新和旅游服务设施的完善。三是促进公众参与。清晰的分级更有利于让公众理解保护对象的价值和意义，提高公众对保护工作的认知和参与度。公众能根据不同等级，有针对性地参与保护活动，如对高等级保护建筑进行监督，对低等级区域的更新改造提出合理建议等。

建立分级保护制度，主要是建立风貌保护区、协调区、过渡区。对老旧胡同内的建筑和设施进行细致评估，划分不同保护等级。其中，明确风貌保护区范围，对区域内建筑高度、色彩、材质等进行严格管控，例如规定建筑高度不得超过一定层数，色彩以传统灰、青色调为主，建筑材料优先选用青砖、木材等，确保保护区内整体风貌协调统一，延续胡同的历史韵味。在风貌保护区周边设置协调区，作为保护区与现代城市环境的过渡地带。协调区内建筑风格须与风貌保护区相呼应，但可适当融入现代元素，实现传统与现代的有机融合。比如建筑立面设计采用传统元素符号，同时使用现代建筑材料和技术，提升建筑品质和功能。此外，针对一些老旧胡同与城市主要干道或大型商业区连接的区域，设立过渡区。在过渡区内，合理规划交通流线和公共空间，缓解城市交通对胡同的压力，同时引导人流有序进入胡同。例如设置停车场、步行通道等设施，减少机动车对胡同内部的干扰。通过以上规划层面的有机更新改造策略体系，在保护老旧胡同历史文化风貌的基础上，提升其居住品质和空间活力，实现传统与现代的和谐共生。

（二）实施层面

1.运用教育加强社区参与和公众意识的提升

通过教育和培训提高公众对老旧胡同重要性的认识，使公众自觉地积极参与旧城整治，也是实现土地资源可持续利用的关键。只有这样，我们才能确保土地资源得到最优化的利用，为社会经济的持续发展提供坚实的基础。在老旧胡同更新的过程中，教育和培训不可或缺。通过教育提高公众对老旧胡同更新的认识，培养公众节约资源和保护环境的意识，是实现土地资源可持续利用的基础。同时，对社区服务人员进行专业培训，提高他们的土地资源管理能力和技术水平，可以有效提升社区资源的利用效率和保护水平。社区参与和公众意识的提升是实现老旧胡同更新的重要支撑，应动员和引导公众参与到老旧胡同更新的实践中来，包括开展土地资源保护的宣传教育活动，提高公众对保护老旧胡同重要性的认识。通过这些活动，可以增强公众的责任感和参与感，形成全社会共同参与老旧胡同更新的良好氛围。

2. 使有机更新成为一种社会文化

在社会文化层面，维护和发扬传统社区文化是人居环境科学应用研究中不可忽视的一环。老旧胡同拥有丰富的历史文化遗产，可通过保护历史建筑、传承传统手工艺和举办文化活动，营造合理邻里交往空间，增强社区居民的文化认同感和归属感。把老旧胡同个性表达与经济发展统一起来，在尽可能保留胡同原有形态的基础上展现胡同社会文化的脉络，是老旧胡同有效更新过程中的必要原则。从文化学的角度来看，城市是人类文明的重要载体，其发展演变承载着丰富的文化信息。注重经济发展与文化传承平衡的更新实践，正是在尊重历史文化传承的基础上，进行了有针对性的创新和改进，实现了经济的增长与文化价值的提升。

3. 文化涵养法治，法治沁润人心

老旧胡同更新还需要依靠法律的保障。通过完善土地管理相关法律法规，明确土地资源权属、使用、保护和管理的责任，可以为老旧胡同的合理利用提供法律依据。同时，对违法行为进行严格的惩处，可以有效遏制土地资源的非法占用和破坏行为，确保土地资源的合理利用和可持续发展。从文化的角度来看，老旧胡同所蕴含的传统价值观、生活方式和社会关系，需要通过法律的规范来保护和传承。法律能够明确文化保护的标准和界限，防止过度商业化或破坏性的开发，使胡同文化在更新中不失其本真。法治以其严谨性和权威性守护着城市更新中的文化根脉，而文化又赋予法治深厚的内涵和人文关怀，共同推动城市的可持续发展，让老旧胡同在新时代焕发出新的生机与活力。

（三）管理层面

1. 文物建筑保护机制

将中华传统古建筑与现代规划相结合，在保持传统的邻里街坊骨架的前提下，寻找空间原型并创新继承。文物建筑保护管理依据原真性原则、完整性原则、可读性原则、公众参与原则。以北京市东城区菊儿胡同为例，政府为胡同内的文物建筑建立专门的保护档案，定期进行巡查和维护，严格按照

《文物保护法》进行管理；并通过在社区内设置宣传栏等宣传教育活动，提高居民和游客的保护意识；在此基础之上成立社区文物保护志愿者队伍和建立居民举报机制来协助进行日常巡查和监督，最终形成全民参与的良好氛围。

2. 城市规划与建设管理机制

政府和相关机构需要使有机更新理念与当地土地管理机制相适应。这些管理机制基于对土地资源现状的深入分析和未来发展趋势的准确预测，确保前瞻性和实用性。同时，机制制定者应考虑不同地区、不同类型的土地资源特点，制定出具有针对性的管理措施。此外，需要有严格的监督和评估机制，以确保政策能够得到有效实施，并根据实际情况进行及时调整。

3. 多元化的资金投入机制

城市更新是一个复杂的过程，涉及多主体参与、多元化投入、多渠道融资等。首先，建立城市更新的多元化资金投入机制是推动城市有机更新的关键保障环节。作为推动城市更新的牵头主体，政府应发挥带头示范作用，设立城市更新专项财政资金，对具有重要历史文化价值、社会民生意义的项目进行直接投资或补贴。如对菊儿胡同这类历史文化街区的基础设施改造、文物建筑修缮等给予财政支持。其次，优化市场运作模式，积极推广公私合作模式，政府通过公开招标等方式选择有实力、信誉好的企业作为合作伙伴，明确双方的权利和义务，合理分配项目收益与风险。此外，鼓励社会广泛参与、搭建社会资本参与平台，整合适用于城市更新项目的多源头信息，为城市更新的扎实推进提供更多维度的保障。

（四）将创新作为践行有机更新的第一生产力

1. 将技术创新作为主导方向

技术创新在提升土地使用效率和质量方面发挥着关键作用。使用先进的土地整治技术以及土地监测技术，可以有效提高土地的利用率，减少土地资源的浪费。同时，利用现代信息技术，如地理信息系统、遥感技术等，可以对土地资源进行更精确的管理和监测，为土地资源的合理规划利用提供科学依据。在土地资源管理中，还应注重科技手段的应用。利用大数据、云计算等现代信息技术，可以实现土地资源信息的快速收集、处理和分析，提高土地资源管理的效率和精准度。例如，通过建立土地资源信息平台，可以实现土地资源数据的共享，为土地规划、利用和保护提供科学依据。同时，利用遥感技术进行土地资源的动态监测，可以及时发现土地利用中的问题，为土地资源的合理利用和保护提供支持。

2.构建土地资源数据库

土地资源的可持续发展需要建立在科学的土地资源评价体系之上。定期对土地资源进行质量评价和风险评估，可以及时发现土地资源利用中存在的问题和潜在风险，为制定相应的保护和管理措施提供依据。同时，建立土地资源数据库，收集和分析土地资源的相关数据，可以为土地资源的科学管理和决策提供支持，从而推动土地资源的可持续发展。

土地资源的可持续发展还需要关注土地资源的代际公平。当前的土地利用决策应考虑对未来世代的影响，避免过度开发导致的资源枯竭和环境恶化。建立代际公平的土地资源管理机制，确保土地资源的长期可持续性发展。

四 结论与建议

本文以有机更新理论为指导，对老旧胡同改造策略进行深入探讨，可以发现，城市有机更新不仅是一种物理空间上的改造行动，更是一次深刻的社会文化实践。老旧胡同作为北京老城区的典型风貌，其改造过程充分体现了尊重历史、注重人文关怀、鼓励社区参与以及实现可持续发展等有机更新的核心理念。其中，如何平衡好保护与发展之间的关系，怎样有效动员社会各界力量共同参与城市老旧胡同的更新，如何探索出一条适合中国国情的城市更新之路，都是后续需要不断思考和探索的方向。

（一）城市有机更新需平衡保护、发展、公平三者关系

人居环境的改善是实现可持续发展的重要方面。老旧胡同作为研究对

象，其人居环境的优化不仅关乎居民的生活质量，也是城市可持续发展的重要体现。老旧胡同通过改善基础设施，如供水、供电、排水和交通系统，不仅显著提升了居民生活的便利性和舒适度，还提升了区域经济活性。同时，加强环境绿化，增加公共绿地和休闲空间，不仅美化了居住环境，也有助于提升社区的生态价值和增进居民的身心健康。此外，通过实施垃圾分类、推广绿色能源和节能技术，减少了对环境的负担，提高了资源利用效率。这些措施不仅有助于保护生态环境，也为居民创造了一个更加健康、安全的生活环境。老旧胡同通过发展特色商业、鼓励创业和创新，以及提供多样化的就业机会，深度挖掘中华传统建筑的经济价值，增强了社区的经济活力；通过改善商业环境和提升服务质量，吸引更多的游客和消费者，进一步促进社区经济的繁荣。

（二）城市有机更新以空间的品质提升与活力激发为根本

菊儿胡同通过"针灸式"更新激活节点空间，实现以点触面，带动了周边商业发展，改善了胡同的整体环境，提升了空间品质，增强了居民的幸福感和归属感，激发了整个区域的经济活力和发展潜力。这种小规模、渐进式的更新方式，以节点空间改造为切入点和突破口，逐步带动周边区域更新，实现了整体的有机更新和可持续发展。提升空间品质是城市有机更新的核心目标之一，意味着改善城市环境质量、提高建筑功能性和美观性、优化公共空间设计。激发区域活力也是城市有机更新的重要方面。以空间品质提升与活力激发为目标的城市有机更新，不仅是物质空间的改造，更是城市生活方式和社会关系的重塑。它要求我们在尊重历史和自然环境的前提下，积极探索适应新时代的城市发展模式，贯彻以人为本的城市更新策略，这对于推动城市的持续健康发展具有重要意义。

（三）城市有机更新是社会资本积累和社会认同建立的过程

老旧胡同的改造过程说明，城市有机更新是社会资本积累和社会认同建立的过程。一方面，菊儿胡同通过"针灸式"更新激活节点空间，带动了周边商业发展,提升了周边房产的潜在价值,为社区带来了更多的经济收益,增加了物质资本积累。菊儿胡同在改造过程中,注重营造邻里交往空间,举办各类文化活动,加强了居民之间的互动与交流,增进了邻里感情,建立起更加紧密的社会关系网络,增强了社区凝聚力,积累了社会关系资本。另一方面,在改造过程中,保护历史建筑、传承传统手工艺,保留了胡同的历史风貌和文化特色,增强了居民对自身文化背景的认同感和自豪感。在更新过程中,应鼓励居民参与以强化其身份认同,让居民在社区发展中发挥积极作用,使他们更加积极地为社区的发展贡献力量,进一步推动社区的有机更新和可持续发展。

（四）技术创新推动城市有机更新和可持续发展

尽管采取了一系列更新策略,但胡同基础设施老化问题由来已久,地下管网改造仍面临施工空间有限、材料运输不便等难题。城市发展规划对老旧胡同基础设施更新的关注度不足,缺乏系统规划和指导,导致改造的前瞻性和整体性难以完全体现。应将技术创新作为驱动要素,引入先进的规划测绘技术,为城市更新提供更多科学依据和前瞻性指导。技术创新在城市有机更新和可持续发展中扮演不可或缺的角色,正从多个方面重塑城市面貌。未来,应持续加大技术研发与应用力度,让城市发展更具活力、更加绿色宜居。

综上所述,科学的土地资源管理、人居环境的持续改善以及社会文化的传承与发展,可以有效推动社区的可持续发展。这不仅提升了居民的生活质量,也为城市可持续发展提供了有力支撑,还为其他类似社区提供了可借鉴的经验。

参考文献

吴良镛:《人居环境科学导论》,中国建筑工业出版社,2001。

吴良镛：《北京旧城与菊儿胡同》，中国建筑工业出版社，1994。

史进：《以文化人法润万家》，《兵团日报（汉）》2024年12月10日，第7版。

杨豪中、王劲、周昭俊：《"有机更新"理论在城中村改造中的应用原则浅析》，《前沿》2011年第10期。

李兴钢、侯新觉、谭舟：《"微缩北京"——大院胡同28号改造》，《建筑学报》2018年第7期。

B.22
老旧小区智慧化改造的社会效应和路径研究
——以北京市为例

李 洋[*]

摘 要： 大城市很多老旧小区面临房屋老化、居住密度高、房屋产权结构复杂、物业服务水平较低甚至没有物业等结构性特征。迫切需要在老旧小区保护、更新和局部改造的基础上，探索一条老旧小区服务管理水平整体性提升的框架思路，在完善小区居住和使用功能的同时，实现小区有序治理和可持续发展。社区智慧化改造是城市更新的重要组成部分，它既是智慧城市的基本应用场景，又能实现老旧小区跨越式提升，需要在确保市场化和走技术路线的同时，充分考察与社区结构和居民特征相关的社会因素及其效应，并践行民生性和多元化的实践目标。

关键词： 老旧小区 智慧化改造 社会效应

一 研究背景

2020年7月，国务院办公厅发布相关意见，倡导以老旧小区改造的方式来实现城市更新，以局部城市更新取代大拆大建，认为其"对满足人民群众美好生活需要、推动惠民生扩内需、推进城市更新和开发建设方式转

---

[*] 李洋，北京市社会科学院社会学研究所助理研究员，主要研究方向为城市社会学、社会分层与流动。

型、促进经济高质量发展具有十分重要的意义"[1]。老旧小区是指城市或县城（城关镇）建成年代较早、失养失修失管、市政配套设施不完善、社区服务设施不健全、居民改造意愿强烈的住宅小区。当前我国大城市老旧小区数量较多，以北京市为例，截至2020年，全市楼龄在20年以上的老旧小区数量约有5100个，约涉及243万套住房，其中八成以上房屋位于中心城区[2]。这些小区大多建成于20世纪八九十年代，主要包括直管公房、单位房、房改房和商品房等，很多小区具有居住密度大、产权结构复杂、老年人口占比高、物业服务水平较低等特征，因此，即便亟须改造和更新，但老旧小区面临更新投入大、难度高、居民参与度较低等难题，是城市更新的难点和盲点。

随着各地城市智慧平台的落地和运营，老旧小区更新改造也迎来新的思路和契机。智慧化改造是老旧小区改造的提升类内容，也是践行党的二十届三中全会提出的"推动形成超大特大城市智慧高效治理新体系"的重要体现[3]。它在建设和完善多级、多中心的信息平台的基础上，依托信息化、智能化和数字化等技术手段升级，来实现社区的良性运行、服务和发展。老旧小区的智慧化改造意义重大，既能克服老旧小区运行中的人力、物力和资源短板，有较强的技术成长性，有助于提供针对性、精细化和高效率的民生服务；又能拉动全社会投资和居民住房消费。当前很多城市在加快智慧城市布局，北京在智慧城市建设中以城市和谐宜居为宗旨，重视信息基础设施建设和民生场景开发，明确到2025年要建成规范的城市感知网络体系，重点加强民生服务、新兴产业发展以及社会安全保障等领域的智慧化建设[4]。与此同时，从以往的智慧社区改造项目中可见，技术突破和应用并不必然带来改造项目的顺利实施，如加装电梯的运营困境、智慧设备的荒废等，技术的社

---

[1] 《国务院办公厅关于全面推进城镇老旧小区改造工作的指导意见》（国办发〔2020〕23号）。
[2] 数据来源于贝壳楼盘字典：https://baijiahao.baidu.com/s?id=1702714088638358758&wfr=spider&for=pc。
[3] 《中共中央关于进一步全面深化改革，推进中国式现代化的决定》。
[4] 《北京市"十四五"时期智慧城市发展行动纲要》。

会适应性如居民意愿和需求等往往被忽视了，这是一些社区改造项目陷入困境的症结所在。对此，本报告关注如何实现智慧化技术和社区需求之间的有效衔接，即解决技术的社会适应性问题，避免因技术过度市场化而导致社会负效应、过度单一化而导致难以推广，或过度专业化而忽视社会惯习和治理传统。这是现阶段智慧社区建设的关键议题，也是破题"老小区、新技术"这一矛盾议题的有益尝试。

二 老旧小区智慧化改造的北京实践

（一）老旧小区改造的政策变迁与实践

2020年5月20日，北京市住房和城乡建设委等联合印发《北京市老旧小区综合整治工作手册》（以下简称《手册》），明确北京市老旧小区改造的范围包括：①1990年以前建成、尚未完成抗震节能改造的小区；②1990年以后建成、住宅楼房性能或节能效果未达到民用建筑节能标准50%的小区；③住宅楼已成为危房且没有责任单位承担改造工作的小区；④"十二五"期间已完成抗震节能改造，但基础设施、基本功能仍存在不足或物业管理不完善的小区[①]。从改造内容来看，共分为基础类和自选类两大类，其中，基础类是必须完成的改造项目，政策初衷是保障居民基本居住条件的改善和提升，包括小区拆违、道路和照明设施修缮、墙体墙面粉刷、上下水管改造、光纤入户改造和无障碍设施改造等；自选类是在完成基础类改造后，由社区和居民自发选择的改造项目，这部分项目在资金来源和责任主体上与基础类项目有所区别，比如加装电梯、加装停车设施、社区环境提升、养老服务设施建设、加装充电设施和社区数字中心建设等项目。其中，智慧化产品的应用、智慧技术的实施是贯穿老旧小区改造的重要尝试，主要在具备智慧化设施应用场景和居民需求的社区中进行探索性使用。

---

① 《关于印发〈北京市老旧小区综合整治工作手册〉的通知》（京建发〔2020〕100号）。

从改造方式来看，多年来北京市老旧小区改造经历了从政府主导到政府引导、社会参与，再到政府、社会和受益人共同参与的转变。社区与业主的诉求和参与越来越受到重视，尤其是居民委员会和业主委员会，基本实现了社区动员、居民申请、方案确定、收费标准确定和操作执行等全流程参与。对于尚未成立业主委员会等组织的社区，由街乡相关部门通过物管会等形式，确定社区改造清单、运营管理模式以及收费标准等。《手册》较早提出在老旧小区改造中，要逐步"完善小区治理体系、实施规范化物业管理"[1]，这里将老旧小区改造与社区整体提升相结合，是对以往老旧小区改造经验的反思性继承。对分批、分片完成老旧小区改造提升的社区，由区县相关部门组织，将公用水、电、热、气、电梯和停车设施等交由专业机构进行运营、管理和维护。

从改造规模来看，2024年，北京市共启动旧房改建约20万平方米，其中，市属老旧小区综合整治开工580余个，完工450余个；同步完成建筑单元出入口无障碍设施改造2200余处；老楼加装电梯开工890余部，完工810余部；通过旧城更新、厂房改造和背街小巷治理等项目，释放和新建停车设施约1.9万个[2]。此外，为了保证城市更新和改造的可持续性，不断改善和提升市民的居住条件和生活水平，相关部门要求严格落实《北京市实施城市更新行动三年工作方案（2023—2025年）》，保证全市城市更新项目的年度资金投入，确保城市更新项目的开工和完工数量基本上保持增长态势。

（二）智慧化改造需求的社区转向

智慧社区既是智慧城市的缩小版本，也体现了智慧城市建设以人为本的核心要义。社区是技术与人群交互的最直接场景之一，智慧城市建设最终会

---

[1] 2020年5月20日北京市住房和城乡建设委员会发布的《关于印发〈北京市老旧小区综合整治工作手册〉的通知》（京建发〔2020〕100号）。
[2] 北京市住房和城乡建设委员会2024年12月发布的《北京市住房和城乡建设委员会2024年市政府工作报告重点任务清单及实事事项四季度工作进展情况》。

反映在城市各个角落包括社区之中。早在2012年，北京市相关部门就提出"着力打造社区基础设施高端化、政府服务协同化、社区管理智能化、公共服务网络化、居民生活现代化、社区服务集成化"的智慧社区[①]，致力于在公共服务、社区服务等领域，实现服务主体和对象的点对点连接。为了提升智慧社区建设的科学化和专业化水平，2022年，北京市将智慧社区建设纳入地方规划，提出"利用互联网、物联网、区块链、大数据、云计算、人工智能等现代信息技术，推动'互联网+政务服务'向街道（乡镇）、城乡社区延伸，完善社区（村）政务自助便民服务网络布局。实现应急、养老、托育、社保、卫生、心理、体育、文化、教育等社区惠民服务等应用互联互通，加快推进社区协商议事、政务服务办理、养老、家政、医疗、社会心理等网上社区服务场景"[②]。智慧社区建设逐渐成为北京市社区治理和智慧城市建设的重要支撑。

三 老旧小区智慧化改造的社会效应分析

对社区智慧化改造来说，其社会效应是指在社区智慧化建设的技术路线和商业运营模式之外，即在社区数字基础设施改造、智慧化设施盈利和智慧化社区管理之外，影响智慧化改造的社区和居民等社会影响因素，如居民年龄、收入、社区关系等。这些因素并不直接决定社区智慧化改造的成败，但仍会产生重要影响，在有的案例中甚至会决定社区改造项目的成败。对智慧社区改造社会效应的研究可以归为技术的社会性分析。一些学者认为当前智慧城市建设过多强调硬件设施而缺乏社会适应性考察，过于强调地方政府的政策和资金投入，而缺失对来自社区动力以及居民动员的方案、实施和反馈的系统性认识。还有的学者认为，技术对个体化和社会环境的忽视，是技术推广中的先天弊病，需要在政策制定和执行中予以关注和纠正，等等。可

---

① 2012年9月北京市社会办等相关部门发布的《关于在全市推进智慧社区建设的实施意见》。
② 2022年9月北京市人民政府关于印发的《北京市"十四五"城乡社区服务体系建设规划》。

见，以往研究和实践均发现，在智慧社区建设中仅走技术和商业路线是较难实现可持续发展的，当前市区两级在城市智慧中心的数据处理平台建设、智慧服务和管理上都实现了推广和升级，但要么过于商业化而忽视了居民的日常化需求，要么过于一致而忽视了居民的差异化需求，很多项目难以实现可持续发展。因此，在老旧小区智慧化改造实践中，影响项目推进的除了市场和监管因素外，迫切需要将社区改造的社会效应或社会影响因素纳入讨论范畴。

（一）案例基本情况

Q社区地处北京市中心城区，截至2022年底，共有常住人口1200多户3000多人。它由多种产权性质的老旧小区组成，其中既有单位制小区，也有房管局管理的公房小区，还有老旧商品房小区，甚至还包括一片胡同平房院落。在老旧小区改造的政策背景下，这些小区面临改造升级，包括外立面保温、上下水、强弱电线路、照明设施和智能安防等不同层次和侧重点的改造。Q社区的物业管理有多种类型，有的小区由房管局包片承担，并没有单独的物业服务公司；有的小区由外聘物业管理公司管理，基层相关部门给予补贴，维持小区物业管理的低成本运营；还有的低矮平房片区无物业管理公司管理，由居委会和房管局负责垃圾清运和房屋修缮等物业服务。因此，Q社区面临不同层次的设备设施改造升级和服务管理水平提升等双重需求，在纳入老旧小区改造计划之后，也在探索政府、社会和个人出资等不同的升级模式。本研究采取定量分析方法，于2023年4月对Q社区进行了抽样问卷调查，在抽样方法上采取分层和配比抽样相结合的方法。首先，以Q社区全部单元楼门为样本框，采用随机数表进行随机抽样。其次，对抽取的10个单元楼门进行等距抽样。最后，根据社区居委会提供的社区实有人口年龄和性别结构进行补充调查。研究共在Q社区发放调查问卷425份，回收有效问卷397份，问卷有效率为93.4%。在统计分析工具上，采用SPSS26.0对调查问卷进行了数据录入和统计分析。

如表1所示，样本呈现典型的老旧小区人口结构特征。从性别来看，女性人数略多于男性。从年龄结构来看，60岁及以上的老年人口占比较高，反映了北京市典型的老旧小区人口结构特征。从职业和收入水平来看，Q社区周边大型企事业单位较多，受访者任职管理人员和技术人员合计占比达到60%以上，这也与北京中心城区人才结构特征相似。此外，30%以上的受访居民月收入为4000~5999元，呈现出"中间大、两头小"的收入格局，与北京市平均工资水平相比略低。从房屋产权类型来看，房改售房的占比最高，占比约为57.8%，其次是商品房和单位公房、直管公房。

表1 调查对象的人口社会特征

变量	描述性统计
性别	男性173人，女性221人
年龄	0~19岁(1%)，20~29岁(3%)，30~39岁(11.3%)，40~49岁(12.6%)，50~59岁(12.6%)，60~69岁(24.9%)，70~79岁(15.6%)，80岁及以上(18.9%)
职业状况	单位负责人(5.7%)，高层管理人员(6.3%)，中层管理人员(16.1%)，一般管理人员(15.5%)，高级技术人员(7.9%)，中级技术人员(6%)，初级技术人员(5.7%)，普通职工/职员/工人(36.2%)
平均月收入	2000元以下(2.3%)，2000~3999元(12.1%)，4000~5999元(33.4%)，6000~7999元(19%)，8000~9999元(11.8%)，10000~11999元(13.4%)，12000~14999元(2.3%)，15000元及以上(5.6%)
房屋产权	房改售房(57.8%)，商品房(19.6%)，直管公房(1.8%)，单位公房(13.8%)，私房继承(2.5%)，其他(4.5%)

（二）研究发现和结论

本研究分别对社区居民的房屋产权、月收入、邻里关系等社会因素与居民对社区智慧化改造的态度进行了交叉相关性分析，考察上述社区和居民相关的社会因素、在社区智慧化改造中的社会影响和效应。之所以选择这三个变量，是因为房屋产权反映了社区类型，是影响社区改造思路的基础性因素；月收入反映了居民自身的社会性特征，也在一定程度上反映了其他社会性特征的结果；邻里关系好坏是社区作为生活共同体在现实层面的直接表现。值得注意的是，上述分析仅限于对四个变量之间的两两独立性和相关性分析，并不涉及变量之间的交互影响（见表2），研究发现如下。

表2 社区智慧化建设的相关性检验

	卡方值	自由度	显著性
如果咱们这里要建设智慧社区,您觉得怎么样?*房屋类型	9.455	8	0.305
如果咱们这里要建设智慧社区,您觉得怎么样?*居民收入	18.36	10	0.049**
如果咱们这里要建设智慧社区,您觉得怎么样?*邻里关系	19.188	8	0.014**

注：** 表示在0.05的置信水平显著。

第一，居民房屋产权类型与其对智慧化社区改造态度之间不存在相关性。居民房屋产权类型比如商品房、房改房、直管公房和平房等差异并不会影响居民对智慧化改造的态度，两个变量之间独立性较强。这与在将社区改造作为工程项目实施的过程中，势必存在因社区类型或房屋产权的差异，而导致居民改造意愿或诉求有所差异的一般认识不同。不同社区类型的居民对智慧化改造提升社区居住和生活品质的追求是相同的。实际上，老旧商品房小区或房改房虽然是个人完全产权小区或住房，但它们在旧城改造中面临的难度一点不比其他类型小区或住房低，尤其是直管公房或平房社区产权归属地方机构或企业，更容易实现自上而下的社区改造。因此，在改造政策制定或项目推进过程中，不应该将房屋产权或社区类型作为社区智慧化改造的主要影响因子，应该将更多关注点放在项目可行性和社区、居民需求上面。

第二，居民收入与其对智慧化社区改造态度之间存在相关性。居民收入差异会影响居民对智慧化改造的态度，两个变量之间相关性显著。进一步分析发现，与相对较高收入和较低收入居民群体相比，本研究中的中间收入阶层居民（即月收入4000~5999元）更倾向于支持社区智慧化改造。这里可以假设，相对较低收入群体居民在个人出资参与智慧化改造中存在疑虑，而相对较高收入群体居民则可以安装和使用家庭或个人智慧化设备，对社区改造的需求较低。因此，在政策制定和项目实践过程中，应该在保障相对低收入群体社区需求的同时，尽量满足居民们差异化民生需求和改造诉求。

第三，社区邻里关系与其对智慧化社区改造态度之间存在相关性。社区邻里关系好的居民更倾向于同意社区智慧化改造，两个变量之间存在一定的相关性，这在以往研究中较少提及。这表明邻里关系作为社会影响因素，虽然看似与社区改造项目不相关，但仍会对社区智慧化改造等工程项目的顺利推进产生影响。这种非独立性关系是社区共同体的重要体现，以往研究也认为邻里关系会对其他社区公共事务产生根本性影响。这与人们对社区改造的一般认识和观念有所差异。实际上，不仅邻里关系，包括社区工作和居民满意度等社区"软环境"，都可能会对社区改造项目的实施产生影响。因此，在智慧化改造等社区改造项目实施中，既要注重居民动员和邻里动员，又要将功夫放在改造之外，居委会、业委会、楼门院等基层社区单元要努力营造良好的社区氛围和社区关系，这将有助于社区硬性环境的改造和提升。

四 老旧小区智慧化改造的实施路径和要点

（一）居民对社区智慧化改造的诉求普遍较高，要避免社区差异化提升

一方面，无论是老旧单位制小区、商品房小区还是平房社区，居民对社区智能化水平提升的诉求是一样的，他们都希望社区建设越来越好、智慧治理水平越来越高，这并不会因为居民社区类型不同而有所区别。另一方面，社区居民的诉求是多元化的，要在以满足全体居民尤其是相对较低收入居民需求为项目初衷的基础上，尽量以满足居民的多元化民生需求为更高的项目目标。因此，在增加多渠道资金来源尤其是社会资金和自筹资金等前提下，要积极发展社区数字化产业和技术应用的新场景，不断满足居民日益增长的智慧化社区生活需求，积极做好项目实施前的居民需求调研。

（二）重视社区软环境建设

研究发现，日常社区活动搞得好、邻里关系融洽、物业管理和服务水平较高的社区（即便这些因素并非全部涵盖），居民更愿意接受或参加社区智慧化改造。表面上看，小区智慧化改造属于工程建设，但是考虑到设备设施的可持续管理和运营，在项目动员和实施中，除了资金投入、技术水平和管理方案之外，社区日常活动数量、邻里关系营造水平和物业服务水平等社会因素，也会对项目能否成功运营产生决定性影响。因此，相关部门在选择智慧化改造试点或承接社区时，要优先选择那些社区自治水平较高、居民参与程度较高和物业服务满意度较高的社区。

（三）通过多种方式提升社区信心

社区信心是居民共同心态的反映，是全体居民对社区发展现状和未来趋势的基本肯定性评价，包括在居委会满意度、物业服务满意度、社区环境满意度、社区自组织满意度和"一刻钟服务圈"满意度等多个维度上的肯定性评价。研究发现，社区信心提升有助于老旧小区改造的顺利推进。比如有的老旧小区以环境提升为先导，通过完善社区功能、维持社区良性运行和广泛动员居民等方式，不断提升社区信心，夯实了社区共同体意识，这有助于更好地实现社区公共生活，比如在社区改造和提升中让渡个人利益。相反，有的老旧小区由于长期以来物业管理缺位、社区环境破旧，未培育和形成社区共同体意识，即便地方政府资金或社会资金愿意投入老旧小区改造，该项目也会面临实施困境甚至"夭折"的境遇。

（四）切实建立起政府引导、多元参与的老旧小区改造机制

以老旧小区加装电梯为例，即便是在改造资金和管理运营机构到位的情况下，老旧小区加装电梯依然困难重重。当前老旧小区改造采用的是自上而下的动员方式，相关小区被市、区两级纳入改造范围并立项之后，委托第三方公司进行项目施工。居民对该项目的参与，基本上仅体现在以居委会为代

表来协助项目施工，包括居民动员、现场秩序维持等，在很多小区居委会甚至不愿承担协助项目施工的职责，完全依靠第三方公司与居民进行博弈和互动，这就出现居民与市场主体沟通不对等和信任问题，不利于项目实施。因此，在老旧小区智慧化改造中，迫切需要建立起居民参与的全过程保障机制，由社区社会组织来组织、策划和实施居民参与方案，包括居民需求调查、居民参与项目设计和监督管理等全流程参与机制，这是以民生为本的老旧小区改造的必由之路。

参考文献

刘永谋：《技术治理的哲学反思》，《江海学刊》2018 年第 4 期。
彭亚平：《照看社会：技术治理的思想素描》，《社会学研究》2020 年第 6 期。
邱泽奇：《智慧生活的个体代价与技术治理的社会选择》，《探索与争鸣》2018 年第 5 期。
邱泽奇：《技术化社会治理的异步困境》，《社会发展研究》2018 年第 4 期。
高小康：《智慧城市建设的空间视域》，《江苏行政学院学报》2016 年第 6 期。
李健：《城市建设——社会管理：基于双重需求的智慧城市推进路径》，《上海城市管理》2017 年第 1 期。
柳亦博：《重返"对人的治理"：数字时代治理性的回转、异变及其矫正》，《行政论坛》2024 年第 2 期。

B.23 城市更新背景下社区公共文化服务精准化供给研究*

——基于北京首开 LONG 街城市更新项目的考察

刘斐莹**

摘　要： 城市更新为社区公共文化服务精准化供给提供了契机。首开LONG街作为北京开展城市更新行动的重要实践，对其所在的街道社区的公共文化服务精准化供给产生了积极影响，有力推动了地方精神形塑再造，促进了社区公共文化服务空间和设施优化提升，丰富了高质量公共文化服务和产品供给。进一步挖掘其潜力，可从加强文化内涵凝练和品牌塑造、健全供需有效对接机制、持续推进智慧城市建设等方面加大力度，不断依托城市更新提升社区公共文化服务精准化供给水平。

关键词： 社区治理　公共文化服务　城市更新　精准化供给

精准高效是推进基层治理体系和治理能力现代化建设的重要目标和基本价值取向，是基层公共文化服务的题中应有之义。党的二十大报告提出"健全现代公共文化服务体系，创新实施文化惠民工程"[1]。党的二十届三中

---

* 本文为北京市社会科学院青年项目"红色文化在首都基层治理中的传承发展研究"（项目编号：KY2025D0382）的阶段性研究成果。

** 刘斐莹，博士，北京市社会科学院马克思主义研究所助理研究员，主要研究方向为基层党建、基层治理等。

[1] 习近平：《高举中国特色社会主义伟大旗帜　为全面建设社会主义现代化国家而团结奋斗——在中国共产党第二十次全国代表大会上的报告》，人民出版社，2022。

全会审议通过的《中共中央关于进一步全面深化改革、推进中国式现代化的决定》进一步强调"完善公共文化服务体系，建立优质文化资源直达基层机制"[1]。《北京市推进全国文化中心建设中长期规划（2019年—2035年）》设专章，对"建成供给丰富、便捷高效的现代公共文化服务体系"[2]进行了擘画和部署。社区是基层治理的基本单元，是优质公共文化服务和文化产品到达群众的"最后一公里"。近年来，持续推进的城市更新在推动城市品质提升、促进文化传承和产业发展[3]的同时，也为社区公共文化服务精准化供给带来了契机。本文以北京首开LONG街城市更新项目为背景，从社区公共文化服务精准化供给的视角总结其积极意义、探讨其发展潜力。

一 北京首开LONG街城市更新项目基本情况

北京市昌平区回龙观、天通苑地区总面积约63平方公里，常住人口85万人，是20世纪末期北京城市化进程中形成的超大型居住区。一方面，该地区人口高度集聚，城市功能不完善，产业不配套，大型商业设施少，导致职住失衡、消费外溢，社区居民呼声诉求强烈；另一方面，区域开发建设强度较大，增量资源不足，治理难度大。同时，回天地区又位于连接中关村科学城、未来科学城的中间地带，具有明显的区位优势，常住人口中70%是年轻人、60%以上具有大专以上学历，社会活力旺盛，发展潜力巨大。为落实市委、市政府深入开展回天地区专项治理工作部署，昌平区与首开集团深度开展政企合作，通过挖掘存量资源开展城市更新，成功打造首开LONG街，昔日社区沿街商业变身区域首个高品质全时商业步行街区，获评北京最美街巷、年度最期待商业项目等。

---

[1] 《中共中央关于进一步全面深化改革 推进中国式现代化的决定（二〇二四年七月十八日中国共产党第二十届中央委员会第三次全体会议通过）》，《人民日报》2024年7月22日。
[2] 《北京市推进全国文化中心建设中长期规划（2019年—2035年）》，https://www.beijing.gov.cn/zhengce/zhengcefagui/202004/t20200409_1798426.html。
[3] 陆小成：《城市更新视域下北京老城街区治理研究》，《中国社区发展报告（2023~2024）》，社会科学文献出版社，2024。

首开LONG街位于霍营街道，南起回龙观东大街，北至龙锦二街，全长约650米。规划为小区级配套公建用地，规划功能为商办公寓。项目建成后，因缺乏销售逻辑而长期闲置。昌平区与首开集团携手开展城市更新，通过增设外部连廊和过街天桥，将原本分散的地块有机串联，并与区域内市政道路进行一体化提升，优化商业动线、焕活商业活力。街区改造完成后由商业、产业和中央共享花园三部分组成，总建筑面积约15万平方米，可经营面积约9.4万平方米（其中商业占比65%、产业占比35%），中央共享花园面积约3.3万平方米。项目定位从原来的小区配套，升级为街区型开放式消费空间，着力打造"回天百姓新客厅、京北商业新地标、中轴北延新名片"。

二 首开LONG街社区公共文化服务精准化供给效应

公共文化服务精准化应是服务主体针对不同时期、不同地区、不同群体的差异化需求，运用科学有效的方法精准识别公众需求，形式多样地精准供给，并对公共文化服务进行精准管理和精准评估，引导公共文化服务资源合理配置，实现供需对接[①]。社区公共文化服务的精准化供给，其核心诉求在于通过资源的有效配置和使用，使居民真正能够在公共文化服务中受益，可以从硬件、软件和地方精神三个维度进行考察。硬件是指社区公共文化服务的空间和设施，主要涉及多样化社区公共文化空间的打造以及相应文化设施的供给等。软件是指社区公共文化服务供给的内容，即具体的文化服务和产品，主要涉及基本公共文化服务项目，现代公共阅读服务，公共体育设施利用，非物质文化遗产传承使用，文化创意产品开发，全民艺术普及、全民普法、全民健身和全民科普等活动，以及其他各类文化展演、交流、比赛、培训等。地方精神是指发挥公共文化服务在凝练文化标识、丰富社区文化内

---

① 林敏娟，石良亮：《精准化视角下的公共文化服务：一个分析框架》，《广西社会科学》2018年第4期。

涵、重构地方精神方面的作用,"探索在大型社区引入创意元素、文化力量改善社区治理"①,主要涉及公共文化服务在传承展示、知识服务、创意辅导等方面的功能发挥和综合提升。从推进国家文化发展战略的角度来看,地方精神的维度事实上应当置于硬件维度和软件维度之前,对后者产生统领作用。

首开 LONG 街是北京开展城市更新行动的重要实践,是昌平区政府精心打造的一座地处北京中轴线北延长线上由商业、办公及中央共享花园三部分组成的全新公共空间。该项目在城市更新中,不仅营造了宜人舒适的公共环境,提供了丰富的商业业态和前沿的产业机会,更加满足了昌平回天地区居民特别是所在街道社区居民对于购物消费、文体娱乐、生活休闲乃至就业创业等多方面的需求。以此为依托,项目对其所在街道社区的公共文化服务精准化供给也产生了积极影响。

(一)推动地方精神形塑再造

首开 LONG 街立足回天地区的整体发展需要,聚焦区域内商业和产业空白以及各类服务功能短板,以多元需求为导向织补城市空间,为回天地区的居民提供全新城市体验和内容丰富的配套服务。与此相适应,项目以其地处中轴线北延长线上这一显著区位特征,提出"北京上·更生活"的发展愿景,从总体上表达出携手共创商业与产业共融共生发展、共同创造美好未来的文化理念,改变回天地区作为"睡城"的刻板印象,给地区植入"焕活'上城年轻力'"的文化因子。

在商业文化方面,提出"城市绿洲"理念,打造"回天百姓新客厅、京北商业新地标"。在由原来的小区配套升级为开放式街区型消费空间的过程中,以"城市绿洲"的理念将绿色自然元素与商业空间紧密结合,从具体空间设计到功能配置最大限度地实现了室内外建筑空间的联动,营造出沉

---

① 《北京市推进全国文化中心建设中长期规划(2019 年—2035 年)》,https://www.beijing.gov.cn/zhengce/zhengcefagui/202004/t20200409_1798426.html。

浸在自然中的公共空间和生活共享场所。在品牌引入上，充分考虑回天地区经济社会发展实际和人口特点等，引入时尚购物、休闲娱乐、运动健康、美食餐饮、夜经济及亲子业态和品牌，以更加精准化、生活化的业态和品牌填补区域高品质商业空白、引领区域消费升级，既体现了绿色、健康、向上的生活理念，又传达出创新引领、健康引领、潮流引领、服务引领的商业理念。同时，创新街区运营模式，积极组织开展市集、露天电影、音乐剧、篮球赛、音乐驿站、街头滑板等丰富多彩的主题活动，激活街区社交元素，表现出多元、创新、开放、包容、交互的商业文化特质。

在产业文化方面，注入科技创新活力。首开LONG街智能物联产业园以"创业孵化、成果转化、产业集群"为三大核心引擎，以"智能物联"为主要产业方向，重点培育智能物联终端、智能物联应用两大产业集群，聚焦智能终端、智慧城市、智慧交通、智能家居、消费元宇宙等领域高成长性企业的引进及培育，构建融合产业加速、商务办公、总部经济、智慧空间等多元功能的花园式产业办公集群，形成自身独特的运营模式和发展理念。同时，产业园构建以创业苗圃为起点、孵化器为核心、创业加速为助推的一站式孵化服务路径，努力打造一个以智慧园区为窗口的协同创新平台。协同创新平台集聚多元化的服务功能，涵盖技术服务、人才资源服务、高端圈层交流、政策指导、市场拓展以及投融资支持，形成一体化的服务体系，为企业提供全方位、高效能的孵化环境，助力企业快速成长。目前，产业园已吸引优质科技型中小企业30余家，其中国家高新技术企业10家、瞪羚技术企业4家[1]，未来有望吸引更多高新技术企业、创新团队和优秀人才聚集于此，不仅展现打造新一代信息技术产业创新高地的发展前景，也为所在地区带来了活跃的科技文化、创新文化要素，为区域经济发展和公共文化建设注入新的活力。

（二）优化社区公共文化服务空间和设施

首开LONG街的建成实现了对存量商办楼宇建筑空间的重构，与此同

---

[1] 数据截至2024年9月。

时，也释放了更多街区公共活动空间。项目在城市更新过程中新建两座天桥，把原本分隔开来的两个街区连为一体，在空中创造出新的开放空间，提供了感知建筑和景观的多重视角，最终形成了一个可以"飞檐走壁"的立体空间，勾勒出一幅宛如"空中街市"的美好生活场景。在规划布局上，优化街区内部交通流线，通过增配扶梯和步行楼梯等，将底层与高层之间的商业流线联系起来，打造出多层次的环形商业主动线，便于聚集人气。在建筑外立面改造上，运用了从传统古建筑构件中提炼出的木色格栅元素，在空间上和视觉上营造出隔而不断的效果，不仅体现出传统文化的婉约含蓄之美，还丰富了整体空间的立体感和层次感。首开LONG街对城市空间的更新体现了其多样性、流动性、开放性与包容性。这样的空间和场景更加方便创意元素的引入，从而促成更加多元化、更多创意化的公共文化元素在街区落地。同时，开放型街区空间及其商业化运营对人气的汇聚，也为更多公共性活动的开展提供了可能，就包括广泛辐射周边社区的公共文化活动。

（三）丰富高质量公共文化服务和产品供给

一方面，在服务阵地建设上下功夫。以满足社区居民日益增长的公共文化需求为整体目标，持续优化做好霍营街道文化活动中心建设运营工作。锚定公益性、保障品质性，围绕"文、书、歌、舞、说、影、乐、技、剧"展示霍营地区文化品牌"霍营九韵"，打造立足霍营、惠及回天地区的群众文化活动聚集地，塑造昌平区街道文化活动代表；满足商业街区文化展示、文化体验、互动交流、手工体验等复合功能，促进商业街发展成更高层次的文旅商业业态，带动辖区居民消费水平的提升，实现街区及辖区经济发展与文化繁荣比翼齐飞。同时，以文化活动中心为着力点，以公益性文化活动为依托，塑造灯塔效应，联动霍营其他文化活动空间，由点到面辐射各个社区，以"周周有娱乐，月月有活动，季季有大咖，年度有主题"为目标，努力实现全区域、全范围相互融合的多元文化共享功能。此外，坚持积极主动地与居民沟通交流，采纳建设性的意见建议，解决居民的核心诉求。充分考虑不同年龄层次特别是老人、儿童、女性等不同群体的需求，并探索差异化产品引入，满足不同居民多样化需求，努力实现公共文化服务精准供给。

另一方面，持续创新开展各类文化活动。2023年，围绕"霍营九韵"主题，举办了"唱响中国梦 共叙社区情"戏剧进社区、"奏响主旋律"民乐专场演奏会、"童乐杯"儿童阅读大赛、"七待有你 夕望是你"、"中秋游园会"、重阳节活动、"新中心 营未来"元旦迎新喜乐会、"乐响霍营·喜迎元旦"霍营街道邻里音乐会等特色鲜明的主题文化活动。有序组织开展2023年昌平区基层公益性演出工作，共举办"百姓周末大舞台"演出4场、"专业星火工程"演出5场、"戏曲进乡村"演出4场、"非专业星火工程"演出16场。全年共组织文艺演出、文化讲座、书香阅读、艺术培训、公益观影等群众活动300余场次，辐射辖区群众约1.5万人次。举办了霍营街道春/冬季全民健步走、"以邻为伴，乐在霍营"趣味运动会、第八届"和谐杯"乒乓球比赛、第四届"和谐杯"羽毛球赛以及首届"和谐杯"掼蛋友谊赛等精彩纷呈的体育赛事活动。持续创新文化体育活动形式、拓宽活动开展的受众人群，提高各类活动的质量和品位，融合周边优质资源以及寻求专业组织辅助，打造出群众喜闻乐见的互动性、公益性品牌活动，并以活动促进居民和社区的交流沟通，增进邻里情感，凝聚向心力，共同推动社会和谐发展。在传统节日、现代节日、主题纪念日等时间节点，针对未成年人、老年人、快递小哥等不同群体，开展阅读书会、民乐演奏等形式多样、内容丰富的主题文化体育活动。

三 进一步挖掘首开LONG街社区公共文化服务精准化供给潜力

（一）加强文化内涵凝练和品牌塑造

公共文化服务是在政府主导和社会力量参与下，以满足公民基本文化需求为主要目的而向社会整体性地提供文化产品及服务的活动和过程，具有突出的公共性和公益性特征。在全面建设社会主义现代化国家的现实社会条件下，公共文化服务不仅是推进国家治理体系和治理能力现代化建设的重要议题，也是锚定建成文化强国战略目标、不断发展新时代中国特色社会主义文化的重要环节，是国家文化发展战略的重要组成部分。因此，公共文化服务的公共性和公益性，不仅涉及制度、机制、程序等管理层面的内容，也涉及价值导向、精神引领、观念培育等文化实质层面的内容。从精准化供给的角度讲，社区公共文化服务就是要在坚持正确意识形态和核心价值观念的基础上，加强文化内容生产、促进地方文化生成，通过持续强化的文化内涵凝练和品牌塑造凝聚共同体意识，构建独特地方精神。

首开 LONG 街本质上是一个商业项目，但其鲜明的城市消费空间的"文化转向"特征，为所在街区文化内涵的凝练和品牌塑造创造了条件。在加强文化内容生产、促进地方文化生成和精神重塑方面，公共文化服务的供给主体应当加强对地方文化资源的开发，发挥历史文化、地方文化、创意文化等文化资源要素在城市更新和社区公共文化服务中的多重作用。可考虑立足"中轴北延"这一显著区位特征，以北京中轴线文化遗产保护传承利用为契机，通过对地方史志、民俗传统、红色经典等的深入挖掘和创造性转化，把"LONG"代表的"长"、"久"、"隆"（即"繁荣"）的意象进一步具象化，使更多具有鲜明在地感和原真感的地方文化元素融入首开 LONG 街作为消费空间的文化特质中。加强对"中轴北延"文化概念的阐释、塑造和传播，用以统摄地方文化内涵的凝练和品牌塑造，唤起当地居民特有的历史文化记忆以及作为共同体成员对于社区的"归属与爱"等情感认同与价值共识[①]，避免"脸谱化"的包装和对原本完整地域文化的片段化截取与嫁接，使文化与经济、文脉与商业、传统与现代、本土与流行、特性与共性更好地平衡与融合，进一步推动地方精神形塑再造。

（二）进一步健全供需有效对接机制

从供给看，《北京市推进全国文化中心建设中长期规划（2019 年—2035

[①] 马海燕：《社会治理创新背景下的城市社区精神培育研究》，《北京政法职业学院学报》2023 年第 3 期。

年）》着眼于高质量公共文化供给，提出要培育多元化公共文化服务供给主体，"适度增加社会委托运营、民办公助、文化基金、文化消费券、政企补贴合作等供给模式创新，鼓励企业、社会组织和个人通过兴办实体、资助项目、赞助活动、提供产品和服务等方式，参与公共文化服务体系建设"。多元化的供给是实现精准化供给的必要基础和前提。因此，可依托首开LONG街城市更新释放的经济活力、社会流动性和多元化治理要素，引入竞争机制，引导企业、社会组织和个人以合理有效的方式更多地参与社区公共文化服务的供给活动；同时政府可进一步明确相关制度规范，严格区分公益性与经营性内容，细化政策执行，做好服务保障，健全监管考评，形成多元共治的公共文化服务供给格局。

从需求看，对差异化需求的准确把握是问题的关键。一方面，社区居民缺乏有效的精神文化需求表达和反馈机制，往往是造成社区公共文化服务供需失衡特别是供给效率低下的重要原因。另一方面，一部分居民由于主体认知匮乏和偏差等，往往对于主动表达精神文化需求和获取公共文化服务缺少足够的兴趣和动力，这也使差异化的需求难以被准确捕捉和识别。如何使居民愿意表达精神文化需求并且能够有效表达这些需求？除政府从制度上引导并建立更多沟通渠道外，城市更新也为解决这一问题提供了空间和场所的便利。例如，在首开LONG街构建的开放包容的城市公共空间里，居民能够对环境、设施和自身体验等做出直接明了的认知反馈和审美判断，从而表达出一定的精神诉求和文化偏好。通过一定的方式——例如满意度调查、创意征集等——收集这些偏好，将有助于精准识别社区居民差异化的精神文化需求。同时，霍营街道文化活动中心作为直接保障地区公共文化服务的重要场所和设施，已经面向公众开通了文化需求征集渠道。用好这一渠道、发挥好其作用，也有助于更加准确地把握社区居民不断发展变化的精神文化需求。

此外，从对接机制看，如前所述的社区居民精神文化需求表达和反馈机制应当是最基本的供需对接机制。与此同时，还应当健全地区现有文化活动场所的体系化运营机制，进一步发挥首开LONG街特别是霍营街道文化活动中心的灯塔效应，更加有效地联动地区其他文化活动场所，由点到面辐射各个社区，从而更好地针对街道各社区的异质性特征、根据不同居民群体的精神文化需求，实施差异化的公共文化资源供给和配送方案，畅通"自下而上、以需定供"的互动式、菜单式公共文化服务供给和配送渠道，打通公共文化服务"最后一公里"，使优质文化资源能够更好地直达基层，更好地满足社区居民日益增长的多样化的精神文化需求。

（三）持续推进智慧城市建设

运用现代数字技术推进城市更新、建设智慧城市，是城市更新的基本趋势和重要内容。智慧城市是物联网、大数据、云计算等新一代信息技术支撑下的城市新形态，是推动城市管理和服务智能化的全新理念和模式[①]。当前，新一轮信息技术革命的蓬勃发展和数字经济的快速兴起，正不断推动城市生产生活向着数字化、智能化、智慧化方向转型。通过城市更新持续推进智慧城市建设、提高公共服务和基层社会治理数智化水平，是深入践行人民城市理念、以精准化服务和精细化治理不断提高人民生活水平和社会治理水平的必然选择。依托首开LONG街城市更新行动，可以对区域内智慧城市建设进一步做出前瞻性布局，并将强化社区公共文化服务数字化建设、丰富社区公共文化服务智能化应用场景纳入议题。一方面，稳步推进基础设施数字化、智能化更新升级，为社区公共文化服务数字化建设和智能化应用提供必要的硬件设施基础。另一方面，建立健全与数字化、智能化公共文化服务相适配的工作组织机制和管理监督机制，为数智化公共文化服务系统的高效运行提供体制机制保障。依托持续推进的智慧城市建设不断推动社区公共文化服务数字化、智能化、智慧化转型，将前述文化内涵凝练和品牌塑造以及供需有效对接机制纳入数智化的整体运行体系中，实现公共文化服务对数字经济的有效嵌入，提高社区公共文化服务信息采集与处理的效率，提升服务资

[①] 王从春：《加快实施城市更新行动 打造宜居、韧性、智慧城市》，《光明日报》2025年1月27日。

源配置与送达的精准性，提升服务内容生产与传播的有效性，从而整体提高社区公共文化服务的精准化水平。

参考文献

谭日辉：《北京社区治理机制研究》，中国社会科学出版社，2018。

林敏娟、石良亮：《精准化视角下的公共文化服务：一个分析框架》，《广西社会科学》2018年第4期。

崔烁：《城市公共文化空间精细化治理：转向、维度与路径》，《湖北社会科学》2022年第10期。

蔡劲松、董欣静：《四维嵌入：城市社区精细化治理的内在逻辑与优化路径》，《吉林大学社会科学学报》2024年第5期。

郭剑雄：《城市社区文化中心公共文化服务供给研究——基于上海与青岛、济南比较的视角》，《四川师范大学学报》（社会科学版）2018年第3期。

张森：《寓文于治：文化治理视域下创新社会治理的文化路径》，《学习与探索》2023年第8期。

李世敏、吴理财：《社区治理的文化转向：一种新的理论视角》，《理论与改革》2015年第1期。

Abstract

In 2024, China made steady progress in the construction of modernization and embarked on a high-quality development journey in community building and governance. Community governance at the grassroots level continued to present new prospects, and the efficiency of grassroots community governance was continuously enhanced. The integration of the "three forms of governance" (self-governance, rule of law, and moral governance) promoted the gradual formation of a new pattern of joint building, joint governance, and shared benefits. Based on rich and solid case studies, objective data analysis, and scientific theoretical perspectives, this report provides a comprehensive overview of the development of community affairs in China.

The achievements in community building and governance are mainly reflected in the following aspects: The working mechanism for urban community renovation has been gradually optimized, the rectification models continuously innovated, and the policy system for rectification gradually improved; The Party building leadership mechanism has comprehensively enhanced the efficiency and level of rural revitalization in the new era and the diversified co-governance of urban communities; The coordinated development of the Beijing-Tianjin-Hebei region has promoted the formation of a cross-regional and cross-departmental cooperation and resource-sharing mechanism in communities. The new cultural productive forces have empowered grassroots community governance with new momentum; The community environment has been continuously optimized, and the intelligent transformation of smart residential areas has enhanced the interactivity and effectiveness of community governance. The innovative models for home-based community elderly care and meal assistance services are rich and diverse. The coverage of elderly care services has been popularized, and the sense of gain, happiness, and security of community residents has been continuously enhanced.

At the same time, with the continuous advancement of modernization in grassroots community governance driven by new productive forces, there are still many challenges. These include how to optimize and reorganize the governance units, the interweaving of weak infrastructure and people's livelihood pain points, the insufficient level of community mental health services to meet residents' needs, and the increasing heterogeneity and differentiated demands of the population. The participation of residents in community affairs, the level of digital governance, and the professionalization of community social work talents are urgently in need of improvement. In addition, with the accelerated pace of urban renewal in China and the continuous progress towards high-quality development, the governance system for the environmental rectification of old urban communities still needs to be optimized. More attention should be paid to the needs of the floating population in community renewal, as well as to social networks and cultural identity.

Therefore, based on the rich experience of Chinese communities, in accordance with China's national conditions, and targeting community practice in China, this report, through empirical research and scientific theoretical analysis, and by using quantitative and qualitative research methods, forms experience models and useful ideas for community building and development in China to assist in the formation of a modern grassroots governance pattern of good governance. These include: firstly, enhancing the intelligence and digitalization level of environmental rectification, strengthening industrial integration and energy substitution, and innovating investment and financing mechanisms; secondly, strengthening the construction of community mental health support systems through professional talent team building, financial policy support, and multi-party cooperation mechanisms; thirdly, Expanding the service scope and supply of elderly meal assistance facilities, promoting the development of rural elderly meal assistance services, and improving subsidy policies for meal assistance institutions to promote high-quality development of elderly meal assistance services; fourthly, strengthening the condensation of cultural connotations and brand shaping, improving the effective connection mechanism of supply and demand, and continuously promoting the construction of smart cities. Relying on urban renewal to improve the precise supply of community public cultural services; at last, adopting comprehensive policy methods to increase residents' participation in community public spaces, building diversified consultation platforms, establishing a governance system matching the types of community governance units, and enhancing residents' sense of gain, happiness, and security.

Keywords: Modernization; Community Governance; Community Social Work; Community Elderly Care

Contents

I General Report

B.1 Aim for Modernization to Enhance Community Residents'
Sense of Gain, Happiness, and Security
Tan Rihui, Li Min and Li Jinjuan / 001

Abstract: Family matters, national affairs, and global issues—ensuring people's well-being remains the foremost priority. Enhancing community governance, advancing Community social work, and improving community-based home care for the elderly are critical measures to boost residents' sense of fulfillment, happiness, and security. In 2024, Party-building leadership, cultural empowerment, and smart governance have elevated community governance to new heights. Community social work has driven continuous improvements in service quality, timely resolution of disputes, rapid growth of volunteer services, and deeper multi-stakeholder collaboration. Elderly care systems and community-based service mechanisms have been further optimized, while the integration of home-based, community, and institutional elderly care has enhanced service quality. Looking ahead, China's community development is entering an era of refined quality, propelled by deepening digital transformation, expanded governance networks, and the establishment of scientific frameworks. With the emergence of new economic and social organizations and the growing size of new workforce groups, social work faces fresh challenges and responsibilities, demanding innovative approaches and greater commitment. By refining policies for elderly care services and industries, actively addressing population aging, and leveraging new opportunities for home and community-based elderly care, this sector is poised to receive renewed developmental momentum and policy support.

Keywords: Community Governance; Community Social Work; Home and Community-Elderly Care

Ⅱ Feature

B.2 "π Group" Beijing-Tianjin-Hebei Community (Village) Secretary Learning Circle

—Action Research on Innovative Ecosystem for Social Work Talent

Li Qingmei, Xu Shuang and Hao Lin / 024

Abstract: Currently, the national strategy of coordinated development of the Beijing-Tianjin-Hebei region is steadily advancing. Taking the "Tongzhou-Wuqing-Langfang" pilot area as a platform, regional collaborative explorations are being carried out to activate and empower new productive forces in the field of social work. Through the innovative mechanism of "community party building + volunteer services," the "π Collective" exchange circle for community (village) secretaries of Beijing, Tianjin, and Hebei continues to be implemented. This initiative promotes the joint construction, co-management, and shared benefits of multiple stakeholders through the "Five-Point Linkage." It also explores new productive forces through the media integration path of Beijing-Zhejiang interconnection. Additionally, it empowers the talent-strong foundation plan for social workers through the construction of a community leadership "7S" comprehensive system model and the innovation of community consultation and deliberation "Third Time." Beijing, Tianjin, and Hebei have respectively written a new chapter in the coordinated development of the Beijing-Tianjin-Hebei region through the following models: the "university + community" model of Zhaojia

Lou Community in Beijing, the military-civilian integrated volunteer service model of Chaoyangli Community in Tianjin, and the "two enterprises, three new, and party building for urban-rural integration" model in the Tongzhou-Wuqing-Langfang area. These models have innovated the talent innovation ecosystem of social work and opened up a new perspective for grassroots governance.

Keywords: Beijing-Tianjin-Hebei Coordination; Community Secretary; Talent Innovation

Ⅲ Community Construction

B.3 Research on the Path of Environmental Renovation of Urban Old Communities from the Perspective of Beautiful China

Lu Xiaocheng / 039

Abstract: Strengthening the environmental renovation of urban old communities is a crucial link in comprehensively promoting the construction of a Beautiful China and achieving the goal of national governance modernization. It is also a practical measure to improve the quality and level of the construction of a Beautiful China. Due to various reasons, the current environmental renovation of urban old communities faces challenges such as the need to optimize the governance system, promote facility construction, innovate the investment and financing mechanism, and enhance residents' participation. To strengthen the environmental renovation of urban old communities, it is necessary to further strengthen top-level design and institutional innovation, improve the intelligent and digital level of environmental renovation, strengthen industrial integration and energy substitution, innovate the investment and financing mechanism, and increase the participation and sense of gain of community residents, so as to provide strong support for the construction of a Beautiful China.

Keywords: Beautiful China; Urban Old Communities; Environmental Renovation

Contents

B.4 Research on the Construction of Community Mental Health Support System in Shanghai: An Analysis Based on Community Health Service Centers
Bai Huijun, Feng Hao and Ma Shanrui / 054

Abstract: Mental health services in Shanghai's community health centers have been progressively developed, especially under the guidance of the related policies. Although Shanghai's community health service system has covered most of the city's communities, the mental health support system still faces challenges such as a shortage of professional personnel, limited service content, and insufficient public awareness. Through surveys of Shanghai's 30 community health centers and relevant groups, this study analyzes the alignment between community residents' mental health needs and existing services, revealing significant gaps in services like counseling and intervention. To address these issues, the paper proposes several recommendations, including enhancing service content, improving the professional workforce, and strengthening policy support, aiming to provide theoretical and practical references for the mental health services in Shanghai and other regions.

Keywords: Community Mental Health; Support System; Community Health Service Centers; Public Health

B.5 International Experience in CommunityRenovation and Its Implications for Beijing *Bao Lulin* / 073

Abstract: Community renovation is one of the key tasks in the implementation of urban renewal actions in Beijing, especially for old neighborhoods built before 2000. Beijing has a large number of neighborhoods to be renovated, and the demand for renovation is prominent, but the current renovation work is still dominated by the government, with a single path that is difficult to sustain. This report draws on the diversified transformation paths of cities in other provinces and foreign countries, summarizes the evolution trend of transformation paths, and focuses on analyzing the specific responsibilities of the government, the market, the residents, and other pluralistic subjects in the transformation of old neighborhoods. On this basis, it analyzes in-depth the policy tools used by each region to implement the responsibilities of each subject, thus providing policy recommendations for Beijing to promote the transformation of old neighborhoods with the participation of multiple subjects.

Keywords: Community Renovation; Urban Renewal Actions; Old Neighborhood; Beijing

B.6 Rediscovering the Value of Community Public Space

Song Mei / 081

Abstract: Urban planners are very interested in the role, meaning and use of public space, and try to promote community awareness by adhering to certain principles of the physical layout of public space, which has brought the debate about the value of community public space and its impact on social life to the forefront. The new urbanism theory emphasizes that the exploration of the relationship between community public space and residents' well-being is not based on the assumption of the decline of public space, but on the active form of social participation of residents, and regards community public space as a place for residents' daily life and communication. Community public space can be regarded as a "place" that both constitutes social relations and promotes community development. The value of community public space is often related to inclusiveness, health and safety, because it provides emotional support to residents, gives respect, a sense of belonging and identity, and promotes social integration.

Keywords: Community; Public Space; Value; The New Urbanism Theory

Contents

B.7 The Development Practice of "Economic Partners" in Farms under the Leadership of Party Building
—*A Case Study of Agricultural Team One in Aheqi Farm, Jinghe County, Bortala Mongol Autonomous Prefecture, Xinjiang*

Wang Yanzhao, Du Xinyang and Liu Liping / 092

Abstract: This article focuses on the economic development path of the Aheqi Farm in Jinghe County, Baotou Prefecture, Xinjiang, under the background of the rural revitalization strategy. Through a comprehensive analysis of the current situation and needs of the Party's leadership in the economic development of the Aheqi Farm, this article elaborates on a series of exploration and practical measures in the fields of industrial development and talent cultivation. At the same time, it deeply studies the effectiveness achieved after implementing these measures and carries out profound reflection, aiming to provide a useful reference for further promoting the sustained and healthy development of the rural economy in northern Xinjiang and achieving comprehensive rural revitalization.

Keywords: Rural Revitalization; Economic Partners; Industrial Upgrading; Aheqi Farm

IV Community Governance Practice

B.8 "Good Neighbors, Good Discussion, Working Together" -An Innovative Path for Community Multicolored Co-governance Led by Party Building
—*Exploration of Community Governance Practice Led by Party Building in the Social Work Department of the Fengtai District Committee*

Yang Yong / 101

Abstract: Amid the rapid development of today's society, communities face numerous complex issues, and the traditional community governance model can no longer meet the growing needs of residents. Meanwhile, the demands for the modernization of grassroots social governance also drive the continuous innovation of community governance models. In this context, the Social Work Department of the Fengtai District Committee actively explores new paths for community multicolored co-governance led by Party building, with the philosophy of "Good Neighbors, Good Discussion, Working Together." It establishes a "Five Neighbors' Discussion" consultation mechanism, explores the "Community Partners" project, and is dedicated to breaking the inherent barriers of community governance. By transforming community governance from a single entity to multiple entities, and from extensive management to refined governance, it promotes the harmonious co-construction of the community, contributing innovative practical wisdom and theoretical paradigms to the modernization of grassroots social governance.

Keywords: Party Building Leadership; Good Neighbors; Discussion and Consultation ; Multicolored Co-governance; Grassroots Social Governance

B.9 Discussion on the Problem and Governance Strategy of "Migratory Bird-type" Community Governance
—*Based on the Investigation of CWZ Town in the Ecological Conservation Area of a Mega-City in North China*

Li Xiaozhuang / 112

Abstract: Urban community is no longer a holistic concept, producing many types of differentiation, the formation of different community patterns, especially mega-cities community. This paper focuses on "Migrant-bird-type" community governance, on the basis of defining "Migrant-bird-type" community concept and characteristics, based on a large city ecological conservation CWZ town "Migrant-bird-type" community governance found that community service and facilities configuration save short board, empty housing maintenance demand and property service does not reach the contradiction outstanding, "Migrant-bird-type" community organization degree is low, "Migrant-bird-type" living population integration degree is poor. Therefore, the following measures should be taken: First, strengthen government supervision over real estate developers. Second, reinforce hardware construction by filling the gaps in municipal and public service facilities and enhancing the efficiency of basic supporting services. Third, enhance software construction by integrating resources from multiple stakeholders, improving community property management, and establishing a governance level that matches the characteristics of "migratory bird" communities. Fourth, strengthen deliberative consultation by creating diversified negotiation platforms to promote effective communication between residents and the community.

Keywords: "Migrant-bird-type" Community; Community Differentiation; Mega City; Property Service

B.10 Theoretical Reflections and Practical Considerations on Promoting the Area Governance of Huoying Subdistrict in Beijing *Li Jinjuan* / 121

Abstract: The social nature of space necessitates continuous attention to spatial equity and justice during spatial production. Enhancing the efficacy of social governance requires a commitment to precision governance, akin to the meticulousness of embroidery. Located in the heart of Beijing's "Huitian" area, Huoying Subdistrict has achieved significant progress in urban restoration, renewal, and social governance innovation under the two rounds of the "Huitian Action" plans. However, there remains substantial room for improvement in industry-city integration and job-housing balance. Promoting the subdistrict's development through refined approaches aims to establish a model of comprehensive and systematic governance and a demonstration of high-quality development, further elevating social governance efficiency. To build Huoying Subdistrict into a vibrant, harmonious, and well-ordered happy home in the "Huitian" area, the following tasks should be prioritized: first, focus on residents' needs and adhere to a people-oriented philosophy; second, center on party-building leadership to establish a third-party governance mechanism; third, tailor measures to local conditions to optimize transportation and public spaces in the area.

Keywords: Space Balance; Area Governance; Huoying

B.11 Exploration of Innovative Governance Practices in Multi-Type Mixed-Residence Communities: A Case Study of Weigongcunbeiqu Community, Zizhuyuan Subdistrict, Haidian District, Beijing

Huang Li, Wu Hao / 135

Abstract: The Weigongcunbeiqu Community serves as a quintessential example of multi-type mixed-residential communities facing governance challenges. Through innovative governance models encompassing Party-building leadership, emotional integration, spatial optimization, and multi-stakeholder consultation, the community workforce has developed replicable governance practices. This case study examines how the community addresses the current predicaments of "fragmented" community demands, "alienated" social relations, and "formulaic" community services. By establishing relational "connective tissues," enhancing service precision, and leveraging governance "pillars," it implements multidimensional strategies to construct an urban "governance ecosystem." Through proactive governance planning and the creation of a buffered governance network, the initiative facilitates deep community integration.

Keywords: Community Governance; Party Building Leadership; Urban Resettlement

B.12 Poverty Alleviation Workshop and Community Governance Near the Return

Li Chaohai / 146

Abstract: The poverty alleviation workshop is the product of the targeted poverty alleviation policy. Through the enterprise going to the countryside and employment poverty alleviation, it gradually constructs a kind of production space embedded in the policy and with a strong "political" color. The poverty alleviation workshop under the party's Rural Revitalization Strategy continues the fine tradition of socialism and collectivism to run factories. Under the leadership of the party, it can drive and integrate various forces to form an efficient linkage development path, so as to achieve the organic unity of the party's leadership, technological progress, economic performance, social construction and governance optimization. The rural poor households and the left behind labor force have realized the non-agricultural employment and income increase through the industry in the countryside, and the farmers have realized the unity of participating in economic construction and community governance at home through labor protection. Therefore, the emergence and development of poverty alleviation workshops make it possible for industrial development to drive rural construction and improve community governance, thus playing an important role in community governance and showing the realization of the goal of industrial linkage rural governance.

Keywords: Poverty Alleviation Workshop; Industrial Development; Community Governance

B.13 A Prosperous China Begins with the Grassroots: The "Cultural New-Form Productive Force" in Community Governance
—The 1446 Work Method of Guowang Community, Andingmen Subdistrict　　　Gao Xiangyu, Huang Ti and Huang Botao / 159

Abstract: The Andingmen Subdistrict is a significant node on Beijing's central axis, with its rich community hutongs carrying valuable historical and cultural memories of the capital. Under the guidance of the spirit of "high-quality party building to serve the new era of capital development," Guowang Community innovatively implements the 1446 Work Method of the Party Building Coordination Committee, piloting a support platform for grassroots governance under the leadership of the Party. This includes: First, The core of Party leadership to jointly build the "Prosperous China" brand. Second, Refining community governance with "embroidery-like" precision, regularly promoting the integration of four types of entities. Third, Synergistic development of four types of Party organizations to expand the grassroots governance "circle of friends". The Andingmen Subdistrict will continue to adhere to Party leadership, integrating the "two combinations" with the advancement of Chinese-style modernization. Together, they aim to build the "Prosperous China" Party-building brand, innovate the "Cultural New-Form Productive Force" laboratory, and construct an innovative, inclusive, and open ecosystem. This initiative will support the high-quality development of regional industries and cultural heritage protection.

Keywords: Grassroots Governance; Culture; New-Form Productive Force

V　Community-based Elderly Care

B.14 Research on the Development of Home and Community-based Elderly Care Services in Beijing　　*Ma Xiaoyan* / 171

Abstract: In the face of large-scale and rapid aging, Beijing is deeply promoting reforms and innovations in elderly care services. Addressing the challenges posed by the large elderly population and specific issues faced by special groups such as the oldest-old in Beijing's elderly care services, combined with the actual needs of the elderly population for care services, Beijing is strengthening the innovation of home and community-based elderly care service models. By improving the nearby and precise elderly care service system and resource allocation, Beijing aims to comprehensively enhance the supply capacity of elderly care services, providing support and guarantee for the high-quality development of elderly care services in the city.

Keywords: Aging; Elderly Care Services; Home-Based Elderly Care; Community-based Elderly Care

B.15 Development Experience and Inspiration of Elderly Meal Assistance Services in Various Regions

Qu Jiayao / 182

Abstract: Meal assistance service is urgent need for elderly care services and an important part of people's livelihood work. In order to continuously improve the quality and level of elderly meal assistance services in China, the article outlines the background of the development of elderly meal assistance services, summarizes the excellent experience of developing elderly meal assistance services in various regions from five aspects: a balanced layout of meal assistance service network, diversified "elderly meal assistance+" service model, tailored rural meal assistance services, detailed implementation of meal assistance subsidy policies, and refined and personalized elderly meal products. And it further proposes inspirations for improving elderly meal assistance services. It is recommended to expand the supply of elderly meal assistance services, expand the scope of elderly meal assistance facilities, promote the development of rural elderly meal assistance services, improve subsidy policies for meal assistance institutions, and create refined and personalized specialty elderly meal products, in order to promote the high-quality development of elderly meal assistance service.

Keywords: Elderly Meal Assistance Service; Market Oriented Operation; High Quality Development

B.16 A Study on the Strategies for Enhancing the Happiness of the Elderly in Community-Based Elderly Care: A Case Study of Yuntang Community in Tianxin District, Changsha

He Jianhua, Tang Zhuyun and He Jiahui / 193

Abstract: With the increasing ageing of the population, community elderly care services have gradually become an important way to cope with the problems of elderly people. The purpose of this paper is to investigate the participation and satisfaction of the elderly in the community pension service, and to provide evidence for improving the quality of service and the quality of life. The study used a combination of questionnaires and interviews to survey the well-being of elderly people in the Yuntang community in Tianxin district of Changsha. The survey results show that the participation and satisfaction of the elderly in community elderly care services overall needs to be improved, and a variety of factors affect their happiness levels. The article conducted an in-depth discussion on how to effectively enhance the happiness of the elderly and proposed a variety of strategies to enhance the well-being of the older person from the perspective of individuals and families.

Keywords: Elderly; Increased Sense of Happiness; Community-based Care; Ageing of the Population

B.17 The Empowerment of Community-Based Elderly Care by Time Banks: A Study on the Development of Mutual Support Elderly Care Models *Liu Shu, Wang Li* / 215

Abstract: With the increasingly serious problem of population aging, the traditional pension model is facing severe challenges. Time banks are a supplement to the mutual assistance pension model in community care, providing elderly people with life care and emotional support by utilizing time resources, thus injecting new vitality and vigor into the development of community care. This article, by sorting out the concept and development trajectory of time banks, analyzes the current implementation status and problems of "time banks", presenting some opportunities and challenges faced by time banks in their development process, such as insufficiently standardized management, low social participation, and insufficiently diverse service contents. It is necessary to promote the application and development prospects of the time bank mutual assistance pension model in communities through multi-party cooperation including government support, social organization participation, and integration of information technology, and to inject new vitality and impetus into the community care cause.

Keywords: Time Bank; Mutual Support Elderly Care Model; Community-Based Elderly Care

VI Community Revitalization

B.18 Research on Empowering Beijing Community Ecological Renewal Governance with New Quality Productivity *Zhao Qing* / 227

Abstract: Urban ecological renewal has become a core issue in China's new urbanization construction to address the dual pressures of global climate change and sustainable urban development, with community ecological renewal being a key foundation. This report summarizes the connotation and characteristics of new quality productivity and community ecological renewal governance. Taking Beijing as an example, it analyzes and summarizes the current situation of new quality productivity helping Beijing's community ecological renewal governance. Beijing's communities have built a collaborative governance framework of "government coordination, market operation, and social participation" around the empowerment of new quality productivity in community ecological renewal governance. In the future, it is necessary to further strengthen the inclusiveness of technology, data sharing, policy coordination, investment diversity, and social inclusiveness to empower the ecological renewal of Beijing communities with new quality productivity. This will provide sustainable impetus for the deep empowerment of community ecological governance with new quality productivity.

Keywords: New Quality Productivity; Community Renewal; Ecological Governance; Beijing

B.19 Research on Community Renewal in Migrant Population Settlements *Yuan Lei / 235*

Abstract: Migrant population settlements face numerous challenges, including outdated infrastructure and weak social governance, making them a critical area for community renewal. Traditional renewal approaches primarily focus on physical transformation, often neglecting social networks and local culture; they are predominantly government-led, overlooking the rights and interests of migrant populations; and they are economically driven, prioritizing construction over management. Standardized renewal policies fail to account for the unique characteristics of these settlements. Therefore, a new renewal model must be proposed that is people-centered, emphasizing the needs and interests of residents; involves multiple stakeholders, with government, market, and society jointly participating in the renewal process; innovates spatial renewal methods; improves benefit distribution mechanisms; strengthens targeted public services; and enhances long-term governance and dynamic evaluation to achieve sustainable development in migrant population settlements.

Keywords: Migrant Population Settlements; Community Renewal; Sustainable Development

B.20 Exploration of the "Five-Sphere Linkage" Model in the Renovation of Old Residential Communities
—A Case Study of Dawang Jiayuan Community in Beijing
Tong Xin , Li Mao / 244

Abstract: In the context of deepening urban renewal and social governance, the renovation of old residential communities is not only an important measure to improve the living environment of residents but also a key link to enhance the capacity of grassroots governance. This paper takes Dawang Jiayuan Community in Chaoyang District, Beijing, as the research object, and explores the practice and innovation of the "Five-sphere Linkage" model under the guidance of Party building in the renovation of old communities. Through case study, this paper systematically sorts out the collaborative governance mechanism of multiple subjects, and reveals the effectiveness of this model in improving the efficiency of community governance, enhancing residents' participation, and improving the community environment. The "Five-sphere Linkage" model, guided by Party building, integrates the resources of multiple subjects, constructs a community governance pattern of co-construction, co-governance, and sharing, and provides new ideas and methods for the renovation of old residential communities. This paper summarizes the experience of Dawang Jiayuan Community in Party building leadership, resident participation, cultural construction, and environmental governance, and extracts a replicable and scalable innovative model of community governance.

Keywords: Five-sphere Linkage; Community Governance; Community Renovation

B.21 A Study on the Renovation Strategies of Old Hutongs Based on the Theory of Organic Renewal: Taking Ju'er Hutong as an Example *Zhu Ziyi* / 258

Abstract: Urban organic renewal is not only a physical spatial transformation action, but also a profound socio-cultural practice. The study adopts the theoretical framework and methodology of human settlement science, systematically sorts out the case of urban renewal in Ju'er Hutong based on four aspects: planning, implementation, management, and innovation. It is found that the renovation process has fully improved the unreasonable layout and insufficient connectivity in the spatial dimension; the strong tenant mobility, resistance to property rights renewal, and absence of community governance in the social dimension; and the serious phenomenon of cultural commercialization and homogenization, as well as the weak awareness of cultural protection in the cultural dimension. It fully embodies the core concepts of organic renewal, such as respecting history, paying attention to humanistic care, encouraging community participation, and achieving sustainable development.

Keywords: Old Hutong; Organic Renewal; Sustainable Development; Urban Renewal

B.22 Research on the Social Effect and Path of Intelligent Renewal of Old Communities *Li Yang* / 271

Abstract: Many old communities in big cities suffer structural characteristics such as aging houses, high density in citizens, complex property rights, relatively insufficient or even no property services. All of the above urgently requires a comprehensive approach and framework of improving old communities' service and management on the basis of urban protection and renewal to update the residential and using functions of the community and achieve its orderly governance and sustainable development. The intelligent updating in communities is an important part of urban renewal. It is not only a basic application scenario of smart cities, but also improving old communities wholly and magnificently. However, in the process of communities intelligent updating it is necessary to emphasize social effects related to communities and residents characteristics except for adopting marketing and technical approach, and implement the projects people-orientally and diversely.

Keywords: Old Communities; Intelligent Renewal; Social Effect

B.23 A Study on the Precision Provision of Community Public Cultural Services in the Context of Urban Renewal
—*Based on an Investigation of the Beijing Shoukai LONG Street Urban Renewal Project*　　　　Liu Feiying / 282

Abstract: Urban renewal provides an opportunity for the precision provision of community public cultural services. As an important practice of Beijing's urban renewal initiative, Shoukai LONG Street has had a positive impact on the precision provision of public cultural services in the surrounding communities, effectively promoting the shaping and reconstruction of local spirit, enhancing the optimization and upgrading of community public cultural service spaces and facilities, and enriching the supply of high-quality public cultural services and products. To further tap its potential, efforts can be intensified in areas such as strengthening the refinement of cultural connotation and brand building, improving the effective supply-demand matching mechanism, and continuously promoting the construction of smart cities, so as to continuously enhance the level of precision provision of community public cultural services relying on urban renewal.

Keywords: Community Governance; Public Cultural Services; Urban Renewal; Precision Provision

社会科学文献出版社

皮 书
智库成果出版与传播平台

❖ 皮书定义 ❖

皮书是对中国与世界发展状况和热点问题进行年度监测,以专业的角度、专家的视野和实证研究方法,针对某一领域或区域现状与发展态势展开分析和预测,具备前沿性、原创性、实证性、连续性、时效性等特点的公开出版物,由一系列权威研究报告组成。

❖ 皮书作者 ❖

皮书系列报告作者以国内外一流研究机构、知名高校等重点智库的研究人员为主,多为相关领域一流专家学者,他们的观点代表了当下学界对中国与世界的现实和未来最高水平的解读与分析。

❖ 皮书荣誉 ❖

皮书作为中国社会科学院基础理论研究与应用对策研究融合发展的代表性成果,不仅是哲学社会科学工作者服务中国特色社会主义现代化建设的重要成果,更是助力中国特色新型智库建设、构建中国特色哲学社会科学"三大体系"的重要平台。皮书系列先后被列入"十二五""十三五""十四五"时期国家重点出版物出版专项规划项目;自2013年起,重点皮书被列入中国社会科学院国家哲学社会科学创新工程项目。

皮书网

（网址：www.pishu.cn）

发布皮书研创资讯，传播皮书精彩内容
引领皮书出版潮流，打造皮书服务平台

栏目设置

◆ 关于皮书
何谓皮书、皮书分类、皮书大事记、
皮书荣誉、皮书出版第一人、皮书编辑部

◆ 最新资讯
通知公告、新闻动态、媒体聚焦、
网站专题、视频直播、下载专区

◆ 皮书研创
皮书规范、皮书出版、
皮书研究、研创团队

◆ 皮书评奖评价
指标体系、皮书评价、皮书评奖

所获荣誉

◆ 2008年、2011年、2014年，皮书网均在全国新闻出版业网站荣誉评选中获得"最具商业价值网站"称号；
◆ 2012年，获得"出版业网站百强"称号。

网库合一

2014年，皮书网与皮书数据库端口合一，实现资源共享，搭建智库成果融合创新平台。

皮书网

"皮书说"
微信公众号

权威报告·连续出版·独家资源

皮书数据库
ANNUAL REPORT(YEARBOOK) DATABASE

分析解读当下中国发展变迁的高端智库平台

所获荣誉

- 2022年，入选技术赋能"新闻+"推荐案例
- 2020年，入选全国新闻出版深度融合发展创新案例
- 2019年，入选国家新闻出版署数字出版精品遴选推荐计划
- 2016年，入选"十三五"国家重点电子出版物出版规划骨干工程
- 2013年，荣获"中国出版政府奖·网络出版物奖"提名奖

皮书数据库　　"社科数托邦"微信公众号

成为用户

登录网址www.pishu.com.cn访问皮书数据库网站或下载皮书数据库APP，通过手机号码验证或邮箱验证即可成为皮书数据库用户。

用户福利

- 已注册用户购书后可免费获赠100元皮书数据库充值卡。刮开充值卡涂层获取充值密码，登录并进入"会员中心"—"在线充值"—"充值卡充值"，充值成功即可购买和查看数据库内容。
- 用户福利最终解释权归社会科学文献出版社所有。

数据库服务热线：010-59367265
数据库服务QQ：2475522410
数据库服务邮箱：database@ssap.cn
图书销售热线：010-59367070/7028
图书服务QQ：1265056568
图书服务邮箱：duzhe@ssap.cn

社会科学文献出版社　皮书系列
卡号：965424293368
密码：

基本子库
SUB DATABASE

中国社会发展数据库（下设 12 个专题子库）

紧扣人口、政治、外交、法律、教育、医疗卫生、资源环境等 12 个社会发展领域的前沿和热点，全面整合专业著作、智库报告、学术资讯、调研数据等类型资源，帮助用户追踪中国社会发展动态、研究社会发展战略与政策、了解社会热点问题、分析社会发展趋势。

中国经济发展数据库（下设 12 专题子库）

内容涵盖宏观经济、产业经济、工业经济、农业经济、财政金融、房地产经济、城市经济、商业贸易等 12 个重点经济领域，为把握经济运行态势、洞察经济发展规律、研判经济发展趋势、进行经济调控决策提供参考和依据。

中国行业发展数据库（下设 17 个专题子库）

以中国国民经济行业分类为依据，覆盖金融业、旅游业、交通运输业、能源矿产业、制造业等 100 多个行业，跟踪分析国民经济相关行业市场运行状况和政策导向，汇集行业发展前沿资讯，为投资、从业及各种经济决策提供理论支撑和实践指导。

中国区域发展数据库（下设 4 个专题子库）

对中国特定区域内的经济、社会、文化等领域现状与发展情况进行深度分析和预测，涉及省级行政区、城市群、城市、农村等不同维度，研究层级至县及县以下行政区，为学者研究地方经济社会宏观态势、经验模式、发展案例提供支撑，为地方政府决策提供参考。

中国文化传媒数据库（下设 18 个专题子库）

内容覆盖文化产业、新闻传播、电影娱乐、文学艺术、群众文化、图书情报等 18 个重点研究领域，聚焦文化传媒领域发展前沿、热点话题、行业实践，服务用户的教学科研、文化投资、企业规划等需要。

世界经济与国际关系数据库（下设 6 个专题子库）

整合世界经济、国际政治、世界文化与科技、全球性问题、国际组织与国际法、区域研究 6 大领域研究成果，对世界经济形势、国际形势进行连续性深度分析，对年度热点问题进行专题解读，为研判全球发展趋势提供事实和数据支持。

法律声明

"皮书系列"（含蓝皮书、绿皮书、黄皮书）之品牌由社会科学文献出版社最早使用并持续至今，现已被中国图书行业所熟知。"皮书系列"的相关商标已在国家商标管理部门商标局注册，包括但不限于LOGO（ ）、皮书、Pishu、经济蓝皮书、社会蓝皮书等。"皮书系列"图书的注册商标专用权及封面设计、版式设计的著作权均为社会科学文献出版社所有。未经社会科学文献出版社书面授权许可，任何使用与"皮书系列"图书注册商标、封面设计、版式设计相同或者近似的文字、图形或其组合的行为均系侵权行为。

经作者授权，本书的专有出版权及信息网络传播权等为社会科学文献出版社享有。未经社会科学文献出版社书面授权许可，任何就本书内容的复制、发行或以数字形式进行网络传播的行为均系侵权行为。

社会科学文献出版社将通过法律途径追究上述侵权行为的法律责任，维护自身合法权益。

欢迎社会各界人士对侵犯社会科学文献出版社上述权利的侵权行为进行举报。电话：010-59367121，电子邮箱：fawubu@ssap.cn。

社会科学文献出版社